# Serviço Social brasileiro em tempos regressivos

FORMAÇÃO E TRABALHO PROFISSIONAL EM DEBATE

**Dados Internacionais de Catalogação na Publicação (CIP)**
**(Câmara Brasileira do Livro, SP, Brasil)**

Serviço social brasileiro em tempos regressivos : formação e trabalho profissional em debate / orgs. Reinaldo Nobre Pontes, Cilene Sebastiana da Conceição Braga, Cirlene Aparecida Hilário da Silva Oliveira. -- 1. ed. -- São Paulo : Cortez Editora, 2023.

Vários autores.
Bibliografia.
ISBN 978-65-5555-373-4

1. Assistência social 2. Serviço social 3. Serviço social - Brasil 4. Serviço social - Prática - Brasil I. Pontes, Reinaldo Nobre. II. Braga, Cilene Sebastiana da Conceição. III. Oliveira, Cirlene Aparecida Hilário da Silva.

23-149295 CDD-361.3

**Índices para catálogo sistemático:**

1. Serviço social : Prática profissional 361.3

Henrique Ribeiro Soares - Bibliotecário - CRB-8/9314

REINALDO NOBRE PONTES
CILENE SEBASTIANA DA CONCEIÇÃO BRAGA
CIRLENE APARECIDA HILÁRIO DA SILVA OLIVEIRA
**(Orgs.)**

# Serviço Social brasileiro em tempos regressivos

## FORMAÇÃO E TRABALHO PROFISSIONAL EM DEBATE

São Paulo – SP

2023

CORTEZ EDITORA

SERVIÇO SOCIAL BRASILEIRO EM TEMPOS REGRESSIVOS:
formação e trabalho profissional em debate
Reinaldo Nobre Pontes | Cilene Sebastiana da Conceição Braga |
Cirlene Aparecida Hilário da Silva Oliveira (Orgs.)

*Direção Editorial*: Miriam Cortez
*Coordenação editorial*: Danilo A. Q. Morales
*Assessoria editorial*: Maria Liduína de Oliveira e Silva
*Assistente editorial*: Gabriela Orlando Zeppone
*Preparação de originais*: Márcia Leme
*Revisão*: Ana Paula Luccisano
Marcia R. Nunes
*Diagramação*: Linea Editora
*Capa*: de Sign Arte Visual

A 1ª edição (2023) dessa obra contou com o apoio:



Direitos para esta edição
CORTEZ EDITORA
R. Monte Alegre, 1074 – Perdizes
05014-001 – São Paulo-SP
Tel.: +55 11 3864 0111
editorial@cortezeditora.com.br
www.cortezeditora.com.br

Impresso no Brasil – julho de 2023

# Sumário

Prefácio ..... 9
Maria Carmelita Yazbek

Apresentação ..... 13
Reinaldo Nobre Pontes
Cilene Sebastiana da Conceição Braga
Cirlene Aparecida Hilário da Silva Oliveira

Parte I - Formação Profissional ..... 23

1. Formação e exercício profissional de assistentes sociais em Belém (PA): pesquisas do GEPSS/UFPA (2012-2020) em debate ..... 25
Reinaldo Nobre Pontes
Cilene Sebastiana da Conceição Braga

2. Teorias sociais e Serviço Social: competências e habilidades do Serviço Social na região metropolitana de Belém (PA) ..... 51
Olga Myrla Tabaranã Silva
Ediane Moura Jorge
David William Queiroz Paixão

3. Trilhas e matizes da formação profissional em Serviço Social no Amazonas........ 75

Roberta Ferreira Coelho de Andrade
Hamida Assunção Pinheiro
Tereza Raquel Negreiros do Nascimento Costa

4. Mercantilização e expansão do ensino superior: impactos da educação a distância na formação profissional em Santa Catarina.... 94

Aline de Andrade Rodrigues
Nalá Ayalén Sánchez Caravaca
Vania Maria Manfroi
Helder Boska de Moraes Sarmento

5. Estágio supervisionado em Serviço Social: resistências e estratégias da formação profissional........ 111

Cirlene Aparecida Hilário da Silva Oliveira
Maicow Lucas Santos Walhers

Parte II - Trabalho Profissional........ 131

6. A categoria trabalho, a conjuntura regressiva e o trabalho do/a assistente social........ 133

Jane Cruz Prates
Erica Bomfim Bordin
Rodrigo dos Santos Nunes

7. O trabalho do/a assistente social no contexto do processo de reestruturação produtiva: particularidades do Banco do Estado do Pará........ 152

Vera Lúcia Batista Gomes
Denison Martins dos Santos

8. Extensão universitária na Amazônia: reflexão de uma experiência em formação continuada do Serviço Social ..... 181

Jandira Miranda da Silva
Jheninffer Priscila Matos de Figueiredo
Francisco dos Santos Neto
Helen Silva Ferreira

9. Serviço Social e povos tradicionais: desafios à formação e atuação dos/as profissionais ..... 202

Solange Maria Gayoso da Costa
Marcel Theodoor Hazeu
Mylena dos Santos Santana

Sobre os/as Autores/as ..... 229

# Prefácio

Este livro, organizado por Reinaldo Nobre Pontes, Cilene Sebastiana da Conceição Braga e Cirlene Aparecida Hilário da Silva Oliveira, resulta de uma experiência coletiva de pesquisa, desenvolvida no âmbito do Programa Nacional de Cooperação Acadêmica na Amazônia (PROCAD/Amazônia), que vem enfrentando o desafio de decifrar "aproximações e particularidades" colocadas à formação e ao trabalho profissional do/a assistente social da Amazônia e do sul do Brasil, em um contexto devastador em que se acirram a questão social brasileira e a desigualdade estruturante que a constitui. São tempos de transformações estruturais e conjunturais do capitalismo, que se processam sob a dominância do capital financeiro, o qual busca se valorizar pela devastação do mundo do trabalho.

Vivemos atualmente, como aponta Antunes, algumas formas das mais predatórias do capitalismo, com trabalhadores/as desprotegidos/as, desprovidos/as de direitos e em condições de tal superexploração que fazem com que esse tempo "se assemelhe ao capitalismo da acumulação primitiva" (aula inaugural de Pós-Graduação em Serviço Social da PUC-SP em 19 de abril de 2021). Essa condição, necessária para ampliar novas formas geradoras de valor, aprofunda-se na pandemia, mas se relaciona a um conjunto de medidas anteriores que vem caracterizando, em nosso país e no continente, o avanço do projeto capitalista ultraneoliberal, que supõe a destruição de todas as conquistas democráticas e republicanas, a destruição no meio ambiente e a máxima extração possível de trabalho não pago, efetivada pela reestruturação produtiva e intensificada pelo domínio da condição tecnológica, que provoca profundas mudanças na sociedade regulada por direitos sociais e trabalhistas.

Como observamos, nesse contexto de crise estrutural, o capital avança em seu caráter predatório e na banalização da vida, refuncionalizando o pensamento conservador, que assume traços fascistas e autoritários. Situação que se agrava com o ingresso da chamada "nova direita" na conjuntura internacional.

Em síntese, o conservadorismo é imprescindível para o capitalismo financeiro global e, assim, do ponto de vista da política e da sociabilidade, os tempos atuais são tempos de avanço do obscurantismo, de ameaças à democracia e de redução dos direitos, tempos de regressão que se expressam no avanço do irracionalismo, na defesa das instituições tradicionais, na naturalização da desigualdade, no acirramento dos preconceitos e do racismo, no feminicídio, na homofobia e na criminalização dos movimentos sociais. Tudo como parte de um projeto de acumulação que é torpe, arraigadamente classista e racista, para não dizer colonial e escravocrata.

Estamos afirmando que, na esfera da sociabilidade, o capitalismo financeirizado necessita de subjetividades que se amoldem ao mercado, expressas no individualismo competitivo exacerbado, preconceituoso, pressionado pelo consumo, e que vive com um grau de egoísmo social que pode desembocar em movimentos reacionários e neofascistas.

Nesse contexto, que vem caracterizando o avanço do projeto capitalista ultraneoliberal, complexificado com a pandemia de covid-19 e seus desdobramentos sociais, políticos, econômicos e de saúde mental em escala global, ocorrem profundas transformações nas políticas sociais, âmbito privilegiado do trabalho profissional, com o advento, por um lado, da ruptura trabalho/proteção social e, por outro, com a recomposição dessas políticas, que se tornam cada vez mais focalizadas e condicionadas.

Emergem novas formas de gestão dos serviços públicos, marcados pelo gerencialismo, sob o comando do avanço tecnológico e informacional, desafiando o trabalho profissional realizado na gestão e operacionalização de políticas sociais que poderiam minimizar impactos da conjuntura pandêmica e das transformações aqui indicadas. Obviamente, nos limites impostos à profissão na divisão social e técnica do trabalho, cuja ultrapassagem requer alianças e compromissos políticos com as forças vivas e emancipatórias que movem a história.

A análise do Serviço Social em suas dimensões formativa e interventiva, diante desse contexto e do avanço do pensamento conservador e reacionário que vem plasmando as atuais manifestações da questão social brasileira e global, é o desafio enfrentado por esta coletânea. Desafios que são múltiplos e sempre imensuráveis na perspectiva do atendimento às necessidades da população com a qual trabalha frente ao quadro histórico — aqui brevemente apresentado — e no qual devemos buscar o significado contraditório de nosso trabalho profissional, no nível da formação, da pesquisa ou do trabalho cotidiano, na disputa pelos sentidos da sociedade, na luta contra o desmanche de direitos e na produção de conhecimentos que enfrentem o impacto das abordagens teóricas pós-modernas, algumas profundamente conservadoras.

Nesse contexto devastador, conforme assinalam o organizador e as organizadoras da coletânea, os trabalhos apresentados têm caráter de resistência e de luta, no âmbito da formação e do trabalho profissional. Nessa direção, a coletânea está estruturada, com a colaboração de trabalhos de grupos de pesquisa de cinco programas de pós-graduação, em duas partes: a primeira — "Formação profissional" — apresenta cinco capítulos com resultados de diferentes pesquisas direcionadas à análise da formação e do exercício profissional, apresentando dimensões que vêm caracterizando esses processos em tempos de neoliberalismo e de seus impactos em contexto de mudanças no mundo do trabalho, de implantação das diretrizes curriculares e de enfrentamento do sucateamento e da precarização do ensino superior presencial e da EaD.

Na segunda parte, com outros quatro capítulos, é abordada a temática do trabalho do/a assistente social, categoria que vem sendo decifrada no âmbito das transformações no mundo do trabalho com a reestruturação produtiva e seus processos de precarização e superexploração, sob os impactos dos avanços tecnológicos. Nessa parte há ainda dois capítulos, um sobre extensão universitária abordada como formação continuada, e outro sobre a relação entre formação e povos tradicionais do Pará.

Entendo que esse conjunto de textos enfrenta alguns dos enormes desafios que se colocam ao Serviço Social brasileiro, nessa era de devastação que estamos vivendo. E, nessa direção, a coletânea *Serviço Social brasileiro em tempos regressivos: formação e trabalho profissional em debate* vem preencher importante lacuna, e permitirá ao/à leitor/a ampliar a problematização acerca de questões relativas à formação profissional e ao trabalho do/a assistente social no âmbito do necessário aprofundamento do debate do capitalismo hoje, com suas graves consequências em todos os domínios da nossa vida social, econômica, política e cultural, processo no qual se engendram outras crises, uma nova política e uma sociabilidade conservadora, e em que situamos a interlocução do Serviço Social brasileiro.

Em síntese, estamos diante de uma publicação organizada por intelectuais que já vêm desde há muito tempo contribuindo para o Serviço Social brasileiro, e que nos apresenta um conjunto de textos densos e instigantes, os quais nos levam a levantar novas questões e nos colocam diante de desafios urgentes nos processos formativos do/a assistente social e nas mudanças que se anunciam para essa profissão como trabalho em movimento.

*São Paulo, fevereiro de 2022.*
*Maria Carmelita Yazbek (PUC-SP)*

# Apresentação

Esta coletânea nasce como resultado de várias pesquisas convergentes de norte a sul do Brasil no âmbito de distintos programas de pós-graduação em Serviço Social, capitaneadas pelo Grupo de Estudos e Pesquisas em Serviço Social, Política Social e Formação Profissional (GEPSS), ligado ao Programa de Pós-Graduação em Serviço Social da Universidade Federal do Pará, trazendo resultados de pesquisas financiadas pelo CNPq (edital universal 2014 e 2018) e resultados do PROCAD/Amazônia (Ufam, PUC-RS e UFPA) (em andamento). Os estudos apresentados foram instigados pelo período de crise capitalista brasileira, agravada pós-golpe institucional de 2016 e pela pandemia de covid-19, que revelou, mais fortemente ainda, as contradições do capitalismo (YAZBEK; RAICHELIS; SANTANA, 2020; ANTUNES, 2020).

Nesse contexto situa-se a crise social aguda no Brasil associada ao mencionado golpe institucional de 2016, que derrubou um governo de uma mulher de esquerda — eleita democraticamente — e criou as condições para que em 2018 insurgisse no tecido social brasileiro o pior governo da história, associando características desastrosas, como neofascismo, ultraneoliberalismo, genocídio, negacionismo e obscurantismo, para ficar nas principais (BRAZ, 2017; MARQUES, 2020).

O processo de desmantelamento das bases dos sistemas de proteção social, sanitário e educacional brasileiro, sob a égide de políticas neoliberais com matizes de necropolítica (SAFATLE, 2020), que o país logrou conquistar sob árduas e contínuas lutas da classe trabalhadora, revelou-se — com mais nitidez — no despreparo das redes de proteção social e sanitária do país ao lidar com a chegada da pandemia, evidentemente somado à retórica e às práticas negacionistas do governo Bolsonaro, responsável pelo morticínio que impactou a população brasileira e mundial.

Como outra face das mesmas determinações mencionadas, identifica-se a crise ambiental no Brasil, cujos números falam por si: 12.187 km² de vegetação nativa perdida (70% na Amazônia) (MAPBIOMAS, 2019); 1.880 casos de conflitos rurais, o maior dos últimos 10 anos (CPT, 2019).

Essa "tempestade perfeita" que se impôs atingiu o Serviço Social em seu processo de formação profissional graduada e pós-graduada, e os/as assistentes sociais em seus espaços sócio-ocupacionais na particularidade de múltiplas políticas sociais, que, por sua vez, vêm sofrendo ataques por meio da sanha privatista, do desfinanciamento, da redução de direitos e serviços sociais, além de punição e redução do funcionalismo público. Exemplifique-se com os impactos causados pela EC 95/2016, congelando por 20 anos gastos federais com políticas sociais, o que na prática se revela como retirada de direitos sociais (GARCIA, 2020). Se tais processos já vinham impactando a profissão e seus/suas profissionais desde 2016, com a chegada da pandemia da covid-19 e seus rebatimentos na sociedade, que vive a maior crise sanitária e humanitária da história recente, o quadro tem um agravamento exponencial, com consequências devastadoras, mas já contando quase 700 mil mortos e 3,7 milhões de casos no país (CONAS, 2023), até o momento da escrita deste texto. O campo de trabalho profissional de assistentes sociais foi gravemente atingido com todas essas mazelas em uma escalada que se revela, por exemplo, com a volta do Brasil ao mapa da fome (OXFAM, 2020; MATOS, 2020; AMARO; CRAVEIRO; PONTES, 2020).

Nesse dramático contexto se registra o processo de construção desta coletânea. Desde logo, assinalando seu caráter de RESISTÊNCIA e LUTA no âmbito da formação e do exercício profissional. Desde 2013, o GEPSS/PPGSS/UFPA vem realizando projetos de pesquisa com financiamento do CNPq/UFPA na mencionada linha de investigação, iniciada pelo projeto "Formação profissional em Serviço Social na região metropolitana de Belém (PA): estudo sobre a implantação das diretrizes curriculares de 2002 e seus impactos na qualidade da formação do assistente social"[1] (2014-2017), cujos resultados estão incluídos nos capítulos do presente compêndio. As conclusões dessa pesquisa levaram o GEPSS à criação, em 2019, de um projeto de extensão[2] voltado à *formação continuada para assistentes sociais* que atuam nas políticas sociais da região metropolitana de Belém, focado na superação das debilidades identificadas em suas formações pela pesquisa mencionada.

Nessa direção, novas pesquisas foram aprovadas pelo GEPSS junto à UFPA e ao CNPq buscando verticalizar o conhecimento da anterior, incluindo o impacto na formação e no exercício profissional, desde o golpe de 2016 até o atual choque trazido pela pandemia. Os resultados preliminares das pesquisas *A realidade dos/as assistentes sociais no estado do Pará: estudo da formação e atuação profissional num contexto de avanço neoliberal e desmonte das políticas sociais pós-golpe institucional de 2016* (2019-2023)[3] e *Projetos societários em disputa em tempos de pandemia e o exercício profissional do/a assistente social do Pará/Amazônia Legal*[4] também estão em parte contidos nesta obra.

---

1 Aprovado na Chamada Pública MCTI/CNPq n. 14/2013 – Universal/Faixa A.

2 "Formação continuada em Serviço Social: fortalecimento de conhecimentos e competências profissionais em face do projeto ético-político e dos direitos sociais", aprovado no Colegiado da Faculdade de Serviço Social, na Congregação do Instituto de Ciências Sociais Aplicadas e com bolsa de extensão da Pró-Reitoria de Extensão da UFPA.

3 Aprovada na Chamada Pública MCTIC/CNPq n. 28/2018 – Universal/Faixa B.

4 Aprovada em 2020 junto à FASS/UFPA e à Congregação do Instituto de Ciências Sociais Aplicadas (ICSA) da UFPA, contando com a colaboração dos Grupos de Pesquisa do Trabalho, Direitos Humanos e Seguridade Social (TRADHUSS) e do Grupo de Pesquisa em Políticas Urbanas e Movimentos Sociais (GPPUMA) ligados ao PPGSS/UFPA e em parceria com o Conselho Regional de Serviço Social (1ª Região), sob a liderança da Prof.ª Dr.ª Cilene Sebastiana da Conceição Braga.

Tais realizações do GEPSS integrado ao PPGSS/UFPA se fortaleceram ao ser aprovado o PROCAD/Amazônia (Capes) em 2017, coordenado pelo Programa de Pós-Graduação em Serviço Social da Universidade Federal do Amazonas (PPGSS/Ufam) e integrado pelos programas de pós-graduação em Serviço Social da Pontifícia Universidade Católica do Rio Grande do Sul (PPGSS/PUC-RS) e pelo PPGSS/UFPA, com tema: "A formação e o trabalho profissional do/a assistente social: aproximações e particularidades entre a Amazônia e o sul do Brasil", foco temático coincidente com o que o GEPSS/PPGSS vinha acumulando estudos.

Além dessa importante articulação temático-institucional de grande valia para os três programas, destacam-se antigas articulações com os grupos de estudo e pesquisas já consolidados, vinculados aos programas de pós-graduação em Serviço Social da Universidade Federal de Santa Catarina (UFSC) — Grupo de Estudos e Pesquisas em Serviço Social (GEPSS-UFSC) — e da Universidade Estadual Paulista (Unesp Franca) — Grupo de Estudos e Pesquisa sobre Formação Profissional em Serviço Social (GEFORMSS) —, coordenados respectivamente pelo Prof. Dr. Helder Boska de Moraes Sarmento e pela Prof.ª Dr.ª Cirlene Aparecida Hilário da Silva Oliveira,[5] cujos eixos temáticos das pesquisas desenvolvidas também estão nucleados no estudo da formação e do exercício profissional.

Internamente ao PPGSS/UFPA, outros grupos foram articulados para integrar esta coletânea, mediatizados pelo interesse em conhecer o trabalho do/a assistente social em diferentes instâncias, como é o caso do Grupo de Estudos e Pesquisas Trabalho, Estado e Sociedade na Amazônia (GEP-TESA), coordenado pela Prof.ª Dr.ª Vera Lúcia Batista Gomes, e do Grupo de Pesquisa Sociedade, Território e Resistências

5 A docente também é pesquisadora no Grupo de Estudos e Pesquisa Formação, Trabalho, Desigualdade Social e Políticas Públicas (FTDESPP), vinculado ao Programa de Pós-Graduação em Políticas Públicas da Universidade Federal do Piauí (UFPI), pertencente à Região Norte da ABEPSS, e desenvolve estudos sobre a particularidade do estágio supervisionado na região.

na Amazônia (Gesterra), coordenado pela Prof.ª Dr.ª Solange Maria Gayoso da Costa.

Com esse nível de cooperação institucional, com representantes de cinco programas de pós-graduação em Serviço Social em cinco estados do Brasil e vários grupos de pesquisa consolidados com foco na área de formação e trabalho do/a assistente social, a coletânea que ora se apresenta tem a seguinte estrutura: a primeira parte, "Formação profissional", apresenta cinco capítulos; o capítulo 1, "Formação e exercício profissional de assistentes sociais em Belém (PA): pesquisas do GEPSS/UFPA (2012-2020) em debate", de autoria de Reinaldo Pontes e Cilene Sebastiana da Conceição Braga, sintetiza resultados finais e parciais de pesquisas do GEPSS/PPGSS financiadas pelo CNPq, realizadas nos últimos nove anos, revelando o perfil socioprofissional de assistentes sociais e os impactos na formação e no exercício profissional da implantação das diretrizes curriculares e da conjuntura sociopolítica pós-golpe de 2016, e sob a pandemia de covid-19.

O capítulo 2, "Teorias sociais e Serviço Social: competências e habilidades do Serviço Social na região metropolitana de Belém (PA)", de autoria de Olga Myrla Tabaranã Silva, Ediane Moura Jorge e David William Queiroz Paixão (GEPSS/UFPA), apresenta parte dos resultados da pesquisa *Formação profissional em Serviço Social na região metropolitana de Belém (PA): estudo da implantação das Diretrizes Curriculares de 2002 e seus impactos na qualidade da formação do/a assistente social*, e debate a apropriação teórica na formação e sua tradução no exercício profissional de assistentes sociais, com marcada ênfase na direção social da teoria social marxiana. Analisa as competências e habilidades previstas nas diretrizes por meio da fala de assistentes sociais formados em diferentes modalidades de instituições (pública, privada presencial e a distância), comparando suas visões.

"Trilhas e matizes da formação profissional em Serviço Social no Amazonas" é o capítulo terceiro, de autoria de Roberta Ferreira Coelho de Andrade, Hamida Assunção Pinheiro e Tereza Raquel

Negreiros do Nascimento Costa (Estradas/Ufam), e discute as particularidades da formação profissional em Serviço Social no Amazonas, apresentando resultado de pesquisa na capital e em municípios do interior com os sujeitos da formação profissional, caracterizando historicamente da gênese à atualidade envolvendo as diferentes modalidades formativas.

O quarto capítulo, "Mercantilização e expansão do ensino superior: impactos da educação a distância na formação profissional em Santa Catarina", de autoria de Aline de Andrade Rodrigues, Nalá Ayalén Sánchez Caravaca, Vania Maria Manfroi e Helder Boska de Moraes Sarmento (GEPSS/UFSC), analisa a realidade recente da formação profissional em Serviço Social no estado de Santa Catarina com ênfase no processo de expansão, iniciado nos anos 1990 e consolidado nos anos 2000, verificando o setor público e privado do fenômeno, constatando a ampliação da modalidade a distância.

"Estágio supervisionado em Serviço Social: resistências e estratégias da formação profissional" é o quinto capítulo, de autoria de Cirlene Aparecida Hilário da Silva Oliveira e Maicow Lucas Santos Walhers (GEFORMSS/Unesp). Ele apresenta uma reflexão sobre a indissociabilidade entre estágio e supervisão acadêmica e profissional, situada como um dos princípios das Diretrizes Curriculares (ABEPSS). Diretrizes que recebem destacado tratamento como dimensão norteadora da formação profissional de qualidade frente a uma realidade em que a formação superior se amolda aos ditames neoliberais. Situa o estágio supervisionado como elemento central da formação, analisando o importante avanço de sua dimensão normativa, mas ao mesmo tempo identifica os desafios trazidos pelo sucateamento e pela precarização do ensino superior, a retração e banalização dos estágios em muitas instituições pela explosão da EaD.

A segunda parte, "Trabalho profissional", é encabeçada pelo capítulo "A categoria trabalho, a conjuntura regressiva e o trabalho do/a assistente social", de Jane Cruz Prates, Erica Bomfim Bordin e Rodrigo dos Santos Nunes (PUC-RS), o qual aborda de modo reflexivo e crítico a relação do trabalho de assistentes sociais com a realidade do trabalho sob o signo da regressividade de direitos, precarização e superexploração. Recolocando a análise marxiana sob a categoria trabalho e sua centralidade na ordem do capital, apresenta sinteticamente os impactos recentes inclusive no período pandêmico, demonstrando a desastrosa desenvoltura dos governos ultraneoliberais pós-2016. Mediatiza o trabalho de assistentes sociais no quadro de determinações mais gerais, mostrando como estão se processando os impactos nos processos de trabalho no cotidiano socioinstitucional desses profissionais. Destaca os elementos essenciais para uma postura propositiva e de resistência crítica no campo de trabalho profissional.

O capítulo 7, "O trabalho do/a assistente social no contexto do processo de reestruturação produtiva: particularidades do Banco do Estado do Pará", de Vera Lúcia Batista Gomes e Denison Martins dos Santos, é um estudo de caso que aborda o trabalho do assistente social em uma empresa bancária do estado do Pará. Trata da realidade do trabalho bancário no país em meio aos impactos da reestruturação produtiva no mundo, que trouxe o paradigma da acumulação flexível, da multifuncionalidade, entre outras, o que gerou uma redução massiva de trabalhadores/as no setor, impulsionada, também, pela automação cibernética. Traz à reflexão o trabalho de assistentes sociais no Banco do Estado do Pará, mostrando sua estruturação funcional ao processo de reprodução da força de trabalho ali instalada, mas ao mesmo tempo revela a conquista da inserção profissional nesse espaço contraditório.

O capítulo 8, "Extensão universitária na Amazônia: reflexão de uma experiência em formação continuada do Serviço Social", de autoria de Jandira Miranda da Silva, Jheninffer Priscila Matos de Figueiredo, Francisco dos Santos Neto e Helen Silva Ferreira (GEPSS/UFPA), aborda o projeto de extensão "Formação continuada em Serviço Social: fortalecimento de conhecimentos e competências profissionais em face do projeto ético-político e dos direitos sociais", nascido a partir de resultados e conclusões da pesquisa "Formação profissional em Serviço Social na região metropolitana de Belém (PA): estudo da implantação das Diretrizes Curriculares de 2002 e seus impactos na qualidade da formação do assistente social" (CNPq/UFPA), que identificou fragilidades teórico-metodológicas apontadas pela referida investigação em assistentes sociais formados em cursos públicos, privados (presenciais) e EaD. Após analisar a correlação entre a graduação e a pós-graduação com a extensão na área de Serviço Social, apresenta dados das experiências com as primeiras turmas do curso de extensão, analisando a necessidade e o alcance da iniciativa, que potencializa recursos da pós-graduação (docentes e discentes) articulando com profissionais em exercício nas políticas sociais em um processo reflexivo e crítico.

"Serviço Social e povos tradicionais: desafios à formação e atuação dos/as profissionais", de autoria de Solange Maria Gayoso da Costa, Marcel Theodoor Hazeu e Mylena dos Santos Santana (Gesterra/UFPA), é o capítulo que trata da relação entre a profissão e comunidades tradicionais, buscando pontes entre realidades vividas e a formação e o trabalho de assistentes sociais. Pautado nas experiências de extensão e pesquisa com comunidades tradicionais no Pará, apresenta elementos de tradicionalidade para dialogar com os fundamentos e princípios da formação em Serviço Social. A relação com comunidades tradicionais pode ser potencializada por meio da extensão universitária, da opção político-pedagógica pelos subalternos, da reflexão crítica sobre as bases eurocêntricas e urbanas na formação, e por dialogar com aspectos da tradicionalidade.

Assim, exposto o conteúdo das partes e dos capítulos da coletânea, no mosaico de abordagens e experiências em três regiões do país, convidamos os/as leitores/as a se "embrenhar" nestas páginas que ressoam brasilidade, problemas e desafios sociais e profissionais, para favorecer alternativas de resistência e enfrentamento no campo da formação e do trabalho profissional em Serviço Social, sustentando e ampliando conquistas sociopolíticas no nosso imenso e desafiador país.

Por último, mas não menos importante, manifestamos nossos agradecimentos ao Conselho Nacional de Desenvolvimento Científico e Tecnológico (CNPq), aos Programas de Pós-Graduação em Serviço Social da Unesp Franca e da PUC-RS, sem cujos aportes financeiros não teria sido possível a concretização desta coletânea.

*Reinaldo Nobre Pontes*
*Cilene Sebastiana da Conceição Braga*
*Cirlene Aparecida Hilário da Silva Oliveira*
*Organizador/as*

## Referências

AMARO, Sarita; CRAVEIRO, Adrieli V.; PONTES, Reinaldo N. *Serviço Social e pandemia covid-19*: realidade, desafios e práxis. Porto Alegre: Nova Práxis, 2020.

ANTUNES, Ricardo. Capitalismo virótico: um sistema destrutivo que só será superado através das lutas sociais. [Entrevista cedida a] Liana Coll. *Cultura e Sociedade*, Campinas, v. 12, n. 3, 2020. Disponível em: https://www.unicamp.br/unicamp/noticias/2020/10/08/capitalismo-Virotico-um-sistemadestrutivo-que-so-sera-superado-atraves-das. Acesso em: 12 out. 2020.

BRAZ, Marcelo. O golpe nas ilusões democráticas e a ascensão do conservadorismo reacionário. *Serviço Social & Sociedade*, São Paulo, n. 128, p. 85-103, jan./abr. 2017.

CONAS. Ministério da Saúde. Secretaria de Vigilância em Saúde. *Painel coronavírus Brasil*. 2023. Disponível em: https://covid.saude.gov.br. Acesso em: 25 jan. 2023.

CPT. *Conflitos no Campo Brasil 2018*. CEDOC Dom Tomás Balduino – CPT. Goiânia, abril de 2019.

GARCIA, Maria Lúcia Teixeira. Prefácio. *In*: CUNHA, Marinez Gil Nogueira *et al. PROCAD/Amazônia*: formação e trabalho do assistente social no norte e sul do Brasil. Manaus: Edua; São Paulo: Alexa Cultural, 2020.

MAPBIOMAS. *Relatório anual do desmatamento no Brasil*. 2019. Disponível em: https://s3.amazonaws.com/alerta.mapbiomas.org/relatrios/MBI-relatorio-desmatamento-2019-FINAL5.pdf. Acesso em: 10 ago. 2021.

MARQUES, Rosa M. *et al*. Sustentação do emprego e renda na crise econômica da covid-19 em países da América Latina. *Argumentum*, v. 12, n. 3, 2020.

MATOS, Maurilio. A pandemia da covid-19 e o trabalho de assistentes sociais na saúde. *In*: LOLE, Ana; STAMPA, Inez; GOMES, Rodrigo L. R. (org.). *Para além da quarentena*: reflexões sobre crise e pandemia. Rio de Janeiro: Mórula, 2020. p. 237-249.

OXFAM BRASIL. *O vírus da fome*: como o coronavírus está aumentando a fome em um mundo faminto. São Paulo, 2020. Disponível em: https://d2v21prk53tg5m.cloudfront.net/wp-content/uploads/2020/07/Informe-Virus-da-Fome-embargado-FINAL-1.pdf. Acesso em: 10 maio 2021.

SAFATLE, Vladimir. Para além da necropolítica. *n-1 edições*, São Paulo, 2020. Disponível em: https://www.n-1edicoes.org/textos/191. Acesso em: 19 maio 2021.

YAZBEK, M. C.; RAICHELIS, R.; SANT'ANA, R.. Questão Social, trabalho e crise em tempos de pandemia. *Serviço Social & Sociedade*, n. 138, p. 207-213, maio 2020.

# Parte I

# Formação Profissional

# 1
# Formação e exercício profissional de assistentes sociais em Belém (PA): pesquisas do GEPSS/UFPA (2012-2020) em debate

Reinaldo Nobre Pontes
Cilene Sebastiana da Conceição Braga

## 1. Introdução

Este capítulo tem como objetivo apresentar resultados de pesquisas realizadas pelo Grupo de Estudos e Pesquisas em Serviço Social, Formação Profissional e Política Social na Amazônia (GEPSS), com financiamento do CNPq sobre formação e exercício profissional de assistentes sociais desde sua gênese, buscando perceber as correlações existentes entre os resultados e as conclusões, apontando para inferências iniciais para ações necessárias à superação dos desafios que se apresentam aos vindouros.

O grupo foi criado em abril de 2012 e, desde o início, esteve ligado ao Programa de Pós-Graduação em Serviço Social da Universidade

Federal do Pará (PPGSS/UFPA). Em todas as pesquisas desenvolvidas, atuou em parceria com as entidades de organização da categoria CRESS[1] e ABEPSS (Região Norte). O propósito de desvendar os avanços, as limitações e os desafios da formação e do exercício profissional de assistentes sociais pretendeu conferir elementos para o avanço da concretização do projeto ético-político profissional no estado do Pará.

A profissão enfrenta a precarização dos processos formativos em todo o país, resultado das medidas neoliberais em razão do avanço da mercantilização da educação (PEREIRA, 2018). As fragilidades dos processos formativos da educação no estado do Pará destacam-se por estarem localizadas em uma das regiões mais desiguais do país, rica em recursos naturais, e das mais pobres e desassistidas em condições socioeconômicas (NASCIMENTO; CRUZ; PONTES, 2019).

O estado do Pará destaca-se nesse cenário possuindo muitas riquezas naturais, em especial o ferro, cujas jazidas são as maiores do mundo e sua extração produz riquezas expressivas, mas que não alteram o cenário de pobreza dominante, pois a lógica da concentração de riqueza, obedecida pelo extrativismo mineral presente na região, impede. O estado do Pará tem um dos maiores PIBs do Brasil que contrastam com os piores indicadores sociais do país. Tais contradições melhor se explicam a seguir:

> Observa-se, com isso, a condição de exportador de *commodities* agudiza-se no presente estado, reproduzindo a velha lógica de que quem decide a Amazônia e o Pará é o outro, o exterior, ou seja, as empresas minerais, madeireiras, energética, enfim, o capital. Dessa forma, a tecnocracia a serviço da desigualdade capitalista não pensa a Amazônia, mas na Amazônia, no Pará, a partir da exploração da terra, da água, da destruição ambiental, do racismo (NASCIMENTO; CRUZ; PONTES, 2019, p. 6).

---

1 O GEPSS colabora de forma permanente com a Comissão de Trabalho de formação profissional do CRESS 1ª Região.

Concomitantemente às questões pontuadas, observa-se o avanço do neoliberalismo, que, de forma avassaladora, atinge a profissão, particularmente em um dos seus mais importantes pilares: a formação profissional de qualidade. O aumento dos cursos de Serviço Social na modalidade a distância, a diminuição de recursos voltados para as universidades públicas, a precarização do ensino superior com a mercantilização da educação e o crescimento do número de vagas em faculdades privadas sem estágio, entre outros, são os elementos que mais preocupam profissionais e investigadores/as da área e as entidades da profissão.[2] Essa conjuntura adversa mostra a necessidade de realização de estudos e pesquisas que visem fortalecer o projeto ético-político da profissão na região diante de todos esses desafios (PEREIRA, 2018).

A melhor compreensão do alcance da formação que as escolas de Serviço Social — públicas, privadas, presenciais ou a distância — estão proporcionando à categoria dos/as assistentes sociais é crucial para o desenho de estratégias de resistência e superação dos processos de privatização da formação e precarização do trabalho profissional.

Este capítulo está dividido da seguinte forma: no primeiro momento, apresenta-se breve reflexão sobre a relação da formação com algumas particularidades da região amazônica (esta introdução). No segundo, as particularidades da formação profissional na região e no Pará são destacadas e, no terceiro momento, sumariamos as pesquisas realizadas pelo GEPSS e em andamento, considerando seus resultados e suas análises. Nas considerações finais, indicamos as principais conclusões e recomendações que o encontro das várias pesquisas permitiu inferir.

---

2 CFESS/CRESS e ABEPSS, desde os anos 1990, vêm se notabilizando por estarem sempre atentos à defesa da qualidade da formação profissional na graduação e pós-graduação, às condições para o exercício profissional nos espaços sócio-ocupacionais e ao posicionamento da categoria em questões conjunturais de interesse da classe trabalhadora. Disponível em: http://www.cfess.org.br/visualizar/manifesta e http://www.abepss.org.br/. Acesso em: 1 fev. 2023.

## 2. Formação profissional e as particularidades amazônicas

O amadurecimento intelectual da área profissional e de conhecimento do Serviço Social contribuiu para o desvendamento da realidade. Dessa forma, é inquestionável a contribuição que o pensamento crítico, em particular a concepção crítico-dialética marxiana, trouxe para o Serviço Social. O acúmulo teórico das últimas décadas, a militância ativa com os movimentos sociais e o diálogo com as demais áreas de conhecimento fortaleceram a análise crítica da realidade brasileira, apresentando como elementos analíticos as disputas políticas de classes, as lutas pelo poder econômico e, principalmente, a concentração de riqueza e renda nas mãos de poucos. A realidade da região amazônica apresenta mediações com os determinantes gerais da realidade, mas guarda particularidades que devem ser consideradas no contexto movente da totalidade social.

> No estado do Pará, se identificam mais características desse novo momento, que possuem correspondência direta com as determinações gerais da acumulação primitiva (MARX, 2013) e com os novos circuitos de acumulação por espoliação (HARVEY, 2013), incluindo o circuito do Estado, sob a égide do Neoliberalismo [...] (SILVA *et al.*, 2020, p. 100).

Partindo da análise das contradições apresentadas na região amazônica, especificamente o estado do Pará (SILVA *et al.*, 2020, p. 95), buscaremos realizar uma leitura crítica da formação profissional em Serviço Social na região, para que possamos conhecer os limites da formação profissional no contexto capitalista de produção e nas relações que envolvem uma perspectiva norteadora neoliberal.

A importância desse debate se explicita quando percebemos como assistentes sociais estão construindo bases teóricas para compreender e enfrentar os desafios profissionais presentes em uma das regiões mais pobres e desiguais do país. Esse conhecimento permitirá responder a perguntas como as seguintes: "Como assistentes sociais formados/as no Pará estão assimilando a formação inspirada nas diretrizes da ABEPSS e de que modo chegam ao exercício profissional junto às políticas sociais do estado?"; "Quais são os avanços ou retrocessos identificados na formação e como dialogam com as particularidades regionais?".

Destaca-se a compreensão afinada ao projeto ético-político da profissão (PEP): é fundamental que a matriz de pensamento esteja ancorada no pensamento crítico-dialético marxiano, em franco diálogo com outras matrizes de pensamento crítico, para que se entenda melhor as contradições da região amazônica. Lima (2010, p. 225), com base em Gramsci, afirma: "As diferenças espaciais dentro de uma mesma região são consequências das lutas das classes que disputam a hegemonia no desenvolvimento capitalista no âmbito nacional". Logo, análises sobre situações particulares regionais, que não reconstroem as mediações ontológicas em face das determinações sócio-históricas, afastam-se da perspectiva crítico-dialética, pois incorrem em um generalismo que pode deixar escapar importantes passagens e mediações do real, dificultando a chegada ao "concreto pensado" (MARX, 1982).

Observa-se, dessa forma, a necessidade de garantir uma formação profissional que fundamente a construção de um perfil profissional capacitado com embasamento teórico, técnico e político, visando objetivar condições para a construção de uma relação entre análise/ação que apreenda as determinações do sociometabolismo capitalista e as contradições presentes no processo de lutas de classe na região amazônica. O Pará é um estado que se destaca pelas riquezas naturais extraordinárias que são capturadas pelo famigerado extrativismo predatório, que leva à exploração de produtos que atendem ao mercado internacional europeu, norte-americano e chinês, principalmente, os quais já esgotaram suas reservas naturais e buscam produtos na América Latina — em especial na região amazônica e no Pará em particular (LIMA, 2010).

A internacionalização da exploração da região amazônica submete os países a acompanhar a lógica do desenvolvimento do capital aqui exposta. A privatização da companhia Vale do Rio Doce, maior exportadora de ferro do mundo — então estatal brasileira —, representa a política deliberada do capital (em associação a uma burguesia nacional) de tomar para si, sem as redes do Estado nacional, a total definição do processo produtivo de extração dos recursos naturais da região, que traz consigo uma completa destruição da natureza e profundas consequências sociais à região (LIMA, 2010).

Ao apresentar análises sobre o meio ambiente, a Amazônia e o Serviço Social, Teixeira (2010) destaca que o capitalismo e o processo de mundialização avançaram para a exploração da maior reserva de recursos naturais e culturais do planeta, ou seja, a região amazônica. Esse processo, segundo a autora, contribuiu para aumentar a polaridade entre o capital e o trabalho, reproduzindo e intensificando as contradições que envolvem a pobreza e a riqueza, contribuindo para a destruição dos povos tradicionais, a poluição dos rios e a devastação da floresta.

> Parece-nos importante examinar a atualidade desse processo na região, para que possamos identificar, convenientemente, as demandas regionais ao Serviço Social, e desvendar essa caixa de Pandora, que são as novas formas destrutivas do meio ambiente, da força de trabalho, que assume o capitalismo na Amazônia em sua investida avassaladora (TEIXEIRA, 2010, p. 142).

A necessidade de leitura crítica da sociedade, da Amazônia e do estado do Pará impõe aos profissionais de Serviço Social desafios de compreender as relações de exploração na região para definir estratégias e ações, visando atender às necessidades dos/as trabalhadores/as, ribeirinhos/as, quilombolas, indígenas e outros segmentos que residem na região.

## 3. Formação e trabalho profissional: reflexões introdutórias sobre as pesquisas GEPSS/PPGSS (UFPA/CNPq) (2013-2022)

Este item será desenvolvido obedecendo à exposição histórica dos processos de investigação e produção de conhecimento do GEPSS, dos projetos relatados (concluídos e em andamento). Salientam-se as circunstâncias e demandas para os empreendimentos, destacando objeto, objetivos, metodologia, resultados e principalmente conclusões. Ao final, apresentam-se as conclusões e os resultados provisórios das pesquisas, identificando os *principais achados das investigações e recomendações* quanto a continuidades e ações decorrentes no campo da extensão.

O surgimento do GEPSS ocorreu em abril de 2012 na UFPA/PPGSS, por iniciativa do autor, recém-concursado na UFPA, e coerente com a trajetória de estudos empreendidas por ele ao longo da sua carreira, até então, em dois focos predominantes: fundamentos do Serviço Social (mestrado) e política social/assistência social (doutorado). Ao ingressar no PPGSS/UFPA, percebeu a necessidade da criação de um grupo de pesquisas que investigasse mais detidamente a profissão como um campo de conhecimento, o que aumentou a motivação da criação do GEPSS.

A chegada à UFPA e ao GEPSS da professora Dra. Cilene Sebastiana da Conceição Braga em 2014, com larga experiência de pesquisa em políticas sociais, em especial na área de assistência social (mestrado e doutorado), além de sua longa participação nos fóruns da ABEPSS e gestão de CRESS em Brasília (DF), trouxe ao grupo grande fortalecimento e ampliação de horizontes.

Unindo saberes e esforços por investigações no campo do Serviço Social paraense, houve o fortalecimento de pesquisas sobre a temática na área. Projetos de investigação que serão apresentados no próximo item produziram conhecimentos inéditos para a região, também favoreceram a formação profissional de graduados/as, mestres/as e doutores/es, além de interferir no processo de capacitação continuada de profissionais atuantes nas políticas sociais da região, sem falar na participação nas entidades regionais (CRESS e ABEPSS).

As pesquisas centrais do GEPSS[3] estiveram centradas predominantemente na formação profissional e no trabalho de assistentes sociais nas políticas sociais. Os objetos de estudos foram construídos levando em consideração a contextualização histórica e as dimensões regionais, econômicas e políticas.

Apresentamos a seguir de forma resumida (quadro 1) as pesquisas concluídas e em andamento do GEPSS de 2014 a 2022, buscando cruzar seus principais resultados e conclusões de modo que se possam visualizar tendências histórico-concretas, nos temas coincidentes e não coincidentes das pesquisas, destacadamente: formação e condições de trabalho de assistentes sociais em Belém (PA). Na conclusão apresentamos as recomendações que os dados analisados indicaram.

**QUADRO 1** – Pesquisas do GEPSS sobre formação e trabalho profissional (2014-2022)

| **Pesquisas/ /períodos** | **1 – Formação profissional em Serviço Social na região metropolitana de Belém (PA): (2014-2017)** | **2 – A realidade dos/as assistentes sociais no Pará (2019-2022) (Relatório final em construção)** | **3 – Projetos societários em tempos de pandemia e o exercício profissional de assistentes sociais do Pará (2020-2022) (Relatório final em construção)** |
|---|---|---|---|
| **Financiamento** | CNPq, UFPA, PIBIC | CNPq, UFPA, PIBIC | UFPA, PIBIC |
| **Problema de pesquisa** | As competências e habilidades de assistentes sociais (diretrizes) das três modalidades de ensino (público, privado presencial e EaD) | A realidade da formação e do trabalho de assistentes sociais no Pará | Perfil e trabalho dos/as assistentes sociais no estado do Pará em tempo de pandemia |

3 Nesse período, foram defendidas 14 dissertações de mestrado e duas de doutorado (iniciado apenas em 2017), ligadas aos líderes do grupo com temáticas predominantes: seis com foco na formação e nos fundamentos em Serviço Social, sete na política de assistência social, duas na área sociojurídica. Os projetos de pesquisa aprovados no âmbito da FASS do ICSA/UFPA, com e sem financiamento, foram estruturados em dois focos: formação de assistentes sociais, política de assistência social, trabalho e vida de assistentes sociais.

| **Pesquisas/ /períodos** | **1 – Formação profissional em Serviço Social na região metropolitana de Belém (PA): (2014-2017)** | **2 – A realidade dos/as assistentes sociais no Pará (2019-2022) (Relatório final em construção)** | **3 – Projetos societários em tempos de pandemia e o exercício profissional de assistentes sociais do Pará (2020-2022) (Relatório final em construção)** |
|---|---|---|---|
| **Sujeitos** | Assistentes sociais formados/as no ensino público, privado e EaD em Belém | Assistentes sociais atuando nas cinco regiões do estado do Pará | Assistentes sociais atuando no estado do Pará |
| **Metodologia** | Quantiqualitativa<br>Entrevistas semiestruturadas<br>Aplicação de formulário eletrônico | Quantiqualitativa<br>Bibliográfica, documental, grupos focais em cinco regiões do estado, com assistentes sociais de distintas políticas | Bibliográfica, formulário eletrônico |
| **Categorias de análise** | Educação superior<br>Formação de assistentes sociais<br>Projeto pedagógico<br>Competências e habilidades | Golpe de 2016<br>Neoliberalismo<br>Direitos sociais<br>Estado do Pará<br>Formação profissional<br>Exercício profissional | Golpe de 2016<br>Pandemia<br>Neoliberalismo<br>Direitos sociais<br>Formação profissional<br>Exercício profissional no Pará |

*Fonte*: Pontes *et al.* (2013b); Pontes, Braga e Cardoso (2017).

## 3.1. Formação profissional em Serviço Social na região metropolitana de Belém (PA): estudo da implantação das diretrizes curriculares de 2002 e seus impactos na qualidade da formação do/a assistente social (2014-2017) (CNPq)

O GEPSS/UFPA realizou e concluiu, de 1º de janeiro de 2014 a 31 de dezembro de 2017,[4] a pesquisa "Formação profissional em Serviço Social na região metropolitana de Belém (PA): estudo da implantação

4 A pesquisa obteve prorrogação de 12 meses, encerrando-se em 31 de dezembro de 2017.

das Diretrizes Curriculares de 2002 e seus impactos na qualidade da formação do/a assistente social", aprovada na Chamada Pública MCTI/CNPq n. 14/2013 — Universal com o número 485109/2013-1. Objetivou analisar a qualidade teórico-metodológica, ético-política e prático-operativa dos/as assistentes sociais formados/as sob as Diretrizes Curriculares de 2002 e que atuam na região metropolitana de Belém do Pará, considerando a procedência de formação em Instituição de Ensino Superior (IES) (pública, privada ou EaD).

Essa pesquisa identificou lacunas no estado da arte do tema investigado em nível nacional e regional, e aportou conhecimentos novos, tanto em âmbito estadual quanto regional, dados sobre a qualidade da formação do/a assistente social graduado/a sob a égide das Diretrizes Curriculares da ABEPSS (1996)/MEC/SESu (2002). Também logrou desenhar o perfil do/a assistente social nas dimensões: socioeconômica, trabalho e formação profissional.

Para o alcance de tais resultados, desenvolveu-se pesquisa exploratória, quantiqualitativa, balizada em rigorosa construção de base de dados mediante aplicação de formulário eletrônico hospedado no sítio do Conselho Regional de Serviço Social 1ª Região, construída com assessoria estatística especializada. O SPSS-24 foi utilizado para sistematização e cruzamento de dados, favorecendo a construção de tabelas e gráficos sobre as categorias investigadas. O formulário foi respondido por 478 assistentes sociais da região metropolitana de Belém.

Também a dimensão qualitativa foi utilizada com pesquisa de campo com assistentes sociais formados/as a partir de 2009. Oito entrevistas semiestruturadas, com assistentes sociais formados/as em diferentes modalidades de ensino (pública, privada e privada a distância), permitiram a construção de uma base de dados qualitativos, que foram sistematizados e analisados com a técnica de análise de conteúdo, permitindo construir quadros comparativos entre os distintos sujeitos e categorias, para que fossem feitas as inferências necessárias para a chegada a conclusões provisórias.

Os resultados mais importantes quanto ao perfil identificado dos/das 478 assistentes sociais, publicados em Pontes *et al.* (2020), estão sumariados a seguir.

Dos/as entrevistados/as, 91% foram mulheres e apenas 9% homens; 42,6% dos/as entrevistadas/os recebem entre 1 e 2 salários mínimos (SM); apenas 7% dos/as sujeitos/as da pesquisa estão na faixa de maiores salários (+ 6 SM) e os/as formados/as na instituição pública são a maioria nessa faixa; 75,1% dos/as profissionais residem e trabalham no mesmo município; 19,25% dos/as assistentes sociais responderam demorar mais de uma hora para chegar a seu local de trabalho, entre os quais 8,58% levam mais de duas horas para chegar ao trabalho; 32,4% não cumprem a lei das 30 horas; 60% dos/as profissionais têm sobrecarga de trabalho; 50% dos/as assistentes sociais afirmaram que as suas equipes de trabalho são incompletas, configurando uma sobrecarga de trabalho.

Como um/a trabalhador/a assalariado/a, o/a assistente social está inserido/a no contexto de recrudescimento dos investimentos públicos, e impactado pela mercantilização da força de trabalho, ao mesmo tempo que a agudização da questão social peticiona cada vez mais profissionais do Serviço Social.

Com base nos dados sumariados, chegamos às seguintes *aproximações conclusivas* acerca do perfil socioprofissional do/a assistente social atuante na região metropolitana de Belém: segue sendo majoritariamente feminino, a maioria dos/as profissionais percebe rendimentos entre baixos e médios salários; a maioria (2/3) dos/as profissionais está sendo beneficiado/a pela lei das 30 horas; mais da metade dos/as profissionais sofre sobrecarga de trabalho; em torno de 1/3 dos/as profissionais têm condições de vida que apresentam carências em condições salariais, moradia, segurança e transporte, resultantes de baixos rendimentos.

No aspecto da **qualidade da formação profissional**, que examinou as competências e habilidades formadas na graduação e sua expressão no mundo do exercício profissional, considerando a origem de formação dos profissionais na IES (pública, privada ou EaD), estão resumidas no quadro 2 a seguir.

**QUADRO 2** – Principais conclusões da pesquisa 1

| Categorias | Conclusões |
|---|---|
| **Competências e habilidades** | - Foram reveladas condições heterogêneas na qualidade da formação profissional dos/as assistentes sociais formados/as na RMB. Identificaram-se avanços na percepção teórico-metodológica, no compromisso ético-político com os/as trabalhadores/as usuários/as dos serviços públicos, assim como competência técnico-operativa na realização das ações profissionais nos âmbitos sócio-ocupacionais, como também se identificaram limites e distorções nos mesmos âmbitos, em todas as tipologias de formação profissional. |
| **Projetos pedagógicos** | - Urgente e necessária revisão dos projetos político-pedagógicos dos cursos de Serviço Social do estado, bem como se percebe urgente necessidade de controlar e acompanhar a execução e coerência com as diretrizes da ABEPSS. |
| **Significado social da profissão** | - Os/as assistentes sociais formados/as em instituições públicas demonstraram compreender de forma mais articulada, profunda e crítica o significado social da profissão em face do cenário socioinstitucional. |
| **Fundamentos do Serviço Social** | - Com exceções, as referências dos/as sujeitos/as apresentam precisões e imprecisões teóricas e superficialidades;<br>- É recorrente o recurso ao referencial teórico, predominantemente de raiz marxista, embora com frequentes imprecisões;<br>- Embora tenham sido identificadas limitações em todas as categorias de informantes, é inegável a superioridade das respostas dos/as informantes formados/as na universidade pública sobre os/as demais, e dos/as formados/as nas privadas presenciais sobre os formados/as em EaD. |
| **Planejamento** | - Certo pragmatismo nas habilidades amoldadas às rotinas institucionais quando falam de planejamento. |
| **Pesquisa** | - Baixa percepção pelos/as sujeitos/as quanto a ser uma dimensão intrínseca ao fazer profissional, ainda parece pertencer apenas à academia. |
| **Qualidade da formação – comparação (pública, presencial provada e EaD)** | - A formação em EaD em todos os instrumentos de pesquisa utilizados revelou grande distância da qualidade desejada, o que os dados secundários já haviam anunciado, denotando a necessidade de ação de controle e correção dos entes públicos responsáveis com a qualidade da formação de profissionais tão necessários à concepção, à elaboração e à execução dos serviços sociais à sociedade.<br>- A formação presencial privada revelou graves limites teóricos, metodológicos e práticos, mas, ainda assim, é visivelmente superior à de formados/as em EaD.<br>- Os/as formados/as na pública se mostraram superiores em todas as dimensões às categorias precedentes, mas foram identificadas lacunas e limitações, tanto no campo teórico-metodológico quanto no campo ético e técnico operativo, que revelam o impacto dos ataques que vêm sofrendo as universidades públicas e que acendem o desafio de promover importantes adequações, em nível curricular, pedagógico e na relação com os campos de estágio. |

*Fonte*: Pontes, Braga e Cardoso (2017).

Diante dessa esquemática e sintética apresentação das conclusões da pesquisa em tela, sobre as três modalidades de formação de assistentes sociais, destacaram-se algumas recomendações:

- Urgente revisão dos projetos pedagógicos para atualização de conteúdos e formas didáticas e estratégicas, para abordagem dos temas em uma linguagem que contemple as novas gerações de jovens. Dada a massiva adesão às TIs, novas demandas de conteúdo e forma desafiadoras emergiram para a formação de assistentes sociais.
- Outra recomendação indicada a partir das conclusões apresentadas refere-se ao impressionante e massivo surgimento de cursos EaD, que é um tema grave e urgente para atuação dos órgãos da categoria e dos órgãos de controle do ensino superior (MEC/ /Capes) para avaliarem com mais rigor tal proliferação de cursos, que a pesquisa revelou de qualidade muito distante dos mínimos padrões estabelecidos pelo projeto ético-político da profissão, o que fragiliza não só a formação de qualidade, mas também, e, com agravante, o exercício profissional em distintas esferas sócio-ocupacionais das políticas sociais, atingindo diretamente a cobertura e a qualidade dos serviços prestados aos segmentos mais vulnerabilizados da classe trabalhadora: os/as mais pobres e desprovidos/as da garantia dos mínimos sociais.

## 3.2. A realidade dos/as assistentes sociais no estado do Pará: estudo da formação e atuação profissional em um contexto de avanço neoliberal e desmonte das políticas sociais pós-golpe institucional de 2016 (2019-2022)

Esta pesquisa nasceu de inquietações advindas de resultados de anteriores investigações construídas no GEPSS/UFPA, como uma continuidade e expansão da pesquisa anteriormente exposta, tendo agora como área de abrangência o estado do Pará, aprovada na UFPA e no CNPq (ver nota 4).

Objetivou "identificar e analisar a realidade da formação de assistentes sociais no estado do Pará, bem como a situação do exercício profissional nos espaços das políticas sociais, considerando o ambiente de avanço neoliberal e a consequente redução de direitos e políticas sociais". No eixo analítico *formação profissional*, buscou-se a identificação, bem como a categorização das escolas do estado, seus projetos pedagógicos e a condição do estágio supervisionado. Quanto ao eixo sobre a *realidade dos/as assistentes sociais e condições de trabalho*, buscou traçar o perfil socioprofissional, verificar as tendências do referencial teórico-metodológico adotado e identificar as condições do trabalho profissional.

A metodologia adotada baseia-se na perspectiva crítico-dialética e elegeu os seguintes procedimentos: pesquisa bibliográfica, documental e aplicação de formulários. Tais técnicas foram sendo administradas ao longo da realização da investigação.

Em razão da pandemia do novo coronavírus (covid-19) iniciada em março de 2020 no Brasil, não foi possível realizar o processo investigativo de coleta de dados primários nos municípios dos cinco polos do estado do Pará, conforme previsto para acontecer em 2020. Por isso se avançou mais nos estudos bibliográficos (estado da arte) dos assuntos e na capacitação da equipe do projeto (por via remota). Tais condições histórico-conjunturais atravessaram todo o período da pesquisa, impactando toda equipe com adoecimentos e perdas, ademais do clima de insegurança e "remotização" das relações, o que nos obrigou a redesenhar a metodologia de coleta de campo para grupos focais por via do Google Meet e reduzir a amostragem. Também compôs essa estratégia a aprovação da pesquisa "Projetos societários em disputa em tempos de pandemia e o exercício profissional do/a assistente social do Pará/Amazônia legal"[5] sob a direção de Cilene Sebastiana da Conceição Braga (integrante desta pesquisa), agregando a mediação do trabalho profissional em um período de pandemia, que se associou à presente pesquisa, utilizando a metodologia da aplicação de formulários eletrônicos (ver item 3.3).

---

5 Pesquisa objeto do próximo item do capítulo.

As regiões do estado escolhidas foram: Metropolitana (Polo Belém), Sudoeste (Polo Altamira), Sudeste (Polo Marabá), Baixo Amazonas (Polo Santarém) e Marajó (Polo Breves).[6] Os grupos focais realizados (quatro) contaram com a participação de profissionais de distintas áreas sócio-ocupacionais, produzindo um mosaico de informações muito rico, que ainda resta por concluir, razão pela qual apresentaremos apenas as primeiras aproximações.

Assim, apresentamos a seguir a sintese de resultados e análises preliminares por categorias, conforme o quadro 3:

**QUADRO 3** – Reflexos do período pós-golpe institucional de 2016 na formação e no exercício profissional de assistentes sociais no Pará (primeiras impressões)

| Categorias | Resultados/Conclusões |
|---|---|
| **Conjuntura pós-golpe 2016** | - O golpe institucional de 2016, conhecido como "Impeachment de Dilma", expressou um movimento na história do país em que o PT e sua coalizão de centro-esquerda, com sua pauta que combina neodesenvolvimentismo e garantias de direitos da classe trabalhadora, são deslocados para a ascensão de uma fração política de direita (Temer/MDB) e de extrema-direita (Bolsonaro/Centrão), promovendo pautas conservadoras e regressivas expressas na realização de contrarreformas trabalhista e previdenciária, na aprovação do teto de gastos (PEC-55), nos ataques à democracia, ao judiciário, às mulheres, às comunidades originárias, na negação da ciência, no genocídio da pandemia de covid-19, no orçamento secreto, entre outras atrocidades praticadas, que interferiram em todas as dimensões da vida social brasileira, no espaço e nas condições de trabalho profissional. |
| **Formação profissional** | - O atual projeto de educação brasileiro imposto sob a ótica neoliberal se estabelece sobre as premissas de uma formação aligeirada, tecnicista, aulista, centrada no ensino e voltada prioritariamente a responder às demandas do mercado, desfalecendo o potencial crítico contido no acesso a níveis mais elevados de educação. Em nível de atuação dos/as assistentes sociais, esse processo favorece a tendência à desqualificação do atendimento na rede de serviços sociais públicos e privados do país.<br>- Os dados revelaram uma maciça oferta de cursos privados a distância no país e, particularmente, na realidade do estado do Pará e, ainda, a exorbitante concentração do número de vagas autorizadas nessa modalidade em relação aos cursos presenciais (públicos e privados). Em média, a cada 100 vagas ofertadas em nível nacional, 77 são para a modalidade a distância, 22 para a modalidade presencial privada e apenas uma para a modalidade presencial pública. No caso do Pará, a diferença do número de escolas é alarmante: públicas, apenas duas escolas = 3,5%; privada presencial, 13 escolas = 22%; EaD, 42 escolas = 73%. |

6 Dados não coletados nessa região por necessidades de otimização de amostragem.

| Categorias | Resultados/Conclusões |
|---|---|
| | - Quanto à avaliação dos cursos de graduação do estado do Pará (conceito Enad), dos 56 cursos existentes apenas 28 participaram, e o resultado da avaliação de 2018 (PAIXÃO, 2021) revelou que a modalidade pública teve a maior nota (4), enquanto 50% (4) das escolas presenciais privadas obtiveram nota dois, nas EaDs, dos 19 cursos, 84% (16) tiveram nota abaixo de três.<br>- Não é menos importante assinalar que profissionais graduados em instituições públicas que realizaram o curso em condições de vida adversas, com necessidade de trabalhar para seu o sustento próprio e de sua família, sem tempo para participar de pesquisa e/ou extensão, estagiando nas "brechas" de tempo, apresentam limitações importantes nas suas condições de preparo profissional. E com as políticas regressivas mencionadas, com menos bolsas (o percentual de bolsistas na graduação vem despencando nos últimos anos), cujos valores estão degradados, e perspectivas de colocação no mercado de trabalho difíceis, com redução de oferta de concursos ou contratações precarizadas predominantes, aponta-se para um cenário desalentador na formação e no trabalho profissional (a mediação com o período da covid-19 está apresentada na outra pesquisa).<br>- Durante os governos pós-golpe de 2016 (Temer e Bolsonaro), identificou-se uma intensificação do desfinanciamento da área de ciência e tecnologia, com forte combate ideológico regressivo à área de ciências sociais, o que atingiu todo sistema de formação profissional, inclusive a pós-graduação, demandando persistente embate das entidades da categoria (CFESS/ /ABEPSS/ENESSO). |
| **Influências no trabalho profissional** | - Evidenciaram-se quedas evidentes em mecanismos de participações democráticas em distintas políticas sociais, com combates sistemáticos, seja do governo federal, seja dos níveis estadual e municipal, quando alinhados com o governo central com tendências antidemocráticas.<br>- Na atuação com povos originários através de políticas previdenciárias e outras, se registrou por depoimentos diversos a redução, quando não o abandono da assistência a eles, inclusive com incentivo de ocupação de suas áreas demarcadas. Acrescente-se o aumento da dificuldade de acesso às políticas por burocratização e corte de direitos.<br>- O aumento da desigualdade social e da pobreza extrema, a volta ao mapa da fome, entre outros agravamentos das condições sociais, geraram uma exponencial elevação das demandas para os serviços em que atuam assistentes sociais, sem correspondente aumento das equipes e condições de trabalho, propiciando um sobretrabalho que, aliado ao ambiente tenso pelas regressões políticas, ambientais e sanitárias, prejudicou o ambiente de trabalho socioinstitucional.<br>- No caso do campo previdenciário, houve uma alteração na relação com usuários/as, agudizada pela chegada da pandemia, que redundou no distanciamento da/o assistente social, agora mediante estrito agendamento e, às vezes, por videoconferência.<br>- As derrotas no campo dos direitos trabalhistas (governo Temer) refletiram também no trabalho de assistentes sociais, levando à assunção de trabalho com vínculos precários e salários degradados. |

| Categorias | Resultados/Conclusões |
|---|---|
| **Direção social do trabalho** | - A tendência predominante é de se afirmar adepto ao marxismo como corrente de pensamento dominante no Serviço Social, sem embargo se percebem em muitos casos incongruências teórico-metodológicas. Mas, mesmo dentro desse cenário, nota-se também a manutenção de um compromisso em realizar um trabalho *comprometido com a garantia de direitos*, a despeito das imprecisões teóricas. |
| **Influência nas dimensões ético-política, técnico--operativas** | - Acompanhando os desmontes impressos nas políticas sociais, se identificou uma desvalorização do Serviço Social, como no INSS, por exemplo.<br>- A concepção teórico-metodológica e crítico-dialética fortaleceu a travessia da pandemia e dos governos conservadores pós-golpe.<br>- Nas palavras de uma das participantes do grupo focal, "deu uma bugada" a relação da concepção crítico-dialética com as condições objetivas de trabalho institucional nas políticas sociais, parecia incompatível. Mas, ao contrário, tal concepção deu força para afirmar a profissão nas instituições, na manutenção dos serviços para a população e no enfrentamento às regressões da política social.<br>- O desafio profissional mais proeminente a destacar dos dados é manter a mediação entre concepção teórico-metodológica/ético-política, com sua expressão prático/interventiva que se manifesta no cotidiano dos espaços sócio-ocupacionais. |

*Fonte*: Pesquisa bibliográfica e de campo da pesquisa 2.

Essa pesquisa, depois de concluído seu relatório final, aportará conhecimento inédito sobre a realidade dos/as assistentes sociais no estado do Pará, ao realizar coleta de dados em quase todas suas regiões, permitindo, com isso, favorecer de forma determinante o enfrentamento dos desafios, seja da formação, seja do trabalho profissional, em diferentes âmbitos e considerando as particularidades regionais.

## 3.3. Projetos societários em disputa em tempos de pandemia e o exercício profissional do/a assistente social do Pará/ Amazônia legal

Este projeto de investigação teve início em 2020, diante de um contexto marcado pela eclosão da pandemia do coronavírus (covid-19) e pela necessidade de se conhecerem as condições de trabalho e as demandas colocadas aos/às profissionais de Serviço Social no estado do Pará nas políticas em que atuam.

Como o GEPSS já vinha desenvolvendo a pesquisa anteriormente apresentada (item 3.2), buscou-se complementá-la — já que compartilham o objeto em muitos aspectos (ver quadro 1) —, aprovando-se nas instâncias colegiadas de pesquisa da UFPA a presente investigação, sob a coordenação de Cilene Sebastiana da Conceição Braga, para responder a essa nova demanda de conhecimento e intervenção que foi a realidade dos/as assistentes sociais no estado do Pará em tempos de pandemia e avanço neoliberal.

Para tal intento, buscou-se a parceria do Conselho Regional de Serviço Social (1ª Região, CRESS), com o objetivo de levantar informações relativas ao trabalho e aos desafios postos aos/às assistentes sociais. Os resultados dessa iniciativa vão subsidiar o conselho profissional para a construção de ações que fortaleçam o trabalho profissional em tempos de crise sanitária. Destaca-se que essa investigação contou com a participação de pesquisadores/colaboradores provenientes de outros dois grupos de pesquisa do PPGSS/UFPA: Trabalho, Direitos Humanos e Seguridade Social (TRADHUSS) e o Grupo de Pesquisa em Políticas Urbanas e Movimentos Sociais (GPPUMA).

A base teórico-metodológica dessa pesquisa, idêntica à anterior, parte da concepção crítico-dialética de realidade e adota a técnica de aplicação de formulário eletrônico, disponibilizado na página do CRESS, visando alcançar assistentes sociais em todo o estado.

A equipe de pesquisa, integrada por membros dos grupos de pesquisa e do CRESS, por meio de várias reuniões na modalidade remota, construiu o formulário para o levantamento de dados. Assim, gerou-se, a partir do trabalho coletivo dos três grupos de pesquisa com o CRESS 1ª Região, o formulário de questões relativas ao trabalho profissional e aos desafios estruturais. Esse formulário foi adicionado na página do CRESS 1ª Região na internet para que a categoria profissional pudesse ter acesso de maneira ampliada e participasse da pesquisa. A divulgação ocorreu pelas redes de contato dos grupos de pesquisa, mala direta e redes sociais do CRESS 1ª Região, respeitando os princípios da transparência da administração pública e da Lei Geral da Proteção de Dados.

A coleta de dados realizou-se de forma remota e sigilosa, corroborando os princípios éticos profissionais. O formulário continha 65 perguntas divididas em quatro blocos: 1) perfil profissional; 2) formação profissional; 3) trabalho profissional; 4) trabalho profissional na pandemia. Foram entrevistados 312 assistentes sociais durante a pandemia da covid-19, no período de 2020 a 2022, utilizando questionário por meio da plataforma digital Google Forms. A amostra inicial calculada foi de 400 entrevistas, com nível de confiança de 95% e erro amostral de 5%.

Para efeito deste capítulo e devido ao fato de a pesquisa encontrar-se na fase de conclusão do relatório final, limitaremos a apresentar alguns dados e análises conclusivas apenas sobre os itens 1 e 4.

**QUADRO 4 –** Reflexos do período pandêmico no trabalho de assistentes sociais no Pará (primeiras impressões)

| Categorias | Resultados/Conclusões |
|---|---|
| **Perfil profissional durante a pandemia** | - **gênero**: 10% do sexo masculino e 279 pessoas (90%) são do sexo feminino, corroborando o que vem sendo apresentado em nível nacional;<br>- **orientação sexual**: 93,91% heterossexual; 3,53% homoafetivo; 2,24% bissexual;<br>- **faixa etária**: mais de 60% situam-se entre 30 e 50 anos;<br>- **raça/cor:** autodeclarada: 84,84% preto/pardo; 14,1% branco;<br>- **estado civil**: a maioria das profissionais é casada, tem filhos e mora em habitação própria;<br>- Chama a atenção o grande número de profissionais que **chefiam famílias**, quase 50% dos respondentes;<br>- **situação empregatícia**: 42% desempregado; 51,6% empregado ativo; os desempregados afirmaram que continuariam nessa condição pós-pandemia. |
| **Trabalho profissional na pandemia – levantamento bibliográfico (2021)** | - Dificuldades de acesso a equipamentos de proteção individual (EPIs), por escassez ou não oferta institucional.<br>- Necessidade de adaptação ao trabalho remoto, via telefone e aplicativos de mensagens.<br>- Necessidade de mudança da localização da sala de atendimento do Serviço Social por não atender aos critérios de distanciamento e ventilação necessários, nem sempre atendida.<br>- Diminuição do quadro de assistentes sociais devido ao afastamento de profissionais que integram o grupo de risco também por adoecimento e falecimento.<br>- O medo do contágio pela covid-19, fragilizando emocionalmente os/as profissionais e limitando sua capacidade de enfrentamento dos desafios postos.<br>- Imposição de atribuições que não competem ao Serviço Social, entre elas, a comunicação de óbito. |

| Categorias | Resultados/Conclusões |
|---|---|
| | - Falta de recursos humanos e materiais para atender a usuários em situação de rua.<br>- Necessidade de buscar novas estratégias de enfrentamento da violência de gênero diante do isolamento social.<br>- Dificuldade de garantir o atendimento aos/às usuários/as por vias remotas devido à exclusão digital de grande parcela do público-alvo das políticas sociais. |
| **Trabalho profissional na pandemia – pesquisa de campo** | - A maioria dos participantes (58,8%) disse que desenvolveu trabalho presencial e os demais em regime de rodízio; forma remota; forma remota e presencial e em regime de plantão;<br>- As **dificuldades** que mais se destacam foram:<br>a) falta ou não uso dos EPIs;<br>b) contato direto com usuários e/ou pessoas que contraíram o vírus;<br>c) precarização do trabalho;<br>d) aumento de demandas para o Serviço Social;<br>e) cobrança exacerbada por eficiência e eficácia para demonstração de dados de atendimentos;<br>f) dificuldade em conduzir o trabalho em equipe devido à modalidade de revezamento;<br>g) dificuldades para formar grupos para capacitações *on-line*, capacitações essas que se revelaram pouco efetivas no aprendizado;<br>- Os maiores **desafios** destacados nesta pesquisa de campo:<br>a) sobrecarga de trabalho remoto e trabalho doméstico;<br>b) uso do transporte coletivo em face do grande risco de contaminação;<br>c) trabalho em equipe pela via remota;<br>d) ausência/limitação de acesso a equipamentos tecnológicos e conexões rápidas de internet;<br>e) adoecimento mental, físico e psicológico;<br>f) adesão a normas e regras para prevenção e combate à covid-19;<br>g) dificuldade de acompanhar os/as usuários/as da saúde mental em domicílio;<br>h) ausência de recursos que garantam as condições de trabalho e o sigilo profissional;<br>i) conscientização sobre a importância do isolamento social;<br>j) falta de capacitação específica para assistentes sociais;<br>k) falta de investimento nas políticas sociais;<br>l) avanço do conservadorismo;<br>m) falta de compreensão sobre as prerrogativas profissionais. |

*Fonte*: Braga e Cardoso (2022).

Considerando os dados preliminares sumariados, podemos perceber, quanto à realidade alcançada sobre o perfil profissional, que os dados não discrepam, de modo geral, das tendências nacionais e regionais. Contudo, com o cenário de pandemia, algumas variáveis se agravaram, como se pode notar nos quesitos: empregabilidade, salário, precarização do trabalho, condições sanitárias para a atuação, condições para a preservação do sigilo profissional, adoecimento profissional (adoecimento por covid e adoecimento mental, principalmente), sobrecarga de trabalho, para ficarmos nos mais impactantes. Chamo a atenção para a realidade de quase 50% de desempregados/as na categoria, cruzando com o alto nível de formação de assistentes sociais provenientes de formações aligeiradas. Ademais desses alarmantes fatores e impactos para o trabalho profissional, os espaços sócio-ocupacionais do Serviço Social tiveram de ser adaptados para a modalidade remota, sem que para isso houvesse tempo, preparação, tecnologia disponível e preparo técnico suficiente, além da anterior falta de equipamentos, que diante dessa nova determinação se revelou dramática.

A conclusão da análise desta pesquisa permitirá em nível mais profundo perceber as causas e consequências da implementação de uma política de Estado guiada por uma perspectiva, além de conservadora, antissocial, anticientífica e que também afeta destrutivamente seus agentes, aqui é o caso dos/das assistentes sociais.

## Considerações Finais

A trajetória da formação profissional em Serviço Social no Brasil apresentou significativas alterações nas últimas décadas, sobretudo a partir da segunda metade dos anos 1980, quando a ABEPSS aprovou um dos pilares vigentes para a titulação de assistentes sociais: as Diretrizes Curriculares de 1996. Passados 26 anos, podemos avaliar que alterações se produziram a partir dessa normatização e direcionamento.

O estudo que se apresentou neste capítulo sintetizou resultados de pesquisas desenvolvidas por nove anos no GEPSS/PPGSS/UFPA no estado do Pará que buscaram compreender: a relação entre o perfil socioprofissional e teórico-metodológico de assistentes sociais formados sob as Diretrizes; como as competências e habilidades profissionais estabelecidas nas Diretrizes foram compreendidas e como se manifestaram no trabalho de assistentes sociais formados/as em diferentes modalidades de ensino; e qual a realidade socioprofissional de assistentes sociais do Pará em um contexto pós-golpe 2016 e pandêmico.

Com base nas evidências e inferências analíticas alcançadas nas pesquisas concluídas e em andamento, pudemos sintetizar algumas tendências identificadas que permitem anunciar algumas recomendações acerca dos objetos das pesquisas.

No aspecto do perfil socioprofissional é possível inferir que a presença dos/as assistentes é consolidada e reconhecida no mundo do trabalho, especialmente na esfera pública, principalmente municipal. A conquista das 30 horas pela categoria já atinge a maioria, mas um terço ainda não é contemplada. A maioria da categoria empregada percebe rendimento entre baixo e médio, e apresenta carências decorrentes dessa condição em termos de moradia, transporte e segurança, o que se agrava quando se agregam a tendência à precarização dos contratos de trabalho e a escassez de concursos. No período pandêmico esses dados, que já se mostravam problemáticos anteriormente, agravaram-se para a categoria.

Ao relacionarmos essa realidade a outra tendência identificada na formação profissional de massificação do ensino a distância, comprovadamente deficitário em termos de qualidade teórica e prática na formação, pode-se identificar em médio e longo prazo uma desqualificação profissional que pode rebaixar ainda mais as condições oferecidas a assistentes sociais no mercado de trabalho.

Sobre a formação de assistentes sociais, há claras evidências de elevação de qualidade após a implantação das Diretrizes, tanto no adensamento teórico-metodológico, ético-político, quanto no técnico-operativo, no que respeita à produção científica, especialmente no âmbito da pós-graduação, em todo o país. Mas a apreensão dessa produção de vanguarda se deu de forma heterogênea. A qualidade e coerência estão mais bem situadas nos cursos de universidades públicas e algumas privadas, embora se deva reconhecer que deficiências teóricas e práticas foram identificadas inclusive em profissionais egressos das públicas. No entanto, no que se refere aos cursos EaD, mostram-se predominantemente sofríveis em todos os aspectos formativos, o que demanda urgentes medidas para se enfrentar a gravidade do problema em face da própria sobrevivência da profissão e sua correspondente área de conhecimento.

Considerando o marco histórico do golpe institucional de 2016, é possível notar, desde o período da ilegítima assunção de Temer até o governo Bolsonaro, um desastroso processo de desmonte das políticas sociais, com claro interesse de redução de conquistas democráticas e direitos sociais atinentes à classe trabalhadora. O trabalho de assistentes sociais em meio a tamanhas hostilidades às mulheres, aos/às negros/as, à população LGBTQI+, aos povos originários, aos/às pobres e aos/às usuários/as de todas as demandas tornou o ambiente de trabalho profissional um espaço de enfrentamentos de desafios cotidianos.

A sobrecarga no trabalho dos/as assistentes sociais se manifesta como tendência, quando verificamos que a elevação da demanda devido à pandemia e a escalada do empobrecimento populacional não foram correspondidas com medidas de contratação de novos/as assistentes sociais, especialmente na assistência social e na saúde.

No que tange aos aspectos de formação e trabalho profissional no período pandêmico, registra-se uma tendência ao empobrecimento do ensino, já que as metodologias de ensino remoto emergencial, por razões socioeconômicas e tecnológicas, não alcançam todos/as, além de dificultarem o ensino para os/as docentes, pouco familiarizados/as às Tecnologias de Informação (TIs), o que reforçou as desigualdades preexistentes. No trabalho profissional se identificaram (ainda em dados preliminares) a elevação da insegurança no trabalho, seja por razões sanitárias, seja trabalhistas; a não priorização de acesso à vacinação e aos Equipamentos de Proteção Individual (EPIs); necessidade de adaptação à atuação remota, com limitação do trabalho profissional, já que a própria população usuária tem acesso limitado às TIs.

Por fim, podemos considerar que nesse tempo em que assistimos a uma escalada de retrocessos nos vários campos dos direitos, em particular no social, e a uma avassaladora pandemia, a necessidade do Serviço Social, como área de conhecimento e como profissão, se evidencia, razão pela qual urge que lutemos por preservar as conquistas das últimas décadas da profissão e avançar mais, mas com olhos postos na busca por uma nova sociabilidade, na qual a ameaça da barbárie seja definitivamente sepultada.

## Referências

ASSOCIAÇÃO BRASILEIRA DE ENSINO E PESQUISA EM SERVIÇO SOCIAL (ABEPSS). *Diretrizes gerais para o curso de Serviço Social*. Rio de Janeiro, 1996. Disponível em: http://www.abepss.org.br/diretrizes-curriculares-da-abepss-10. Acesso em: 15 set. 2020.

BRAGA, Cilene S. C.; CARDOSO, Welson de S. Projetos societários em disputa em tempos de pandemia e o exercício profissional do/a assistente social do Pará/Amazônia legal. *Relatório Final*. Belém: UFPA, 2022.

HARVEY, David. *O novo imperialismo*. São Paulo: Edições Loyola, 2013.

LIMA, Cristiana C. A questão regional amazônica e os desafios da formação: elementos para problematização. *Revista de Políticas Públicas*, Manaus: UFMA, número especial, p. 223-231, 2010.

MARX, Karl. *Para a crítica da economia política e outros escritos*. São Paulo: Abril, 1982.

MARX, Karl. *O Capital*: crítica da economia política. São Paulo: Boitempo, 2013. Livro I: O processo de produção do capital.

NASCIMENTO, Maria A. C.; CRUZ, Sandra H. R.; PONTES, Reinaldo N. Desigualdade e diversidade: o fator amazônico no contexto da Política de Assistência Social no Pará. *Textos & Contextos*, Porto Alegre: EDIPUCRS, v. 18, p. 1-14, 2019.

PAIXÃO, David W. *A expansão do ensino superior e as inflexões na formação profissional em Serviço Social*: reflexões a partir da realidade do estado do Pará. 2021. Trabalho de Conclusão de Curso (Faculdade de Serviço Social) — Universidade Federal do Pará, Belém, 2021.

PEREIRA, Larissa D. Expansão dos cursos públicos de Serviço Social entre os anos de 2003 e 2016: desafios para a formação profissional. *Katálysis*, Florianópolis, v. 21, n. 1, p. 189-199, jan./abr. 2018. Disponível em: https://www.scielo.br/j/rk/a/8gkrwSRDKy5QZ6YxjYC39fB/?lang=pt. Acesso em 26 mai. 2023.

PONTES, Reinaldo N. Dialética e mediação em Serviço Social: como entendem os assistentes sociais? *In*: AMARO, Sarita; CRAVEIRO, Adrieli V. (org.). *Vade mecum*: trabalho e instrumentalidade do Serviço Social. 2. ed. Porto Alegre: Nova Práxis, 2020. v. 1, p. 295-312.

PONTES, Reinaldo N. *Fortalecimento acadêmico do Serviço Social*: projeto pedagógico revisado e consolidado. 2013. Projeto PROINT (Faculdade de Serviço Social/Instituto de Ciências Sociais Aplicadas) — Universidade Federal do Pará, Belém, 2013.

PONTES, Reinaldo N.; BRAGA, Cilene S. C.; CARDOSO, Welson de S. *Formação profissional em Serviço Social na região metropolitana de Belém (PA)*: estudo da implantação das Diretrizes Curriculares de 2002 e seus impactos na qualidade da formação do assistente social. 2017. Relatório de Pesquisa (Instituto de Ciências Sociais Aplicadas) — Universidade Federal do Pará, Belém, 2017.

PONTES, Reinaldo N. *et al*. P. As condições de vida e trabalho das/os assistentes sociais na região metropolitana de Belém: aproximações reflexivas. *In*: CUNHA, Marinez G. N. *et al*. (org.). *PROCAD/Amazônia*: formação e trabalho do assistente social no Norte e no Sul do Brasil. Manaus: EDUA; São Paulo: Alexa Cultural, 2020.

PONTES, Reinaldo N. *et al*. Diretrizes curriculares e formação profissional em Belém: análise dos fundamentos teórico-metodológicos. *In*: ENCONTRO NACIONAL DE PESQUISADORES(AS) EM SERVIÇO SOCIAL, 15., 2016, Ribeirão Preto. *Anais* [...]. Ribeirão Preto, 2016.

PONTES, Reinaldo N. *et al*. Formação em Serviço Social e Seguridade Social: as novas diretrizes curriculares em questão (Belém 2009-2012). *In*: JORNADA INTERNACIONAL DE POLÍTICAS PÚBLICAS, 2013, São Luís. *Anais* [...]. São

Luís, 2013a. Disponível em: diretrizescuicularesdeservicosocialnaseguridadesocial-.pdf. Acesso em: 13 mar. 2023.

PONTES, Reinaldo N. *et al.* *Serviço Social e seguridade social*: perfil teórico-metodológico da intervenção profissional dos assistentes sociais em Belém (PA). 2013. Relatório Final de Pesquisa (Programa de Pós-Graduação em Serviço Social) — Universidade Federal do Pará, Belém, 2013b.

SILVA, Andrea F. L. da *et al.* Caracterização do estado do Pará: contribuições para o estudo da formação profissional em Serviço Social na Amazônia. *In*: CUNHA, Marinez G. N. *et al.* (org.). *PROCAD/Amazônia*: formação e trabalho do assistente social no Norte e no Sul do Brasil. Manaus: EDUA; São Paulo: Alexa Cultural, 2020.

TEIXEIRA, Joaquina Barata. Meio ambiente, Amazônia e Serviço Social. *Em Pauta*, n. 21, p. 141-152, 2010.

# 2
# Teorias sociais e Serviço Social: competências e habilidades do Serviço Social na região metropolitana de Belém (PA)

Olga Myrla Tabaranã Silva
Ediane Moura Jorge
David William Queiroz Paixão

## Introdução

Este capítulo se baseia nos resultados da pesquisa "Formação profissional em Serviço Social na região metropolitana de Belém (PA): estudo da implantação das diretrizes curriculares de 2002 e seus impactos na qualidade da formação do/a assistente social", CNPq (2014-2017), realizada pelo Grupo de Estudos, Pesquisas em Serviço Social, Formação Profissional e Política Social na Amazônia (GEPSS/PPGSS/UFPA) (PONTES; BRAGA; CARDOSO, 2017), uma vez que, diante dos direcionamentos de pesquisas que o grupo vem fazendo, o Serviço Social em seus âmbitos de formação e atuação profissional tem sido prioridade nas análises.

Realizamos uma demonstração empírica da atualidade deste debate, incorporando em nossa análise algumas falas extraídas da pesquisa realizada e intitulada "Formação profissional em Serviço Social na região metropolitana de Belém (PA): estudo da implantação das Diretrizes Curriculares de 2002 e seus impactos na qualidade da formação do/a assistente social", em que a fase da coleta de dados foi realizada no ano de 2015, sistematizada em 2016.

Assim, este capítulo está organizado em dois momentos: no primeiro, tratamos sobre as reflexões condizentes à construção e às apropriações dos referenciais teóricos na contemporaneidade que circundam o Serviço Social brasileiro e, no segundo, apresentamos como esse referencial foi sendo incorporado na profissão, em seu sentido histórico; por último, analisamos as falas extraídas do trabalho de campo da pesquisa do GEPSS.

## 1. O Serviço Social e suas apropriações teóricas na contemporaneidade

Atualmente, o Serviço Social defende em seu projeto ético-político o desenvolvimento da perspectiva da teoria social crítica, tendo no marxismo a ortodoxia do método como forma de identificar as essências da realidade a ser conhecida e receber a intervenção. Compreendemos e defendemos que, de acordo com o método, a realidade sempre se apresenta na superficialidade da aparência, e necessita de aprofundamento para ser analisada conforme sua realidade e em relação à totalidade social que a determina.

Apesar de não ser nossa intenção neste capítulo discutir o método em Marx, ainda que em seus conceitos principais, torna-se importante não apenas como uma influência no Serviço Social crítico, mas também como uma necessidade de análise que a empiria nos revelou. Vejamos as análises sobre o tema.

> A teoria crítica começa igualmente com determinações abstratas; [...] Os conceitos que surgem em seu início, tais como mercadoria, valor, dinheiro, podem funcionar com conceitos genéricos pelo fato de considerar as relações na vida social concreta como relações de troca, e de se referir aos bens a partir de seu caráter de mercadoria. Mas a teoria não se exaure pelo simples fato de relacionar os conceitos com a realidade pela mediação de hipóteses [...] (HORKHEIMER, 1975, p. 150).

Horkheimer (1975) afirma que, como tradição da teoria social crítica, a formação teórica não deve ser desenvolvida na imediaticidade, em sua forma genérica, pois está envolta nas relações sociais estabelecidas na realidade que é composta de mediações. Para a teoria social crítica, é necessário que se estabeleça o conhecimento sobre as mediações para que se compreenda e se analise a realidade. Na profissão, o método se apresenta na formação profissional como estratégia de interpretar a realidade para que se possa realizar a intervenção. Caso o/a profissional não realize a mediação da realidade em que vai intervir, ele/a não alcança o objetivo do seu trabalho diante do que se propõe com o projeto profissional, uma vez que "[...] O pensamento meramente registrador vê unicamente sequências de aparências, mas nunca forças e antiforças, o que sem dúvida não é obra da natureza, mas é próprio desse tipo de pensamento" (HORKHEIMER, 1975, p. 154).

Se, comprovadamente, é a materialidade que define os fenômenos sociais, a totalidade sempre vai revelar a influência estrutural que particulariza a conjuntura na singularidade dos problemas estudados e apresentados aos/às assistentes sociais, por isso se dá a ortodoxia do método. Toda realidade é socialmente determinada por esta estrutura social, "[...] a relação entre as determinações gerais da produção, num dado grau social, e as formas particulares da produção [...]" (MARX, 1857, p. 105). Cada forma de produção gera, materialmente, produções e reproduções sociais próprias.

> O todo, tal como aparece no cérebro, como um todo de pensamentos, é um produto do cérebro pensante que se apropria do mundo do único

> modo que lhe é possível, modo que difere do modo artístico, religioso e prático-mental de se apropriar dele. O sujeito real permanece subsistindo, agora como antes, em sua autonomia fora do cérebro, isto é, na mediada em que o cérebro não se comporta senão especulativamente, teoricamente [...] (MARX, 1857, p. 117).

A forma de compreensão das particularidades determinadas pela realidade social é uma tarefa da consciência, uma vez que a realidade aparece de maneira caótica, e somente o aprofundamento do conhecimento é que permite que se organize um método de exposição racionalmente compreensível. O cérebro (razão) apreende a realidade que é produto de determinações reflexivas e ontológicas e, a partir dessa apreensão, pode definir teoricamente as formas sociais reais dos fenômenos sociais.

> [...] as categorias simples são a expressão de relações nas quais o concreto pouco desenvolvido pode ter se realizado sem haver estabelecido ainda a relação ou o relacionamento mais complexo, que se acha expresso mentalmente na categoria mais concreta, enquanto o concreto mais desenvolvido conserva a mesma categoria como uma relação subordinada (MARX, 1857, p. 118).

As relações subordinadas entre o concreto mais desenvolvido e o pouco desenvolvido se expressam no movimento da realidade e de sua contradição. Se não enxergamos as contradições, facilmente defenderemos a dicotomia entre teoria e prática, uma vez que não é possível compreender a realidade nem das pessoas atendidas nem da profissão. Por meio do método, entende-se que há determinações para todos os fenômenos sociais existentes na realidade e que todas elas são materialmente determinadas. "[...] A consciência da teoria crítica se baseia no fato de que, apesar das mudanças da sociedade, permanece a sua estrutura econômica fundamental [...]" (HORKHEIMER, 1975, p. 157).

> Em todas as formas de sociedade se encontra uma produção determinada, superior a todas as demais, e cuja situação aponta sua posição e influência sobre as outras. É uma luz universal de que se embebem todas as cores, e que as modifica em sua particularidade. É um éter especial, que determina o peso específico e todas as coisas emprestando relevo a seu modo de ser [...] (MARX, 1857, p. 121).

A particularidade, nomeada como "éter especial" por revelar o modo de ser dos fenômenos, define a realidade concreta (real) como socialmente determinada e, por isso, contraditória e dialética. Não há possibilidade de compreendê-la deixando de lado a apreensão histórica em seu ir e vir fluido. Quando se apreende este movimento do concreto caótico, é possível organizá-lo racionalmente para uma análise e intervenção. Nela se identificam as mediações reflexivas, porque foram fruto do trabalho do pensamento, e ontológicas, porque são inerentes ao ser e à sua realidade material (PONTES, 2016). A partir de então, é possível analisar o que determina tal realidade e, ainda, de que forma essas determinações são mediadas.

Contrapondo esse movimento, evidencia-se, atualmente no Serviço Social, um processo de mistificação e crítica a todo o desenvolvimento das teorias sociais desenvolvidas na modernidade e que se apresenta como uma nova forma de identificar o real nas nuances que as teorias sociais modernas não conseguem. Esse movimento é definido como pós-modernidade ou neoconservadorismo.

Sobre as consequências da pós-modernidade no debate do Serviço Social, a análise apresentada por Santos (2007) a compreende como um processo global que atinge as ciências, a cultura, a linguagem e outras diversas formas de expressão da vida social. O debate exposto pela autora inicia na década de 1990 e suas refrações dos períodos anteriores, principalmente na vertente defendida ainda nas décadas de 1970 e 1980, que apontavam uma intenção de ruptura com as matrizes de pensamento conservadoras que a profissão defendia até então.

Para Santos (2007) houve, na profissão, o reconhecimento de que o movimento de intenção de ruptura, arcabouço para o movimento de Reconceituação do Serviço Social Brasileiro, seria hegemônico. Porém, "[...] o que parece ter ocorrido foi uma intimidação das demais concepções presentes no terreno profissional — em especial, do conservadorismo [...]" (SANTOS, 2007, p. 10). A mesma autora faz essa reflexão por reconhecer que a profissão foi gestada no seio do conservadorismo e, por muito tempo, foi funcional a esse modelo. Então, a superação dessas bases não seria nem será um processo unívoco, principalmente quando a onda conservadora da profissão ainda se apropria das formas de reprodução social como um todo.

Para Santos (2007), a profissão, a partir da década de 1990, pretendia deixar de lado as influências conservadoras, mas ainda convive com os padrões do sincretismo e do corpo teórico eclético que faz "moda" nas Ciências Sociais em geral. A partir desse período, também advém no âmbito profissional, não por acaso, a onda contrária ao desenvolvimento do marxismo, como teoria proposta ao conhecimento e à intervenção profissional pós-reconceituação; trava-se, então, uma batalha buscando resistir teórica e culturalmente à razão crítico-dialética. Porém, ainda de acordo com a autora, o marxismo foi sendo apropriado, inicialmente, de forma limitada, dadas as condições históricas e barreiras para acessar as fontes clássicas, pois o que era lido fortalecia mais a ação militante do que a reflexão científica.

Essa inserção da teoria social de Marx na profissão anunciou posturas fatalistas, posições messiânicas e voluntaristas que reduziam a visão sobre a correlação de classes à dicotomia bem e mal (SANTOS, 2007). Portanto, a apropriação política da "intenção de ruptura" foi muito importante, mas incompleta. Tal reflexão está presente na obra intitulada *Neoconservadorismo pós-moderno e Serviço Social brasileiro*, escrita por Josiane Santos, que traz reflexões sobre os contributos de Quiroga sobre tal debate, dessa forma sinaliza que "[...] *pode-se, portanto, concluir que a Reconceituação levou a uma ruptura política que não foi acompanhada de uma ruptura teórica com essa herança conservadora*" (SANTOS, 2007, p. 75, grifos da autora).

A partir da "intenção de ruptura" e sua crítica, dos anos 1990 em diante, houve uma aproximação do pensamento marxiano e da melhor tradição marxista, com o recurso ao pensamento do próprio Marx e de Lukács (a noção ontológica do ser social), Gramsci (as concepções de hegemonia, sociedade civil e bloco histórico) principalmente, que inspiraram importantes ações-reflexões na construção progressiva e contraditória do projeto ético-político profissional, como a revisão do currículo mínimo da formação, uma nova ênfase na compreensão do método, da relação teoria-prática, revisão do código de ética e da lei de regulamentação da profissão, a inclusão da discussão do trabalho nas políticas sociais e do próprio espaço delas como eixo temático analítico, para além dos determinismos do estruturalismo dominante no marxismo da época. Esse mergulho na tradição marxista aprofundou "[...] a concepção da profissão inserida na divisão sociotécnica do trabalho capitalista e do seu objeto como sendo as diversas expressões da 'questão social' no capitalismo dos monopólios", trazida por Marilda Iamamoto desde os anos 1980 (SANTOS, 2007, p. 79).

O foco da crítica pós-moderna é o marxismo. A defesa principal é que a Teoria Social Crítica, assim como todo movimento moderno, não conseguiu cumprir sua promessa de emancipação humana e é generalista, determinista e economicista. Os pós-modernos valorizam as microdimensões da vida e acreditam que o marxismo não consegue visualizá-las. Para Santos (2007), os autores do Serviço Social que justificam as vertentes conservadoras têm dois direcionamentos de análise: a princípio, criticam veementemente o marxismo ou criticam de forma velada, pois todos já defenderam em algum momento a Teoria Social Crítica. "[...] Em ambos os grupos, a retórica pós-moderna opera como um componente atualizador de traços do conservadorismo profissional e instrumentaliza o investimento de deslegitimação da direção social estratégica fundada na razão dialética" (SANTOS, 2007, p. 14). A esses grupos Silveira Junior (2016) chama de pós-modernos de celebração e de oposição, respectivamente.

Uma análise muito importante é a justificativa histórica para a defesa da pós-modernidade. Essa ideologia tem o papel de desenvolver as ideias capitalistas para legitimar o sistema diante de sua crise estrutural, por isso ataca com veemência qualquer proposição contrária. "[...] a crise do regime de acumulação capitalista do pós-guerra e seu correspondente modo de regulação [...] o capitalismo vive uma de suas mais agudas crises do ponto de vista produtivo e, paradoxalmente, o seu momento de maior hegemonia ideocultural. [...]" (SANTOS, 2007, p. 13). Na literatura do Serviço Social, a referida autora destaca que identifica essa corrente a partir da revisão curricular sob a justificativa da "crise de paradigmas". Esta, por sua vez, adentrou no debate profissional tardiamente, pois já vinha ocorrendo em outras ciências.

As teorias sociais são funcionais à reprodução social quando deixam de ser a justificativa para resistência. Por isso, a nítida opção por destruir o avanço do marxismo no Serviço Social como forma de desenvolver superficialidade e eliminar as visões que pensam as transformações societárias, a universalidade e a totalidade. Para a pós-modernidade, é importante que se anuncie a inexpressividade das metanarrativas, uma vez que elas estimulam a transformação social e negam o que o conservadorismo quer naturalizar. Importante refletir sobre uma afirmação de Santos (2007) de que o conservadorismo não é senso comum. Este, no Serviço Social, busca estrategicamente estimular o "desencantamento" com o marxismo.

"A abordagem desse embate, não padecendo de neutralidade, tem intencionalidade e o Projeto Ético-Político é uma conquista diante da tradição 'consensualista' ou 'homogeneizadora'. Por isso é estrategicamente atacado" (SANTOS, 2007, p. 112, grifos da autora). Suas defesas retomam a tradição e o costume, a ordem social e institucional, e a exaltação da família tradicional, do voluntariado, dos padrões religiosos, da hierarquia, como forma de tentar se contrapor ao projeto ético-político e evidenciar uma pseudosseparação dos objetivos da profissão na contemporaneidade dos defendidos no referido projeto.

> [...] *o pensamento conservador é um dos referenciais possíveis para fundamentar o exercício profissional, mas apenas um dos e não o único.* Isso porque

> a mediação do mercado de trabalho que expõe o Serviço Social às contradições da sociabilidade burguesa o expõe a outras demandas portadoras de uma legitimidade própria, para a qual o pensamento conservador é inepto por razões diversas, mas principalmente pela sua filiação teórica, que obscurece [...] os aspectos ontológicos do ser social (SANTOS, 2007, p. 56, grifos da autora).

A submersão dos/as assistentes sociais no mercado de trabalho expõe os/as profissionais diretamente às determinações conservadoras e, muitas vezes, em suas atividades profissionais, defendem o tradicionalismo pós-moderno, psicologizam as relações sociais, fragmentam suas análises e aprofundam as críticas à intenção de ruptura, indo de encontro ao Projeto Profissional. Porém, para não cair na armadilha metodológica da pós-modernidade, não podemos inferir a responsabilidade desse problema apenas aos/às profissionais, pois reconhecemos que é um processo historicamente estrutural ao capital e que atinge todos os âmbitos existentes das relações sociais.

> *Assim, enquanto a demanda que o sustenta existir, o conservadorismo estará presente no Serviço Social — ora mais fortalecido, ora menos, porém sempre atualizando-se para responder adequadamente às requisições que lhe são formuladas.* Ele é uma tendência constitutiva dessa profissionalidade, o que não quer dizer que seja a única. O papel da perspectiva crítico-dialética nesse sentido é aprofundar as fragilidades do projeto conservador desenvolvendo a outra legitimidade igualmente constitutiva do tecido profissional, mas isso não elimina a sua oponente, não nessas condições históricas, cujos limites estão circunscritos à ordem burguesa. Arrogar-se essa tarefa é reforçar o messianismo não raras vezes reiterando na história profissional, desconsiderando o quadro atual de hegemonia ideológica do capital (SANTOS, 2007, p. 58, *grifos da autora*).

O conservadorismo é um elemento coexistente na cultura profissional. O sincretismo e o ecletismo são frutos do período da decadência. E tudo o que vier a ser consequência desse período é fundamento da tentativa de angariar aceitação para esse movimento, como, por exemplo: a divisão intelectual do trabalho, o exército assistencial de reserva, a extrema especialização e fragmentação dos espaços sócio-ocupacionais e as visões endógenas da profissão, que trazem aspectos conservadores que vão ganhando espaço e tornam-se forças atuantes conservadoras, uma vez que não demonstram as contradições presentes no espaço da ação profissional. A defesa neoconservadora contrária ao marxismo traz consequências sérias para a compreensão e atuação dos/as assistentes sociais, entre elas, Silveira Junior (2016) elenca:

> [...] a aceitação da imediaticidade dos fenômenos sociais, preferência pela superficialidade, recusa da categoria da totalidade, entronização do ecletismo como cânon metodológico, pluralidade metodológica, elevação do peso do relativismo, semiologização da realidade social, dimensões simbólicas na vida social, pura discursividade, capitulação ao presente, rejeição da possibilidade de superação revolucionária do atual estado de coisas e presente como única realidade (SILVEIRA JUNIOR, 2016, p. 173).

Um dos maiores exemplos desse processo é o trabalho dos/as assistentes sociais nas diversas políticas públicas que, também como fruto desse processo, tornam-se cada vez mais isoladas e isolam igualmente as atividades dos/as assistentes sociais, bem como exigem sua polivalência como processo resultante de uma nova organização social. Além disso, tendências à setorização de atividades de Políticas Públicas e da atuação do Serviço Social, com tendências à visualização isolada dos problemas sociais, são marcas do desenvolvimento da pós-modernidade.

Para Silveira Junior (2016), a pós-modernidade empobrece a prática e a articulação teórico-metodológica, ético-política e técnico-operativa instituída e defendida pelo Projeto Profissional. E traz à tona uma reflexão importante: no Serviço Social há uma falsa hegemonia da perspectiva marxista, uma vez que não há um debate explícito entre os/as defensores/as da corrente pós-moderna e do marxismo na profissão, constatação essa também ratificada por Santos (2007). Isso nos faz pensar na necessidade de, através de todos os meios profissionais, elucidar esse debate e, principalmente, refletir junto aos/às assistentes sociais em todos os âmbitos sobre posições pós-modernas em confronto com as posições teórico-críticas.

Portanto, seguiremos com a reflexão da importância da composição das Diretrizes Curriculares de Serviço Social (ABEPSS/1996) em seu componente de competências e habilidades para a formação profissional com base fundamentada na teoria crítica, considerando bases para afastar o equívoco de defesa da pós-modernidade.

## 2. Implicações contemporâneas do debate teórico no Serviço Social considerando as competências e as habilidades das diretrizes curriculares

A pesquisa em tela neste capítulo tinha entre seus objetivos compreender as visões e práticas dos/as sujeitos/as em relação às "competências e habilidades" apresentadas nas Diretrizes Curriculares de Serviço Social vigentes desde 1996 (ABESS/ABEPSS) e 2002 (MEC/SESU). Neste trabalho, elegemos refletir sobre: *compreensão do significado do Serviço Social; identificação e respostas a demandas sociais em face da questão social; fundamentação teórico-metodológica/ético-política e participação dos/as usuários/as; prática/intervenção profissional.*

A pesquisa teve como objetivo geral "analisar a qualidade teórico-metodológica, ético-política e prático-operativa dos/as assistentes sociais formados sob as Diretrizes Curriculares de 2002 e que atuam na Região Metropolitana de Belém do Pará" (PONTES; BRAGA; CARDOSO, 2017). Os dados qualitativos da pesquisa foram extraídos de entrevistas com profissionais formados/as sob a égide das novas Diretrizes Curriculares pela UFPA e por universidades particulares, presenciais e a distância.

Selecionamos extratos de falas de cinco entrevistados/as do total que aceitaram participar da pesquisa de campo. Neste capítulo, eles/as estão organizados/as por números: a Assistente Social 1 (AS 1) é formada pela UFPA e atua na assistência estudantil; a Assistente Social 2 (AS 2) é formada pela UFPA e atua na saúde; a Assistente Social 3 (AS 3) é formada pela Unama e atua na saúde; a Assistente Social 4 (AS 4) é formada por uma faculdade a distância e atua na assistência social; o Assistente Social 5 (AS 5) é formado pela UFPA e, na época da entrevista, atuava na assistência social.

Dentre tanto material, extraímos algumas falas que nos fazem refletir sobre o contexto de apropriação neoconservadora e sua sutileza nas análises profissionais da realidade. E ratificam a necessidade de um debate aprofundado e persistente entre toda categoria profissional brasileira. Iniciemos com trechos da fala das Assistentes Sociais 1 e 2:

> Esses alunos, que geralmente não veem de uma demanda espontânea, que geralmente você vai identificar com visitas que você realiza, com itinerantes nos *campi*; então eu acho que é, uma profissão fundamental dentro da assistência estudantil, porque se não tivesse Serviço Social como que seria? Como você iria identificar aquele aluno que está em estado de vulnerabilidade, seja econômica, seja social, seja emocional?
>
> O aluno vem em busca de uma orientação. Como ele faz pra ele se inscrever no auxílio-permanência, como ele pode adquirir aquele edital, como ele pode conhecer, de fato, a política de assistência e como ele pode acessar? [...]
>
> Depois do aluno inscrito no *site*, identifica se ele tem ou não o perfil e aí orienta os alunos a conhecerem a política de assistência estudantil e outras políticas de atendimento a saúde, previdência, habitação.
>
> Fazemos visita domiciliar à casa do aluno, entrevista, orientação.
>
> [...] Você não vai fazer uma visita de cunho investigativo na casa do aluno, você vai fazer uma visita pra você conhecer a realidade em que ele está inserido, né? E poder orientar, não só quais são as políticas de assistência estudantil que a universidade pode dar suporte dentro, mas, as outras políticas que se têm uma receptividade de política de

> atendimento da saúde, bora orientar, bora encaminhar, previdência, habitação (AS 1).

Nesse trecho avaliamos que a profissional tem consciência sobre suas funções na instituição, reitera a necessidade de buscar conhecer a realidade dos/as usuários/as que atende e utiliza conceitos como o de vulnerabilidade, ainda que não defina sob quais bases ela o pensa. O que nos preocupa é que, ao tratar de seu fazer profissional, não há articulação com a noção de sucateamento e seletividade das políticas públicas com as quais atuamos, a desregulamentação dos direitos sociais de uma forma geral, em especial na educação, que é o espaço socioinstitucional da entrevistada. O que nos remete ao perigo antes mencionado de defesa da ordem social institucional da sociabilidade burguesa já evidenciada anteriormente por Santos (2007).

> Nem sempre dá certo, mas a gente tenta atender de uma forma crítica, a forma mais crítica possível, tentando analisar o usuário na sua totalidade. Então a pessoa chega por uma situação de saúde, mas ao mesmo tempo tu já vê uma violação na área da assistência, uma violação na área da previdência e na medida do possível a gente tenta dar essas orientações. Claro que eu não tenho domínio de todas as áreas, mas o que eu posso fazer de orientação naquele momento e está encaminhando pro local e orientar melhor. Eu procuro encaminhar.
>
> [...]
>
> É um caso complicado que a gente ainda não conseguiu resolver e eu acredito que a gente não vá conseguir. É uma idosa, a gente não conseguiu definir a idade dela porque na certidão de nascimento não condiz com a idade aparente dela. Ela mora sozinha, é deficiente auditiva, muito braba. Então toda orientação que tu faz pra ela, ela não aceita. [...] Já foi feito visita domiciliar. Já foi feito encaminhamento pro Ministério Público, pra delegacia do idoso, mas essa idosa continua na Unidade. Não aceita em hipótese nenhuma algum tipo de instituição de longa permanência. [...]

> Ela tem o dinheiro dela, mas a gente observou que ela compra o remédio e não toma. Ela mora sozinha em um quartinho alugado em cima de um monte de lama, com alimentação ela se vira, tem lá um fogão do jeito dela. É uma situação preocupante em que as instâncias já foram acionadas e o que nos resta é dar o acompanhamento na unidade, porque nós não temos mais o que fazer. Nós estamos realmente de mãos atadas (AS 2).

É importante considerar que a profissional inicia sua resposta com a afirmação que tenta ser crítica, defendendo os direcionamentos da intenção de ruptura, porém, quando visualizamos o restante da fala, complementa a análise anterior sobre a necessidade de aprofundar os debates e as reflexões das profissionais no momento de identificar e atender a suas demandas. É nítido o conhecimento crítico da profissional sobre a situação das políticas sociais que afetam diretamente os relacionamentos familiares. Porém, ainda percebemos, tão sutilmente, o discurso neoconservador, as análises focalizadas da realidade social da família, de forma individualizada, o fortalecimento das respostas institucionais e o limite de análise no contexto do que o Estado oferece, reafirmando as reflexões de Santos (2007), Silveira Junior (2016) e Wood (1999).

A necessidade do debate sobre o método se fez presente em nossa avaliação em decorrência da identificação de que há o reconhecimento dos/as profissionais sobre a ortodoxia do método (LUKÁCS, 2010) no Serviço Social, porém, as visões ainda são padronizadoras, como uma "camisa de força", associando-se ao discurso mistificador da pós-modernidade.

> A gente trabalha com históricos gerais, que é da nossa prática, o que é, do método que mais se aproxima da nossa realidade. Porque, às vezes, a gente fala assim: "Ah! Eu praticamente sou materialista histórico-dialético, neste conteúdo". Porque eu não posso ser um dia funcionalista, um dia eu vou centrar no Marx... Não! Você vai ter que refletir (AS 3).

Na fala da entrevistada, visualizamos o quanto a absorção da Teoria Social Crítica ainda precisa ser fortalecida em sua totalidade no debate profissional. Percebemos que apenas algumas categorias do método são apropriadas de forma isolada, o que deixa de lado as categorias totalidade, suas dimensões reflexivas e ontológicas na compreensão e na atuação profissional. Isso contribui para a divulgação das ideias pós-modernas no âmbito profissional. Soma-se a isso a necessidade de pensar a apreensão do conhecimento teórico como parte estruturante da fundamentação profissional, o que ainda se confunde na visão dos assistentes sociais apenas com a legislação, conforme podemos identificar na afirmação: "[...] Eu me baseio em todas as legislações referente ao SUS, à Saúde Mental mesmo, mas também referente ao que a gente aprende na academia. O meu referencial teórico é marxista [...]" (AS 4).

> É, a participação deles é mínima. Eles só participam quando acontece alguma coisa com eles, né?
>
> Então, agora a gente vai ter o fórum... é, a jornada de extensão, todo ano tem. Então, esses são os únicos espaços que eles têm para conhecer, quem não conhece, não ler, não sei, tem uma dificuldade com o edital, não lê, como acontece a rotina (AS 1).

Essa fala trata sobre o tema "Participação". Nela ratificamos a afirmação de que, muitas vezes, defendemos o discurso institucional, na medida em que não visualizamos uma afirmação na fala da profissional sobre a participação nem como proposta política, nem como instrumento do capital. Ou seja, o debate sobre participação entre os/as profissionais deve ser deslindado como estratégia de controle da vontade popular, pois ainda defendemos nas instituições a participação de forma superficial, desqualificando a compreensão dialética que envolve a categoria, bem como sua intrínseca ligação à construção da democracia participativa e da cidadania ampliada em última instância.

Outra preocupação apontada na pesquisa revela a urgência em se debater com muito mais frequência a unidade teoria-prática, pois a entrevistada apresenta uma análise muito comum de ser verificada nos debates profissionais, além de evidenciar um alicerce no discurso neoconservador, por meio do relativismo (NETTO, 1994) neste artigo, que não traz elementos de que a profissional está compreendendo a relação como parte do método ou como práxis (LUKÁCS, 2010).

> Na prática? Tu fizesse uma boa pergunta viu? Porque realmente, né? A teoria te norteia, nesse processo da prática, se tu não tiver os dois, tu não consegue vivenciar. [...] Hoje eu estou como diretora, então eu já tive uma longa história antes e, se eu for te contar a gente não vai terminar hoje, mas que me ajudou bastante nesse processo. Mas os livros, a teoria e a prática, sem dúvida nenhuma, elas têm que caminhar sempre juntas e, através da teoria eu consigo levar pra prática tudo o que eu aprendi. Claro que a gente não é perfeito, eu na verdade, como sou diretora, eu fico muito na parte burocrática, mas aí eu não deixo isso me contaminar, procuro sempre tá buscando que aquilo não me contamine, eu tento caminhar, também, para o outro lado (AS 4).

A informante demonstra intenção de articular teoria-prática, conforme aprendeu na concepção dialética estudada na sua formação. Mas não demonstra compreensão materialista-dialética dessa relação, pois as dimensões aparecem no seu discurso estanques e separadas. Identificamos que essa entrevistada compreende que a teoria é portada por ela (sujeito) e levada à prática (profissional), desconhecendo que na visão da teoria crítica a teoria está contida e emerge da realidade (do ser) e não do sujeito (razão); isso desistoriciza a percepção da relação teoria-prática, deixando-a idealista. Tampouco depende do cargo ocupado pelo profissional a proximidade ou não do debate, mas de uma suficiente leitura do lugar ocupado pelo profissional no espaço sócio-ocupacional em face de uma dada política social em execução em determinado tempo histórico. Sem isso, as profissionais passam a ser presas fáceis para se deixarem levar por jargões do pensamento neoconservador em algumas formações e atuações, em especial as aligeiradas, como as da profissional em questão. A lógica messiânica e tecnicista da profissão também aparece como outro aspecto a ser analisado:

> [...] e o Serviço Social ele entra nessa busca, né? De ajudá-los nessas necessidades, de poder fazer com que as suas necessidades sejam viabilizadas através do Serviço Social, e são muitas, muitas mesmo (AS 3).
>
> A gente atendia muito BPC e também benefícios eventuais, muito, a grande demanda era essa. Mas como era básica, né?! A gente atendia situações de bolsa família, até mesmo, atendimento social, já mesmo visando outros benefícios. Mas na maioria das vezes era BPC e benefícios eventuais [...]. Assim, a gente fazia o atendimento, né?! O acolhimento, primeiro o atendimento, identificava as demandas. Posteriormente, a gente fazia o relatório, um parecer. No caso do benefício eventual, a gente faz o relatório, logo depois a gente faz o parecer, encaminha pra secretaria e lá eles fazem a liberação do benefício. Do BPC [...] a gente registava no nosso sistema — que era manual, nada informatizado — a gente fazia a ficha cadastral da família e informava... fazia o agendamento do atendimento dela no INSS, e nesse agendamento, ela já ia levando lá do CRAS as fichas que eu preciso pra dar entrada no benefício. Era a gente que fazia o preenchimento. Devidos essas pessoas serem de baixa renda, elas tinham, como é que eu posso dizer... pouca informação, até pra preencher um formulário. Então a gente fazia isso. [...] Muitos municípios acontecem assim também, porque as técnicas do INSS não querem fazer esse preenchimento [...]. E dos benefícios eventuais também, basicamente a mesma coisa, só mudava que a gente fazia o encaminhamento pra gestão (AS 4).

As falas anteriores refletem uma tensão entre as conquistas ético-políticas na formação e no trabalho profissional (que recorrentemente aparecem nas falas como "intenção de ser crítico, ser dialético etc.") e as dificuldades (teórico-práticas) de objetivação delas no próprio trabalho nos espaços sócio-ocupacionais. Tal tensão se esclarece com o auxílio de Santos (2007), que afirma que o conservadorismo é marca presente na história profissional, pois a profissão não está desconexa da realidade social como um todo, podemos ler claramente essa influência nas falas citadas. Ainda que a intenção de ruptura tenha contribuído significativamente para a inserção da Teoria Social Crítica no Serviço Social, ainda convivemos, em contrapartida, com as visões institucionalizantes, individualistas, tecnicistas, psicologizantes, obscuras (HORKHEIMER, 1975), isoladas, endógenas e frágeis, como já apontava Wood (1999) e Santos (2007).

Porém, a pesquisa apontou também evoluções significativas para a profissão ao se tratar sobre o processo de formação profissional:

> Eu costumo dizer que a graduação te ensina a ir, onde encontrar as coisas. Devido ser muito generalista, eu avalio a formação, tu acabas não tendo aquela segurança na hora do trabalho. Ainda que tu participes de estágio, eu participei na área da reforma urbana, ali era onde eu tinha mais segurança pra atuar, mas não foi onde eu fui trabalhar, então, eu tive muita dúvida a esse respeito e depois de um certo tempo eu consegui entender que a minha formação me deu as ferramentas que eu preciso pra trabalhar porque me ensinou onde ir buscar as coisas. Onde ir buscar determinado instrumento, conceito. Então, isso pra mim foi importante (AS 5).

Essa fala revela uma reflexão interessante. Inicialmente, compreende a formação como uma forma de iniciar os debates e conhecimentos sobre a realidade. Reconhece a necessidade de formação continuada para ultrapassar as visões pragmáticas e para compreender de fato o movimento da sociedade. O que, na batalha das ideias (COUTINHO, 2010), significa um fio condutor importante para o fortalecimento da perspectiva crítico-dialética.

> Todos os referenciais que eu uso são os que eu recebi na minha formação. Principalmente na área de Política Social. Eu lembro muito da Elaine Behring, da Ivanete Boschetti, que escrevem muito sobre Política Social. Eu tenho lido alguns textos da Yolanda Guerra que ela fala da

> instrumentalidade do Serviço Social, porque uma das dúvidas quando tu estás trabalhando, tu te pergunta qual é o meu papel? O que que é o assistente social? Diferente pra mim de um médico que trabalha sobre a doença, do advogado que trabalha sobre a lei, o assistente social ele tem um campo de intervenção muito amplo e isso faz com que às vezes tu te questiones: ah, mas o que definitivamente é do Serviço Social? E a Yolanda Guerra [...] vai dizer que o Serviço Social ele constrói a sua prática fazendo, objetivando seus objetivos, é até redundante, mas é isso mesmo, toda vez que tu planejas algo e tu executas tu vais criando um campo de trabalho teu, sob o qual tu vais intervir, com o qual tu trabalhas. [...] (AS 5).

Nessa fala, a informante salienta elementos de sua formação profissional, destacadamente a política social e os fundamentos teórico-metodológicos como nucleares. Mas, ao mesmo tempo, demonstra uma confusa noção sobre o que é a profissão e seu lugar na sociedade, revelando pouca apreensão dos autores que cita e que parece não compreender. A informante destaca que tais incompreensões nascem da situação de *"quando tu estás trabalhando, tu te pergunta qual é o meu papel?"*, ou seja, na relação teoria-prática ou no momento da objetivação no ser social. E, ao final, individualiza o objeto de intervenção do profissional, caindo no voluntarismo, distanciando-se do sentido dado pelo PEP que coletiviza as ações profissionais de assistentes sociais dos diversos campos.

Essas informantes não são adeptas declaradas das teses pós-modernas, sequer a conhecem teoricamente, ousamos afirmar, mas, o que leva às problemáticas apreensões teórico-práticas sobre a profissão e seu lugar está mais bem assentado na baixa densidade de conhecimentos sobre a teoria social marxiana e sua dialética.

Sem embargo, havemos de considerar, como já afirmado alhures, que as vertentes pós-modernas conservadoras interferem de muitas maneiras na forma de pensar e agir das coletividades. Importante lembrar que o "conservadorismo" não está todo contido nas fronteiras do pensamento pós-moderno, que é complexo, diverso e heterogêneo. Assim, essa forma de concepção de mundo e de teoria social chega aos/às assistentes sociais quando algumas vertentes mais conservadoras reagem à concepção marxista de emancipação humana, defendem a impossibilidade de uma linguagem universal, questionam a legitimidade das ciências sociais, entre outras teses, e criticam o marxismo como teoria social que encontra as determinações gerais da realidade (SILVEIRA JUNIOR, 2016).

Nas críticas pós-modernas ao marxismo, o acusam de "[...] economicista, determinista, redutor, totalitário, trajado com menosprezo à subjetividade, às singularidades, às heterogeneidades, aos processos da consciência etc. [...]" (SILVEIRA JUNIOR, 2016, p. 172). E é importante que se ressalte que tais críticas atingem certeiramente determinados "marxismos" que se afastaram de Marx (marxismo positivista, marxismo stalinista etc.), que nos remetem ao marxismo de reconceituação, que Netto alcunhou de "intenção de ruptura".

Pode-se reconhecer a influência de tendências neoconservadoras/pós-modernas ganhando destaque no âmbito do Serviço Social por meio de algumas características que, na maioria das vezes, se apresentam de forma sutil nos debates de profissionais por meio da mercantilização da cultura, difusão de ideias individualistas, desvalorização dos ideais da "esquerda", passivização de classe, institucionalização das práticas, defesa da privatização, terceirização e estímulo à competitividade e a padrões meritocráticos de trabalho (SILVEIRA JUNIOR, 2016).

Assim, considerando as análises das falas anteriores acerca das competências e habilidades indicadas no Projeto de Formação Profissional da ABEPSS (1996), podemos refletir que:

- Primeiro, *o significado social da profissão*, nas análises dos dados, revelou que a compreensão do significado da profissão no âmbito institucional para alguns informantes aparece muito restrita à esfera de práticas e padrões das atividades da instituição, como exemplo da informante da formação profissional no ensino superior privado não presencial. Apenas alguns/algumas informantes formados/as pelo ensino superior público-presencial conseguiram ultrapassar esse limite, fazendo conexões entre a profissão e a estrutura social. Mas podemos afirmar que a habilidade e competência esperada do/a profissional em geral se mostram em um nível bom de compreensão.

- Segundo, *conforme os fundamentos teóricos*, as análises do material discursivo trazido pelos/as entrevistados/as, de um modo geral, apresentam importantes referências às concepções teórico-metodológicas afinadas às Diretrizes da ABEPSS, mas de forma heterogênea; as referências dos/as entrevistados/as apresentam precisões e imprecisões teórico-metodológicas e superficialidades. Mas é perceptível o recurso ao referencial teórico, predominantemente de raiz marxista. No entanto, importa destacar uma clara diferença entre os/as informantes do ensino público presencial, privado presencial e privado a distância. Embora se tenham identificado limitações em todas as categorias de informantes, é inegável a superioridade das respostas dos informantes do ensino público presencial sobre os demais, apresentando mais consistência e menos equívocos graves de compreensão teórica. Os/as profissionais do ensino público presencial apresentam-se mais bem fundamentados/as em relação aos/às do ensino privado presencial e do ensino a distância.

Essas tendências captadas nessas análises nos levam a algumas recomendações sobre a necessidade de maior aprofundamento dos fundamentos históricos e teórico-metodológicos, visando manter as conquistas de competência teórico-metodológica mínima necessária para a formação de assistentes sociais críticos/as e competentes, em observância do projeto ético-político profissional.

## Considerações finais

A pesquisa que baseou este capítulo nos revelou condições heterogêneas na qualidade da formação profissional de assistentes sociais formados/as na região metropolitana de Belém. Tanto se identificaram avanços nas percepções teórico-metodológicas, no compromisso ético--político com os segmentos excluídos, como competência técnico-operativa na realização das ações profissionais nos espaços sócio-ocupacionais. Também foram verificados limites e distorções nos mesmos âmbitos, em todas as tipologias de formação profissional, o que merece especial atenção de docentes, pesquisadores/as, discentes, gestores/as e supervisores/as para uma urgente e necessária revisão dos projetos político-pedagógicos dos cursos de Serviço Social da região.

Portanto, verificou-se que a despeito de haver uma hegemonia crítico-dialética na vanguarda da produção acadêmica do Serviço Social, reconhecemos a tensa presença de ideologias conservadoras, pós-modernas, pragmáticas e apologéticas ao capital.

Sabendo que a visão neoconservadora/pós-moderna não está instituída apenas na academia, mas também na cultura, na literatura, na política, e que é uma forma de adensar a bestialidade, idealização e superficialidade (LUKÁCS, 2010) dos processos sociais, se faz necessário repensar as formas de visualização da realidade social, bem como o aprofundamento de conhecimentos sobre o método, o humanismo, o historicismo e a razão dialética na sociedade e na profissão.

Identificou-se igualmente que, ao lado da adesão à tradição crítica expressa nas diretrizes, também se verificou o império dos discursos institucionais manifestados pela afirmação dos "discursos institucionais" (roteiros normativos e pragmáticos) de políticas sociais como pauta norteadora da ação profissional substituindo o arcabouço teórico-metodológico e ético-político da profissão, o que fragiliza sobremaneira o lugar conquistado por décadas de luta da categoria. Assim, essa fragilidade não aparece isolada de outros fenômenos, nos quais o neoconservadorismo se alastra tentando elevar o consenso, a precarização, a superficialidade, o derrotismo político, o medo, a competição, a meritocracia e o individualismo (WOOD, 1999; SANTOS, 2007).

Assim, faz-se necessário aprofundar os conhecimentos sobre a realidade, afinando enfaticamente as análises sobre a ortodoxia do método e a unidade entre teoria-prática. Para tanto, o debate político-pedagógico sobre a formação de assistentes sociais é inadiável, haja vista que, em muitas evidências inferidas das falas das profissionais, é notório que se revelem como dicotomias o que de fato são unidades.

Também necessitamos dar mais atenção à preocupação com a situação da formação na modalidade a distância, pois, em todos os instrumentos de pesquisa utilizados, evidenciou-se grande distância da qualidade desejada, o que vem confirmar a fragilidade dominante nessa forma de graduação. Revelam-se o aligeiramento e a superficialidade na formação de assistentes sociais, denotando a necessidade de ação de controle e correção dos entes públicos responsáveis pela qualidade da formação de profissionais tão necessários à concepção, à elaboração e à execução dos serviços sociais à sociedade.

## Referências

COUTINHO, Carlos N. *O estruturalismo e a miséria da razão*. São Paulo: Expressão Popular, 2010.

HORKHEIMER, Max. Teoria tradicional e teoria crítica. *In*: BENJAMIN, Walter *et al*. *Textos escolhidos*. São Paulo: Abril Cultural, 1975. (Coleção Os pensadores).

LUKÁCS, György. Marx o problema da decadência ideológica. *In*: LUKÁCS, György. *Marxismo e teoria da literatura*. São Paulo: Expressão Popular, 2010.

MARX, Karl. *Para a crítica da economia política*. Berlin: Dietz Verlag, 1857.

NETTO, José P. Razão, ontologia e práxis. *Serviço Social & Sociedade*, São Paulo: Cortez, ano XV, n. 44, 1994.

PONTES, Reinaldo N. *Mediação e Serviço Social*. 8. ed. São Paulo: Cortez, 2016.

PONTES, Reinaldo N.; BRAGA, Cilene S. C.; CARDOSO, Welson. *Formação profissional em Serviço Social na região metropolitana de Belém (PA)*: estudo da implantação das Diretrizes Curriculares de 2002 e seus impactos na qualidade da formação do assistente social. Relatório Final da Pesquisa. Belém: GEPSS/UFPA, 2017.

SANTOS, Josiane S. *Neoconservadorismo pós-moderno e Serviço Social brasileiro*. São Paulo: Cortez, 2007.

SILVEIRA JUNIOR, Adilson A. A cultura pós-moderna no Serviço Social em tempos de crise. *Temporalis*, Brasília, ano 16, n. 31, jan./jun. 2016.

TORRETTI, Roberto; LUKÁCS, György. *El asalto a la razón. La trayectoria del irracionalismo desde Schelling hasta Hitler*. Tradução: Wenceslao Roces. México e Buenos Aires: Fondo de Cultura Económica, 1959. 707 p. *Revista de Ciencias Sociales*, [*S. l.*], p. 390-395, jul. 1960. ISSN 0034-7817. Disponível em: http://revistas.upr.edu/index.php/rcs/article/view/9657/8028. Acesso em: 30 jul. 2018.

WOOD, Ellen M. O que é a agenda pós-moderna? *In*: FOSTER, John B.; WOOD, Ellen M. *Em defesa da História*: marxismo e pós-modernismo. Rio de Janeiro: Zahar, 1999.

# 3 Trilhas e matizes da formação profissional em Serviço Social no Amazonas

Roberta Ferreira Coelho de Andrade
Hamida Assunção Pinheiro
Tereza Raquel Negreiros do Nascimento Costa

## 1. Introdução

Este capítulo discute as particularidades da formação profissional no Amazonas, tendo como base de informações a pesquisa financiada pelo Edital Universal do Conselho Nacional de Desenvolvimento Científico e Tecnológico (CNPq), desenvolvida entre 2014 e 2018 pelo Grupo de Pesquisa Estudos de Sustentabilidade, Trabalho e Direitos na Amazônia (Estradas), cujo título foi "Formação profissional do/a assistente social no estado do Amazonas".

A pesquisa envolveu docentes, discentes, egressos/as, tutores/as e coordenadores/as de cursos da cidade de Manaus e de quatro interiores do Amazonas (Coari, Itacoatiara, Maués e Parintins). Foram alcançados 705 sujeitos, dos quais 8% eram docentes, 44% discentes, 46% egressos/as, e, nas categorias de tutores/as e coordenadores/as de cursos, atingiu-se 1% de cada. Neste capítulo, são trazidos alguns gotejamentos no que concerne aos principais aspectos da formação profissional ofertada no cenário amazonense e, nesse sentido, o texto está estruturado em três partes, a saber: "As nascentes da formação profissional no Amazonas"; "Um retrato da expansão e da configuração atual da formação profissional"; "O ensino a distância (EaD) como um novo capítulo do Serviço Social no Amazonas".

Em tempos de ataque à educação, sobretudo a educação pública, discutir a formação profissional em Serviço Social se faz imprescindível, e refletir sobre os impactos de uma educação viabilizada amplamente em consonância com os interesses do mercado é também um exercício imperativo. Diante disso, o intuito é registrar não só a origem e o desenvolvimento do Serviço Social nesse imenso estado brasileiro, que é o Amazonas, mas também evidenciar os principais gargalos que se impõem sobre a formação profissional na atualidade.

As trilhas e matizes estão em construção o tempo todo, sendo assim, como bem diz o poeta Carlos Drummond de Andrade em um trechinho do tão conhecido poema "Mãos dadas": "[...] o presente é tão grande, não nos afastemos. Não nos afastemos muito, vamos de mãos dadas". Nesse sentido, acredita-se que o conhecimento da trajetória histórica do Serviço Social no Amazonas e dos empecilhos que se impõem sobre a formação profissional de qualidade é de fundamental relevância, sobretudo em uma conjuntura que tem preterido e desqualificado o público e, por outro lado, alavancado e exaltado o privado. Para caminharmos de mãos dadas na construção de um futuro diferente, é extremamente necessário que o conhecimento dessas questões seja massivamente explicitado.

## 2. As nascentes da formação profissional no Amazonas

O início do século XX na cidade de Manaus é marcado pelos fluxos e refluxos do período econômico da borracha. Segundo Oliveira

(2003), a Manaus de 1920 é produto de seu apogeu e declínio. Os anos que se seguem refletem as contradições de uma cidade que teve seu desenvolvimento sustentado nas desigualdades, "refletindo a maneira da espacialização de outras cidades brasileiras assinalada pela contradição: as ilhas de luxo, riqueza e bem-estar cercadas de extrema miséria por todos os lados" (OLIVEIRA, 2003, p. 72).

A agudização dos problemas sociais motivou a atuação de pessoas ligadas à igreja, entre as quais André Vidal de Araújo. Por sua iniciativa, tem início um grupo de estudos dos problemas sociais que se encontrava no Círculo Operário, o qual será uma semente importante para a fundação do Serviço Social no estado.

Ao juiz André Vidal foi delegada pelo interventor federal Álvaro Maia a responsabilidade de organizar a Assistência Social no Amazonas. Após ter participado do Primeiro Congresso Brasileiro de Direito Social, em 1941, e ter contato com a Escola de Serviço Social de São Paulo, ele iniciou o projeto de organização da Assistência Social no Amazonas (MONTENEGRO, 1986). Para isso, foi gestada a Escola de Serviço Social de Manaus, que começou a funcionar no próprio Círculo Operário em 16 de novembro de 1940, embora tenha sido fundada oficialmente em 15 de janeiro de 1941 (SILVA, 2015), com o desígnio de formar profissionais que pudessem atuar na sociedade "realinhando os indivíduos" e trazendo-os de volta "à vida normal em sociedade". Era suposto, então, que a profissão com apoio do Estado alcançaria a erradicação dos males sociais.

O nascimento do Serviço Social no Amazonas está intimamente vinculado à ação do juiz de menores André Vidal de Araújo (MONTENEGRO, 1986), que desenvolvia estudos sociológicos e antropológicos, pertencia a um grupo católico de estudos sociais, e era comprometido com o enfrentamento aos problemas sociais que assolavam o Amazonas. Andrade, Vallina e Gama (2020) destacam que a profissão brota da demanda de corpo técnico especializado para atuar diante de uma série de problemas sociais que assolavam a cidade.

Na ótica do idealizador da escola, os conhecimentos teóricos e técnicos conduzidos para a formação de pessoal especializado seriam responsáveis por aperfeiçoar os "dotes naturais de bondade, devotamento, abnegação e dinamismo, pois, sem essas qualidades, de nada adiantaria o conhecimento" (MONTENEGRO, 1986, p. 81).

A autora explica que, com base no regimento interno da escola, havia um perfil de ingressante almejado: ter a idade mínima de 18 anos; ter concluído o curso secundário ou equivalente; apresentar atestado de idoneidade moral; dispor de atestado de sanidade física e mental; os homens precisavam ainda estar em dia com o serviço militar.

Tais requisições ao Serviço Social no Amazonas se assemelham às das outras cidades brasileiras naquele período, pois, como vemos em Silva (2009), o Serviço Social nasce no Brasil para atender às demandas da classe trabalhadora do modelo urbano-industrial, com a intenção do Estado de manter a reprodução do capitalismo no país e amenizar o conflito entre as classes.

Por isso, as primeiras escolas constituídas em São Paulo e no Rio de Janeiro, entre 1936 e 1937, tinham formação doutrinária e religiosa, direcionada ao atendimento da pobreza e à orientação do indivíduo. O Serviço Social no Amazonas surge com embasamentos religiosos e conservadores, cabendo aqui ressaltar que André Araújo considerava que os "problemas sociais" existiam por causa das ideias contrárias que as pessoas tinham sobre a fé religiosa.

Montenegro (1986) advoga — com base na pesquisa bibliográfica e de campo desenvolvida por ocasião de seu mestrado — que a formação conduzida na escola tinha orientação franco-belga, com a adoção de vários princípios da filosofia neotomista, como a preocupação com a dignidade da pessoa humana. Estavam também presentes traços da vertente americana, como a adoção das técnicas de Serviço Social de caso e de grupos.

Lima e Vallina (2017) sustentam que — para além da orientação oriunda da doutrina social católica, de inspiração franco-belga — a Escola de Serviço Social de Manaus adotava elementos da agenda higienista, como aconteceu em outras escolas no Brasil, conforme Vasconcelos (2010). A partir do rol de disciplinas do currículo da escola (por exemplo: higiene, puericultura, psiquiatria infantil, enfermagem, nutrição, entre outras), disponível em Montenegro (1986), identifica-se a aproximação à pauta da agenda do movimento de higiene mental.

Silva (1995) preconiza que foram feitos ajustes no projeto de formação do curso de Manaus para que a realidade local também fosse estudada. A formação tinha duração entre dois e três anos, era gratuita e contava com professores voluntários (que passaram a ser remunerados em 1956). Para cursá-la, os alunos tinham de ter "determinado nível cultural e formação moral".

A partir de 1968, a Escola de Serviço Social de Manaus foi incorporada à Universidade do Amazonas (UA), que, em 2002, passou a ser designada Universidade Federal do Amazonas (Ufam), por meio da Resolução n. 2, de 19 de fevereiro de 1968, tendo departamento específico na universidade. A partir do momento em que se tornou curso universitário, o Serviço Social passou a receber melhorias no decorrer de sua trajetória e também acompanhou as transformações que a profissão vivenciou no Brasil. Esse foi o único curso de Serviço Social no Amazonas até o primeiro lustro da década de 1990 e continua sendo o único de iniciativa pública. Cabe ressaltar também que é o único filiado oficialmente à Associação Brasileira de Ensino e Pesquisa em Serviço Social (ABEPSS).

## 3. Um retrato da expansão e da configuração atual da formação profissional

O ano de 1998 demarcou o início de um novo capítulo da história do Serviço Social no Amazonas, pois foi o ano da quebra da exclusividade da universidade pública como única ofertante da graduação em Serviço Social no estado (ANDRADE; VALLINA; GAMA, 2020). Com isso, o curso de Serviço Social entra no circuito do mercado educacional amazonense, sendo o desbravador nesse nicho o Centro Universitário do Norte (Uninorte), à época com o nome fantasia de Faculdades Objetivo, cujo mantenedor era o Instituto Cultural de Ensino Superior do Amazonas (Icesam). Em 2008, a IES passou a integrar a rede Laureate International Universities (LIU) e, desde novembro de 2019, tornou-se parte do Grupo Ser Educacional (UNINORTE, 2020).

No limiar do século XXI, o Serviço Social no Amazonas já tinha novas cores, novos formatos, novos sujeitos. De uma instituição pública, saltou-se para nove com cursos presenciais em 2011, das quais 89% eram privadas. Segundo Andrade, Vallina e Gama (2020), as primeiras IES a ofertarem cursos presenciais, com seus respectivos anos de fundação, foram: Universidade Federal do Amazonas (1941), Centro Universitário do Norte (Uninorte) (1998), Faculdade Salesiana Dom Bosco (FSDB) (2002), Universidade Nilton Lins (Uninilton Lins) (2003), Faculdade Metropolitana de Manaus (Fametro) (2005), Escola Superior Batista do Amazonas (Esbam) (2007), Faculdade Martha Falcão (2008), Universidade Paulista (Unip) (2009) e Estácio do Amazonas (2011). Com o ingresso da modalidade a distância, esse número saltou para mais de duas dezenas de instituições credenciadas pelo Ministério da Educação para a venda do curso nos diferentes municípios.

De menos de 1.600 inscritos no CRESS 15ª Região até o fim do século XX (isso ainda incluindo os inscritos em Roraima), houve um *boom* no século XXI, registrando-se mais de 8 mil ativos em 2019. Só no intervalo de 2006 a 2016, com a atuação intensa das instituições de ensino superior (IES) privadas nas modalidades presencial e a distância, foram inscritos mais de 5 mil novos/as profissionais (contabilizando apenas os inscritos do Amazonas) (ANDRADE *et al.*, 2019), entre os/as quais vários/as egressos/as de cursos de graduação na modalidade a distância.

A transição do século XX ao século XXI nos mostra a franca expansão do mercado educacional no estado. Mesmo com a existência de várias IES privadas, a oferta de cursos de Serviço Social esteve, no fim da década de 1990 e início da década de 2000, concentrada na capital, obrigando muitas pessoas a migrar para Manaus para ter acesso à graduação. Somente no segundo lustro da década de 2000 teremos cursos de Serviço Social em funcionamento no interior do estado, como veremos a seguir, mas, majoritariamente, na modalidade a distância.

De acordo com Medeiros e Peruzzo (2016, p. 291), tal processo de expansão dos cursos de Serviço Social responde "[...] às necessidades de gestão dos processos de desenvolvimento econômico e da pobreza [...]". Trata-se de uma reação à ampliação dos equipamentos sociais, sobretudo ligados à política de assistência social.

É importante salientar que programas governamentais cooperaram para essa reconfiguração da formação em Serviço Social no estado. No caso da iniciativa privada, houve um nítido estímulo do poder público federal ao aumento da oferta de vagas do ensino superior, na medida em que isso colaborava para atender a um dos compromissos assumidos pelo governo brasileiro com o Banco Mundial, no que se refere à elevação das taxas de escolarização e de ingresso no ensino superior.

Na verdade, as recomendações dos organismos internacionais como o Banco Mundial (BM), Fundo Monetário Internacional (FMI) e a Comissão Econômica para a América Latina e o Caribe (Cepal) têm interferência direta nas políticas educacionais brasileiras. A proposta do BM contempla o redirecionamento do papel do Estado em relação à educação, que passa apenas a controlá-la e coordená-la, em vez de ser seu principal executor.

O mais interessante é que a mercantilização do ensino superior é sustentada no argumento de democratização do ensino, da possibilidade de acesso à graduação. Com isso, muitas pessoas pagam por esse serviço que deveria ser público, acreditando que o fazem no usufruto da sua liberdade de compra, quando, efetivamente, estão envoltas em um labirinto em que o ensino superior privado salta como um caminho, uma luz possível de saída do desemprego, da miséria e da ignorância, visto que se propala que:

> [...] um setor privado maior estenderia oportunidades educacionais para estudantes mais pobres; financiamento privado expandiria o número de vagas disponíveis; os recursos públicos ficariam então liberados para os mais pobres; famílias passariam a ter escolhas além do setor público; o setor privado seria mais eficiente do que o setor público, enquanto a qualidade seria mantida a um custo unitário mais baixo; o setor privado aumentaria o potencial de inovação (WORLD BANK, 1999, *apud* ROBERTSON, 2012, p. 289).

Lima (2011) analisa as políticas promovidas pelo BM e como elas interferem no ensino brasileiro desde o início da década de 1990. A autora explicita que tanto Fernando Henrique Cardoso (1995-2002), quanto Luiz Inácio Lula da Silva (2003-2010) aceitaram as orientações e políticas do Banco Mundial, e trabalharam em conjunto com o BM na reformulação das políticas de educação superior. Nos governos subsequentes, de Dilma Rousseff (2011-2016) e Michel Temer (2016-2018), não houve cessação do investimento público à iniciativa privada.

No Amazonas, como no restante do Brasil, houve largo financiamento público direto ao ensino privado por meio de programas como: Programa Universidade para todos (ProUni) e Programa de Financiamento Estudantil (Fies), os quais destinavam altas verbas para que IES privadas pudessem receber estudantes, oferecer descontos e bolsas de estudo, em troca de incentivos fiscais. Graças a esse farto patrocínio, a cidade de Manaus foi palco da construção de verdadeiros impérios do mercado educacional. No auge desse processo, na primeira década do século XXI, só uma das IES privadas detinha quase 1.800 discentes de Serviço Social, com um avantajado corpo docente, três vezes superior ao quadro de docentes na universidade pública federal.

Em relação ao ensino superior público, assistiu-se à ampliação do sucateamento das universidades públicas, embora se tenha registro nos governos de Lula da Silva e Dilma Rousseff, presidentes vinculados ao Partido dos Trabalhadores (PT), da ampliação da rede de institutos e universidades federais, bem como da criação do Programa de Apoio a Planos de Reestruturação e Expansão das Universidades

Federais (Reuni), programa federal lançado em 2007, por meio do Decreto n. 6.096.

Como única universidade pública federal do estado, a Universidade Federal do Amazonas teve a oportunidade de aderir ou não ao Reuni. Diante da decisão favorável à adesão, internamente conduziu discussões que apontaram os cursos a serem criados ou em quais cursos já existentes haveria ampliação de vagas. O Departamento de Serviço Social — que já oferecia um curso vespertino com 56 vagas — decidiu criar um novo curso em horário noturno com oferta anual de 42 vagas em Manaus, vinculado ao Instituto de Ciências Humanas e Letras (ICHL), atualmente denominado Instituto de Filosofia, Ciências Humanas e Sociais (IFCHS).

No interior do estado, a Ufam desde 2005 vinha atuando no sentido de constituir novas unidades acadêmicas. No município de Parintins (distante 369 quilômetros de Manaus), em 2007 (mesmo ano da adesão da universidade ao Reuni), foi possível a instalação de uma unidade acadêmica permanente denominada Instituto de Ciências Sociais, Educação e Zootecnia (ICSEZ) que, entre seus sete cursos, fundou o curso de Serviço Social com ingresso anual de 50 discentes (UNIVERSIDADE FEDERAL DO AMAZONAS, 2012).

Apesar de o Reuni ter ampliado vagas no ensino superior público, não podemos desconsiderar seus limites e intencionalidades. Cislaghi (2011) explica que o programa emergiu com a proposição de ampliação do acesso democrático ao ensino superior, bem como de permanência. Entretanto, não se pode esquecer que o Reuni nasce sustentado na convicção de que há subaproveitamento nas universidades federais, que é um diagnóstico que coincide com indicações do Banco Mundial e já vinha sendo manifestado no Brasil desde a reforma universitária da ditadura militar (CISLAGHI, 2011).

É válido ressaltar que, a partir de 2005, como parte do Programa de Interiorização da Graduação (Proing), definido no seu Plano de Desenvolvimento Institucional (PDI) de 2001 a 2005, a Universidade Federal do Amazonas (Ufam) trabalhou na perspectiva de levar cursos de graduação a outros municípios do estado. Em Coari (município distante de Manaus 363 quilômetros), foi implantado um polo,

> [...] onde houve a oferta de uma turma de graduação em Serviço Social, com o deslocamento de vários professores do Campus Manaus para ministrar as disciplinas e orientar o Trabalho de Conclusão de Curso. Em outras palavras, em Coari, o curso foi conduzido em regime modular, com a formação de uma turma de egressos no ano de 2008 (ANDRADE; VALLINA; GAMA, 2020, p. 35-36).

Os números apresentados quanto ao total de vagas ofertadas para a graduação em Serviço Social numa IES pública nos levam a perceber nitidamente a insuficiência de atender a toda a demanda por formação profissional no estado do Amazonas, que é uma unidade federativa com 62 municípios e mais de 4 milhões de habitantes, segundo estimativas do Instituto Brasileiro de Geografia e Estatística (IBGE, 2019). Além disso, não podemos desconsiderar o empenho do governo federal em patrocinar e incentivar as IES privadas. Esse conjunto de elementos talvez nos ajude a compreender o cenário que se fez favorável à expansão do ensino superior privado, inicialmente presencial e, desde 2006, a distância, em todo o estado.

Durante a primeira década do século XXI e primeiro lustro da segunda década, assistiu-se a um ascenso das IES privadas presenciais (em Manaus) e a distância (em todo o estado), que empregavam um grande contingente de docentes e tutores/as, dispunham de muitas turmas de estudantes e formavam anualmente centenas de egressos/as. Aos poucos, o mercado se mostrou incapaz de absorver os/as milhares de novos/as profissionais formados/as, gerando em todo o estado um largo "exército de reserva profissional", como postulam Mota e Amaral (2016). Mesmo que a concorrência entre as IES tenha impulsionado o rebaixamento de mensalidades e o amplo investimento em marketing, o segundo quinquênio da década de 2010 foi de retração e declínio do mercado educacional.

Desde 2016, este mercado vem sofrendo os reflexos da propalada crise econômica, com redução do número de discentes matriculados/as, demissão de vários/as professores/as e fechamento de alguns cursos presenciais, havendo IES que se viram obrigadas a unir turmas de períodos diferentes e, em determinados semestres, não conseguiram alunos/as suficientes para constituir uma turma. Em uma das instituições que participou da pesquisa conduzida pelo Grupo de Pesquisa Estradas (ANDRADE *et al.*, 2019), a redução do quadro docente passou de 50%.

As IES privadas que oferecem o curso na modalidade a distância também vêm enfrentando dificuldades para manter a clientela. Apesar de estarem credenciadas quase três dezenas de instituições junto ao Ministério da Educação (MEC) para a oferta do curso nessa modalidade no estado, não chega a uma dezena de IES que realmente têm polos em funcionamento nos diversos municípios, de acordo com o monitoramento feito pela Comissão de Orientação e Fiscalização (COFI) do Conselho Regional de Serviço Social (CRESS) da 15ª Região (ANDRADE *et al.*, 2019).

Se, por um lado, vê-se a diminuição da oferta de cursos de graduação, por outro, registra-se nas primeiras décadas do novo milênio a expansão dos cursos de pós-graduação em todo o estado, principalmente na modalidade *lato sensu*. É verdade que as especializações eram voltadas para diferentes profissões e, por isso, não eram específicas para o Serviço Social. Abordavam políticas públicas, metodologia ou didática do ensino superior, gerontologia social, gestão/planejamento de projetos sociais, entre outras áreas, conforme indicou a pesquisa documental procedida por Andrade *et al.* (2019).

Em todo o estado, pode-se assegurar que, por longos anos, a alternativa para quem queria ir além da graduação era a mobilidade para outras unidades da federação para cursar especialização, mestrado ou doutorado ou a busca por formação em outras áreas do conhecimento disponíveis no Amazonas. O Departamento de Serviço Social da Ufam ofereceu seu primeiro curso de pós-graduação *lato sensu* em 2002, intitulado Gestão das Políticas Sociais e, no interstício de 2002 a 2015, ofertou oito turmas de cursos de especialização com enfoque em diferentes políticas públicas (ANDRADE *et al.*, 2019), o que, certamente, contribuiu para a formação no estado, mas não atendeu a toda a demanda por qualificação profissional.

Nos anos 2000, constatou-se a ampla participação das instituições privadas também na oferta da pós-graduação *lato sensu* no estado, sendo os cursos de especialização presenciais restritos à cidade de Manaus. Por essa razão, Gama e Andrade (2019) explicitam que os cursos *lato sensu* no interior do estado são exclusivamente na modalidade a distância ou semipresencial.

A constituição do Programa de Pós-Graduação em Serviço Social e Sustentabilidade na Amazônia em 2007 emergiu de uma demanda social por formação profissional específica. Na Ufam nasceu o segundo mestrado acadêmico em Serviço Social na região Norte, sendo o primeiro fundado em Belém (PA), na Universidade Federal do Pará (UFPA), em 1996. Somente na UFPA há oferta de curso de doutorado em Serviço Social na região Norte.

Enfim, o caminho trilhado pela formação profissional em Serviço Social no estado do Amazonas nos revela a multiplicidade de cores a compor o cenário educacional no estado, com predomínio da iniciativa privada na capital e no interior, em nível de graduação e pós-graduação *lato sensu*. A universidade pública continua sendo a única a oferecer curso presencial fora da capital (no município de Parintins) e sustentar há mais de uma década um curso de pós-graduação *stricto sensu* na área.

## 4. O EaD como um novo capítulo do Serviço Social no Amazonas

Como aconteceu em várias partes do Brasil, o Ensino a Distância (EaD) também chegou ao Amazonas no ano de 2006, com o pioneirismo da Universidade Estadual do Tocantins (Unitins), que se instalou em diversos municípios do estado, atingindo um público não contemplado pelas instituições públicas e privadas que ofertavam o curso de Serviço Social presencial exclusivamente na capital, Manaus.

Gama e Andrade (2019) revelam que as primeiras turmas de Serviço Social na modalidade tiveram sua gênese em 2006, com polos nos municípios de Manacapuru, Parintins, Maués, Manaus e Tefé, com egressos a partir de 2009. Após o descredenciamento da Unitins em 2009, as IES passaram a disputar alunos/as nos vários municípios do estado.

Levantamento procedido no sítio eletrônico do Ministério da Educação em janeiro de 2020 indica o credenciamento de 28 instituições para a oferta do curso de Serviço Social na modalidade a distância no Amazonas, entretanto, a autorização não implica oferta efetiva. Segundo Andrade *et al.* (2019), um pouco mais de 30% desse total realmente dispõe de polos em vários municípios do estado, como: Manaus, Parintins, Coari, Itacoatiara, Manacapuru, Tefé, Tabatinga, entre outros.

Em um estado com tantas desigualdades sociais e imensas distâncias geográficas, as IES privadas encontraram um negócio rentável e atraente para um público que ansiava por formação de nível superior e não podia migrar para a capital. Assim, chegando aos recantos mais distantes, as IES prometeram e ainda prometem ensino de qualidade (sem nenhum prejuízo em relação ao presencial), baixas mensalidades e atendimento às características individuais do público, que pode estudar onde, quando e como quiser.

A realidade vem mostrando limites na condução do ensino nessa modalidade. A investigação desenvolvida pelo Grupo de Pesquisa Estradas de 2014 a 2018 (ANDRADE *et al.*, 2019), a partir de coleta de dados junto a tutores/as e discentes que atuavam nos polos, explicitou que contradições importantes vêm se manifestando nesse campo, pois, apesar de prometer proximidade, pronto-atendimento aos/às discentes, qualidade da formação, acompanhamento sistemático, professores/as e tutores/as à disposição, e apoio administrativo e pedagógico, muitos/as discentes se depararam com pouco suporte administrativo e pedagógico, restritas aulas presenciais, empecilhos no contato com os tutores eletrônicos, demora na resolução de suas dúvidas, disciplinas com carga horária reduzida, baixa qualificação dos/as tutores/as de sala, ausência de atividades de pesquisa e extensão, parcas alternativas de campos para o estágio supervisionado curricular, más condições da estrutura física dos polos, inexistência de biblioteca, carência de espaços para orientações aos/às alunos/as, sinal de internet deficitário etc.

Muitas IES que atuam na modalidade EaD são credenciadas como universidades junto ao MEC, mas disponibilizam parcas alternativas que extrapolem o ensino. Por isso, o desejo dos/as discentes de dispor de oportunidades para iniciação científica e projetos de extensão universitária. Outra demanda reivindicada pelos/as discentes que participaram da pesquisa em questão concerne à oferta de disciplinas optativas, palestras, oficinas, cursos, visitas institucionais e demais atividades que transcendam o espaço da sala de aula. Na verdade, tais atividades complementares estão previstas nas diretrizes curriculares da ABEPSS de 1996, como desdobramentos das matérias básicas:

> [...] constituídas por atividades de pesquisa e extensão, produção científica, visitas monitoradas, monitoria, participação em encontros, seminários e congressos com apresentação de trabalho. As atividades formativas básicas têm por objetivo dar relevância às atividades de pesquisa e extensão, afirmando a dimensão investigativa como princípio formativo e como elemento central na formação profissional e da relação entre teoria e realidade (ABEPSS, 1996).

A carência no desenvolvimento desses tipos de atividade também apareceu nos depoimentos dos/as tutores/as de sala entrevistados/as por Andrade *et al.* (2019), os/as quais enfatizaram a necessidade de realização de mais atividades formativas, como cursos, palestras, *workshops*, oficinas, seminários, encontros, além de chamarem a atenção para as restritas alternativas dadas aos/às discentes quanto ao contato com a pesquisa e as dificuldades no cumprimento do estágio supervisionado. Tais sinalizações são preocupantes, visto que esses elementos são basilares para a formação em Serviço Social, como preconizam as diretrizes curriculares.

Embora reconhecendo esses limites, todos os tutores asseguraram que o curso no qual trabalhavam atuava de acordo com as Diretrizes Curriculares, o que se apresenta como uma contradição, já que as Diretrizes postulam a articulação entre ensino, pesquisa e extensão. Portanto, se a formação a distância é limitada nesses três aspectos, os cursos não estão inteiramente em consonância com as Diretrizes.

Se já não bastassem esses limites, outra alternativa em formação vem sendo oferecida no Amazonas e em vários outros estados do país, conforme CFESS *et al.* (2019), que são cursos livres de extensão universitária comercializados como se fossem cursos de graduação na modalidade a distância. Os discentes creem firmemente que estão comprando um curso de nível superior autorizado pelo MEC, quando, na verdade, estão envoltos em uma ardilosa teia de ilusão e fraude.

Por fim, vê-se uma avassaladora expansão dos ensinos privado e na modalidade a distância, que formam uma nova geração de assistentes sociais que se afasta, cada vez mais, das Diretrizes Curriculares da profissão, determinando o surgimento de um verdadeiro "exército de reserva profissional". Esse excedente profissional interfere, sobremaneira, no mercado de trabalho, posto que são características dessa conjuntura a fragilidade dos vínculos de trabalho, a quase generalizada precarização do trabalho e os baixíssimos salários dos/as assistentes sociais (MOTA; AMARAL, 2016).

## Considerações finais

A formação profissional em Serviço Social, bem como em outras áreas das ciências humanas e sociais, tem sido de grande interesse do mercado, sobretudo por se tratar de cursos que não exigem estrutura física de alto custo, quando comparados, por exemplo, aos das áreas da saúde e das tecnologias. Dessa forma, a expansão dos cursos de graduação e até de pós-graduação na esfera privada pelo país configura-se, antes de mais nada, como a venda de uma mercadoria bastante lucrativa. Essa mercadoria, na grande maioria das vezes, é vendida como produto de excelência e, consequentemente, catapulta para uma carreira profissional de sucesso. Todavia, na realidade, a mercadoria entregue aos/às compradores/as tem apresentado graves problemas, como foi evidenciado na investigação realizada no estado do Amazonas.

É fundamental registrar que a precarização da formação profissional não é realidade exclusiva da esfera privada, pois as Instituições Públicas de Ensino Superior também têm sido amplamente atingidas pelas ações de um Estado que busca cada vez mais a restrição dos gastos na esfera social. Nesse processo de enxugamento, a oferta de uma formação mais limitada torna-se consequência bem imediata, considerando que são cada vez mais restritos os investimentos financeiros em atividades de pesquisa e extensão.

Nesse cenário, agrava-se o fosso existente entre a formação em Serviço Social defendida pelas entidades da categoria profissional (ABEPSS e CFESS) e aquela que, de fato, é oferecida nos cursos de graduação e até de pós-graduação pelo Brasil. O/a assistente social — defendem as entidades — deve ser um/uma profissional crítico/a, propositivo/a e criativo/a, voltado/a para a construção de outra ordem societária pautada na justiça social.

Contudo, na lógica do mercado, os/as profissionais de Serviço Social devem ser empregados/as para facilitar o controle da classe do capital sobre a classe trabalhadora. Assim, a oferta de uma formação mais tecnicista, pragmática e acrítica é, explicitamente, de interesse do mercado, que, por sua vez, deseja e defende a manutenção do modelo de reprodução social vigente.

É nesse espaço contraditório, marcado por uma expansão precarizada do ensino em Serviço Social, que estão as trilhas e os matizes da formação no Amazonas. É preciso reconhecer que a categoria profissional de assistentes sociais deu um salto numérico expressivo em todo o estado do Amazonas, ainda que com várias deficiências apontadas na pesquisa realizada.

Diante disso, retomam-se aqui as palavras do poeta Carlos Drummond de Andrade no poema citado; dessa vez ele também nos revigora afirmando que: "O tempo é a minha matéria, o tempo presente, os homens presentes, a vida presente". Enfim, o futuro se constrói hoje, no presente. É necessário arregaçar as mangas e continuar o enfrentamento todos os dias, no cotidiano institucional e/ou nos mais diversos espaços da sociedade. A formação de qualidade permanece como bandeira de luta não apenas do Serviço Social amazonense, mas também brasileiro.

## Referências

ABEPSS. *Diretrizes gerais para o curso de Serviço Social*. Rio de Janeiro, 1996. Disponível em: http://www.abepss.org.br/files/Lei_de_Diretrizes_Curriculares_1996.pdf. Acesso em: 10 jan. 2020.

ANDRADE, Carlos D. de. *Antologia poética*. Rio de Janeiro: Record, 2010.

ANDRADE, Roberta F. C. de A. *et al. Formação profissional do assistente social no estado do Amazonas*. Relatório de pesquisa financiada pelo Conselho Nacional de Desenvolvimento Científico e Tecnológico. Manaus, 2019.

ANDRADE, Roberta F. C. de; VALLINA, Marcelo M.; GAMA, Rayanne R. Da Escola de Serviço Social de Manaus ao boom do mercado educacional no Amazonas. *In*: ANDRADE, Roberta F. C. de; VALLINA, M. M. *Novos contornos do Serviço Social no Amazonas*. Boa Vista: Editora da UFRR, 2020. p. 25-41.

CISLAGHI, Juliana F. A formação profissional dos assistentes sociais em tempos de contrarreformas do ensino superior: o impacto das mais recentes propostas do governo Lula. *Serviço Social & Sociedade*, São Paulo: Cortez, n. 106, p. 241-266, 2011.

CFESS *et al. Cursos de extensão e/ou livres ofertados ilegalmente como graduação em Serviço Social.* Brasília, 2019.

E-MEC. *Cadastro Nacional de Cursos e Instituições de Educação Superior. Cursos de Serviço Social no Amazonas*. 2020. Disponível em: https://emec.mec.gov.br/emec/nova. Acesso em: 3 jan. 2020.

GAMA, Rayanne R.; ANDRADE, Roberta F. C. de. Serviço Social no interior do estado do Amazonas: desafios da formação profissional e do mercado de trabalho. *Atlante – Cuadernos de Educación y Desarrollo*. Abril 2019. Disponível em: https://www.eumed.net/rev/atlante/2019/04/servico-social-amazonas.html. Acesso em 26 jan. 2023.

INSTITUTO BRASILEIRO DE GEOGRAFIA E ESTATÍSTICA (IBGE). *Amazonas*. 2019. Disponível em: https://cidades.ibge.gov.br/brasil/am/panorama. Acesso em: 13 fev. 2020.

LIMA, Isteice N.; VALLINA, Marcelo, M. A influência do higienismo na formação profissional do Amazonas (1941-1946). *In*: ANDRADE, Roberta F. C. de A.; VALLINA, Marcelo M.; ALBUQUERQUE, Renan. *Os nós da formação do profissional em Serviço Social*: currículo, trabalho e debates contemporâneos. Parintins: Leda; Manaus: Edua, 2017.

LIMA, Kátia R. de S. O Banco Mundial e a educação superior brasileira na primeira década do novo século. *Katálysis*, v. 14, n. 1, p. 86-94, 2011. Disponível em: http://www.scielo.br/scielo.php?pid=S1414-49802011000100010&script=sci_abstract&tlng=pt. Acesso em: 8 fev. 2020.

MEDEIROS, Milena G. de; PERUZZO, Juliane F. Reflexões sobre a expansão e a interiorização dos cursos de Serviço Social. *In*: MOTA, Ana E.; AMARAL, Angela. *Cenários, contradições e pelejas do Serviço Social brasileiro*. São Paulo: Cortez, 2016. p. 289-316.

MONTENEGRO, Rita de C. *A criação da escola de Serviço Social de Manaus*. 1986. Dissertação (Mestrado em Serviço Social) — Universidade Federal do Amazonas, Manaus, 1986. Mimeo.

MOTA, Ana E.; AMARAL, Angela S. do. Serviço Social brasileiro: cenários e perspectivas nos anos 2000. *In*: MOTA, Ana E.; AMARAL, Angela. *Cenários, contradições e pelejas do Serviço Social brasileiro*. São Paulo: Cortez, 2016. p. 29-53.

OLIVEIRA, José A. de. *Manaus de 1920-1967*: a cidade doce e dura em excesso. Manaus: Valer; Governo do Estado do Amazonas; Editora da Universidade Federal do Amazonas, 2003.

ROBERTSON, Susan L. A estranha não morte da privatização neoliberal na Estratégia 2020 para a educação do Banco Mundial. *Revista Brasileira de Educação*, v. 17, n. 50, p. 283-302, 2012. Disponível em: http://www.scielo.br/pdf/rbedu/v17n50/v17n50a03.pdf. Acesso em: 8 fev. 2020.

SILVA, Márcia P. M. *Da formação acadêmica ao exercício profissional: a construção discursiva do Assistente Social*. 1995. Dissertação (Mestrado em Serviço Social) – Departamento de Serviço Social, Pontifícia Universidade Católica de São Paulo. São Paulo, 1995.

SILVA, Márcia P. M. *Serviço Social*: da formação acadêmica ao exercício profissional. Manaus: Edua, 2015.

SILVA, Ozanira da S. e. *O Serviço Social e o popular*: resgate teórico-metodológico do projeto profissional de ruptura. 5. ed. São Paulo: Cortez, 2009.

UNINORTE. *História*. 2020. Disponível em: https://www.uninorte.com.br/historia/. Acesso em: 9 jan. 2020.

UNIVERSIDADE FEDERAL DO AMAZONAS. *Projeto Político-Pedagógico do curso de Serviço Social*. Parintins: Ufam, 2012.

VASCONCELOS, Eduardo M. (org.). *Saúde mental e Serviço Social*: o desafio da subjetividade e da interdisciplinaridade. 5. ed. São Paulo: Cortez, 2010.

# 4 Mercantilização e expansão do ensino superior: impactos da educação a distância na formação profissional em Santa Catarina

Aline de Andrade Rodrigues
Nalá Ayalén Sánchez Caravaca
Vania Maria Manfroi
Helder Boska de Moraes Sarmento

## 1. Introdução

A discussão em torno da formação acadêmica em Serviço Social requer empreender análises das questões inerentes à profissão e dos aspectos conjunturais e estruturais. A profissão tem um arcabouço teórico, metodológico e normativo, mas está imbricado nos processos que dão vida a sua forma de ser. Analisar a formação no contexto historicamente situado requer desvendar os processos pelos quais a universidade ou a educação superior como um todo se processam.

Por isso, pensar a universidade significa situá-la em suas determinações histórico-sociais, o que consequentemente nos impulsiona a compreender as determinações de sua conformação, ou seja, como afirma Chaui (2001), a realidade que circunda a educação superior no Brasil.

Assim, nós nos propomos a realizar esta análise tendo como recorte a reflexão sobre as especificidades da formação em Serviço Social em Santa Catarina, pois entendemos ser fundamental compreendê-la em um contexto de retrocessos de direitos e, especialmente na educação superior, que desafia sujeitos a darem materialidade ao seu projeto de profissão.

Para podermos realizar esse caminho explicativo, partiremos da abordagem do processo histórico que configurou a universidade brasileira e, com esta, a formação em Serviço Social. Isso requer um esforço que envolve, entre outras questões, a necessidade de um recorte analítico. Nesse sentido, nosso estudo terá como foco as transformações posteriores aos anos 2000 e, por isso, faz-se necessário explicitar uma correlação entre as reformas educacionais no período analisado com a base estruturante erguida pelas reformas da educação superior ocorridas no Brasil, a partir da década de 1980.

Compreendemos que elas foram parte de um processo de reconfiguração do Estado que não ocorreram isoladamente no Brasil e, tampouco, na América Latina. Essas reestruturações são evidenciadas em diversos países, tanto nos centrais quanto nos periféricos. Em consequência disso, nos referimos a alterações que tiveram no seu cerne as transformações de base econômica impulsionadas pelas alterações do regime de acumulação, e que significaram uma mudança do padrão fordista para o modelo de acumulação flexível, e pela crise do Estado de Bem-Estar-Social (SILVA JÚNIOR; SGUISSARDI, 2001).

Diante disso, o Estado brasileiro precisou se adaptar às transformações ocorridas no campo econômico, com isso, na década de 1990, impõe-se a contrarreforma do Estado (LIMA, 2008). A globalização, característica nesse momento histórico, é compreendida como um momento que leva à redução da autonomia dos Estados nacionais na formulação e implementação das políticas públicas, tendo seu início no marco dos anos 1970 — década histórica da crise capitalista —, definindo-se nos anos 1980 e exigindo, no caso brasileiro, a imediata reforma do Estado, com a justificativa ideológica de redução do déficit público (SILVA JÚNIOR; SGUISSARDI, 2001), cumprindo a agenda do Consenso de Washington.

A reforma é proposta por meio da grande meta, a flexibilização da economia e a redução do Estado. No espaço social ela é caracterizada pela "radical descentralização", na qual a valorização do setor privado levaria à incorporação do discurso da agilidade e da eficiência, o que previa repassar ao espaço não estatal as políticas de responsabilidade do Estado. Ou seja, propunha-se a incorporação da lógica mercadológica e gerencial pelo chamado "terceiro setor" para substituir os serviços do Estado, com autonomia para as organizações sociais.

As mudanças ocorridas no país estiveram calçadas nas transformações maiores da crise do capital, conforme retrataram Silva Júnior e Sguissardi (2001). Elas foram influenciadas por fatores de ordem mais gerais, mas também permeadas pelas particularidades de cada realidade, o que faz justificar que as intervenções do Estado no âmbito da educação, além de estarem fundamentadas nos fatores externos, também tiveram sua relevância em relação às questões endógenas presentes em cada realidade particularizada.

No âmbito da educação, a contrarreforma do Estado não deixou de estar presente, sob o argumento de que "o sistema federal de ensino superior estaria em crise, por não absorver toda a crescente demanda e por não preparar adequadamente universitários para o mercado" (SILVA JÚNIOR; SGUISSARDI, 2001, p. 47). Esse argumento retrata princípios da reforma do Estado, repercutindo, inclusive, na nova LDB de 1996 (Lei de Diretrizes e Base da Educação Nacional), a qual atendeu aos indicativos de organismos internacionais.

As propostas de reforma universitária estiveram pautadas no isolamento de princípios que até então davam direção à universidade brasileira: a intrínseca relação entre ensino-pesquisa ou de ensino-pesquisa-extensão; nesse contexto, buscavam a configuração de universidades que trabalhassem esses princípios isoladamente. Silva Júnior e Sguissardi (2001) destacam que essas tentativas foram energicamente rejeitadas por docentes da educação superior federal e por dirigentes de universidades públicas federais e também estaduais, o que resultou em uma proposta abandonada.

No sentido de dar respostas para a superação dos fatores da crise, algumas alternativas são apresentadas por Silva Júnior e Sguissardi (2001), entre elas traremos aquelas que, a nosso ver, sintetizam a direção do ensino superior no Brasil na época citada e justificam a realidade atual dessa política. A primeira estratégia adotada foi a maior diferenciação institucional e o estímulo à ampliação e ao desenvolvimento de instituições de ensino superior privadas, deixando de lado o padrão de ensino e pesquisa com sua rigidez e unidade.

A segunda estratégia foi o modelo de financiamento público que buscou superar o sistema vigente propondo, assim, a diversificação das suas fontes. Em primeiro lugar, buscou-se o reconhecimento da autonomia financeira das universidades; em segundo lugar, buscou-se a inserção do ensino pago nas instituições de nível superior; em terceiro, estabeleceu-se uma vinculação direta entre financiamento e resultados, na qual os subsídios seriam disponibilizados àquelas instituições segundo o seu desempenho a ser avaliado por critérios oficiais. Impossibilitadas de lograr recursos por essa via, as universidades estariam livres para instituir convênios com a iniciativa privada, por meio de prestação de serviços, assessorias e consultorias, de pesquisas, sem o questionamento de atendimento preferencial às necessidades advindas do mercado em detrimento das advindas da própria sociedade.

O processo de precarização do ensino superior público e, também, do exercício da docência, bem como a proliferação das fundações no âmbito das universidades públicas representaram uma resposta aos interesses para a diversificação do financiamento dessas instituições, uma resposta emergencial que atendia novamente aos interesses econômicos. Ainda nesse âmbito, "se afiguram irregularidades administrativas, cobranças indevidas de taxas/mensalidades em cursos de especialização, remuneração de docentes pela venda de serviços" (RAMOS, 2009, p. 6).

A terceira e a quarta estratégias estão permeadas pela proposta de um sistema de avaliação, que buscava a eficiência no sentido de estar em consonância com as necessidades do mercado, e no fortalecimento e na facilitação da criação do ensino privado.

A expansão do ensino privado tornou-se um imperativo, ao mesmo tempo que teve de se garantir a expansão do acesso à educação superior, espaço em que o Estado passou a ausentar-se.

Lima (2008, p. 20) afirma que "quando o discurso dos organismos internacionais do capital considera a necessidade de redução das verbas públicas para a educação superior depreende-se que, para garantia da expansão do acesso à educação, é imprescindível a expansão do ensino privado".

É sabido que o movimento de expansão do capital causa uma tendência de saturação e posterior queda da taxa de lucros, o que o leva a desenvolver estratégias e novas direções, buscando outros espaços em que esse fenômeno ainda não ocorreu. A educação se enquadraria em um lugar próprio para a expansão do capital, em um momento no qual concernente aos direcionamentos apontados pelos organismos multilaterais, retratam Silva Júnior e Sguissardi (2001, p. 102-103):

> [...] o setor de ensino passa a ser explorado pelo capital de serviço. São empresas educacionais que exploram o setor no contexto do movimento de saturação/expansão provocado pela própria racionalidade do capital. O setor de serviços, no momento em que o capital se expande em sua direção, tende a se organizar segundo a racionalidade do modo capitalista de produção, seja em relação a sua dimensão geral — a diminuição do custo de produção da mercadoria força de trabalho —, seja na

> dimensão das empresas de ensino; em outras palavras, da inserção de mercadorias-coisas com valores de uso que carregariam incorporando o valor de troca. O processo acadêmico-científico, no caso da educação superior, torna-se mercadoria, apesar de sua especificidade, o que, sem dúvida, tende a alterar a identidade desse tipo de instituição e suas formas de existência como resultado imediato.

Esse processo levou a uma grande expansão de matrículas no setor privado, bem como à fusão de instituições de ensino, que se tornaram conglomerados educacionais; esse processo se consolidou, de fato, a partir dos anos 2000. Os dados disponibilizados pelo Ministério da Educação (2003) apontam que o país tinha 1.859 instituições de ensino superior (IES), sendo que 207 (11,1%) seriam instituições públicas e 1.652 (88,9%) privadas. Destas, classificam-se 1.302 (78,8%) como IES privadas particulares com fins lucrativos e apenas 350 (21,2%) classificam-se como comunitárias, confessionais ou filantrópicas, sem fins lucrativos.

Esses dados deixam explícita a marca privatizante do ensino superior brasileiro, situando o Brasil entre os mais privatizados do mundo, como apontou nesse período o World Education Indicators, atrás apenas de alguns poucos países. Isso permite entender, além do processo de privatização, o processo de diversificação das instituições de ensino superior. Nesse ano registraram-se 163 universidades, 81 centros universitários, 1.522 faculdades e 93 centros de educação tecnológica, do total de 1.859 instituições de ensino superior.

Em comparação ao ano de 2003, no ano de 2018, podemos observar nos dados disponíveis no sítio eletrônico do MEC uma considerável expansão do ensino superior nesse período. Nesse ano, o registro é 4.284 IES — contabilizando um aumento de 130,45%. Dessas, 316 são instituições públicas, sendo 7,38% — 54,66% a mais em consideração aos dados referentes ao ano de 2003. Embora haja um crescimento no número de instituições públicas em relação aos dados do mesmo ano, sua participação em porcentagem diminuiu, registrando 11,1%. As instituições privadas participam com 3.968 IES, 92,62% da totalidade, indicando aumento de 140,19%, aumentando também sua presença em número de IES. Das instituições privadas, 2.370 caracterizam-se como privadas particulares com fins lucrativos, 55,32% da totalidade, um crescimento em torno de 82% em relação ao censo de 2003.

Portanto, fica demonstrado, a partir de um estudo comparativo com os dados do Censo de Ensino Superior de 2003 com os de 2018, que o processo de expansão ocorrido no ensino superior no período dos governos de Lula e Dilma teve uma forte presença desses no processo de expansão da educação superior brasileira.

Pereira (2018) aponta que, em 1995, o setor público (IES — federais, estaduais e municipais) detinha 700.540 matrículas; o setor privado (empresarial e confessional/comunitário) respondia por 1.059.163 matrículas. Segundo a autora, em 20 anos, o setor privado apontou um crescimento de 473,58%, com 6.075.152 matrículas, no ano de 2015, enquanto o setor público cresceu 178,66% ao longo daqueles 20 anos (1995-2015), de 700.540 para 1.952.145 matrículas.

Especificamente, no caso dos cursos em Serviço Social, podemos observar que, até o primeiro semestre do ano de 2008, existiam no Brasil 286 cursos de Serviço Social, destes, 150 (55,9%) foram autorizados a partir de 2003; 92,5% que foram autorizados após o ano de 2003 se encontraram na categoria de instituições de natureza privada, sendo a maioria cursos com finalidades lucrativas (IAMAMOTO, 2007).

Aspecto relevante da reforma universitária, no contexto das direções apontadas pelos organismos multilaterais, é a massificação do ensino universitário que pode ser percebida com o aumento do número de estudantes e a redução do nível dos cursos, considerando que, com a entrada das massas, não houve ampliação da infraestrutura, nem do corpo docente. Também se percebeu a importante relevância do rebaixamento da qualidade do ensino que precede o universitário, pois "está implícita a ideia de que para a massa qualquer saber é suficiente" (CHAUI, 2001, p. 51). A educação passou a ser de interesse do Ministério de Planejamento e não exatamente do Ministério da Educação, tornando-se o último submisso ao primeiro.

Outra forte característica da reforma da educação e do Estado é o discurso da modernização e, sobre esse aspecto, Chaui (2001, p. 105) aponta o entendimento da ciência e da tecnologia como uma proposta de "posição de uma segunda natureza pelos homens aos homens". No seu entendimento, colocar a ciência e tecnologia como segunda natureza seria colocar o capitalismo como segunda natureza também.

Tais características estão presentes no processo de massificação do ensino e nas estratégias educacionais que reforçaram a lógica mercantilizada da educação, marcada pela subalternidade em relação aos organismos internacionais. Tais características vão se materializar principalmente, mas não de forma exclusiva, no Programa de Apoio a Planos de Reestruturação e Expansão das Universidades Federais (Reuni) — instituído pelo Decreto n. 6.096, de 24 de abril de 2007.

## 2. Ampliação do acesso e formação de assistentes sociais em Santa Catarina

É no sentido de buscar compreender as implicações da reforma da educação brasileira na formação de assistentes sociais no Brasil — especificamente em Santa Catarina — que faremos a caracterização de algumas mudanças no ensino superior, visando contribuir para a compreensão dos interesses ocultos por meio dessas mudanças que Leher (2007) denominou "proposta antiuniversitária" e a qual nos dedicaremos a compreender no período do ano 2000.

Consolidando todo o processo de alterações no ensino superior brasileiro, entra também o uso das Tecnologias de Informação e da Comunicação (TIC), que tem sido um grande recurso utilizado por gestores/as universitários/as para o processo de expansão e massificação da universidade. É por meio do Ensino a Distância (EaD) e da Universidade Aberta do Brasil que tal prática se configura, mas é a partir da LDB de 1996 que presenciamos o seu marco legal e o impulso para o uso recorrente desse instrumento no processo de formação acadêmica (TONEGUTTI, 2010).

Para Tonegutti (2010), a formação acadêmica por meio do EaD é uma estratégia para atender às necessidades da classe trabalhadora que, muitas vezes, não teve acesso à educação pelas vias tradicionais; ora o EaD tem um papel complementar, ora se configura com um papel fundamental na formação. Seus/suas estudantes, muitas vezes, são adultos/as inseridos/as no mercado de trabalho, ou em atividades domésticas e que não têm disponibilidade de estarem presentes nos cursos presenciais, também, a tecnologia é destinada a quem reside em localidades de difícil acesso e com grande dificuldade para se locomover aos centros educacionais.

A ampliação e a intensificação do uso da tecnologia para o EaD têm ocorrido paralelamente ao processo de privatização do ensino superior. Segundo Lima (2008, p. 29), "a educação a distância [...] tem se constituído como um importante campo de ação dos empresários da educação".

Os dados apresentados por Pereira (2018) demonstram que, em 2000, as matrículas em cursos presenciais somavam 2.694.245 e as de cursos EaD totalizavam 1.682. No ano de 2015, as matrículas nos cursos presenciais dobraram para 6.633.545, o que significou um crescimento de 146,21% em cursos presenciais. As matrículas em curso de EaD passaram a contabilizar a expressão de 1.393.752 matrículas, com um aumento de 82.762,78%. Os dados demonstram que as matrículas em EaD não representam a maioria das matrículas, no entanto, é a tendência do crescimento exponencial que tem caracterizado o movimento das matrículas. Pereira (2018) reconhece a tendência nos próximos anos de predomínio das matrículas em cursos de graduação EaD.

No entanto, também há que se destacar que, nos governos Dilma e Lula, houve a ampliação de vagas em universidades públicas, inclusive, para o curso de Serviço Social, embora em Santa Catarina esse processo não tenha ocorrido, entendemos que é importante mencioná-lo. Segundo Pereira (2018, p. 4):

Na área de Serviço Social, mais da metade dos cursos públicos atualmente existentes foi criada entre os anos de 2003 e 2016, o que é muito impactante para a profissão. Lembremos que o período da ditadura militar fora o que havia criado, até então, o maior número de cursos públicos de Serviço Social no país, o que trouxe inclusive, dentre outros fatores, a possibilidade concreta de renovação profissional.

No entanto, em Santa Catarina, em todas as ampliações feitas pelo Reuni, não houve ampliação de vagas públicas para o Serviço Social, mantendo-se apenas a Universidade Federal de Santa Catarina (UFSC). O curso de Serviço Social da UFSC oferece 140 vagas distribuídas em duas entradas por ano, 40 vagas no diurno e 30 vagas no noturno. Também são oferecidas entradas anuais para mestrado, doutorado e pós-doutorado. No entanto, o curso tem sofrido com a falta de professores/as e com as condições precárias de trabalho, o que tem levado o grupo docente a constantes manifestações administrativas e políticas a esse respeito. Em 2007, os/as estudantes fizeram uma paralisação, o que ajudou a recompor o quadro docente, contudo, ainda não foi em número suficiente, tendo em vista as atividades de ensino, pesquisa e extensão e também a pós-graduação, com seus níveis de exigência de produtividade.

Portanto, os 60 anos de graduação em Serviço Social no estado de Santa Catarina foram protagonizados pela Universidade Federal de Santa Catarina, entretanto, por volta dos últimos 30 anos, a graduação de assistentes sociais esteve associada a instituições de ensino superior vinculadas ao Sistema da Associação Catarinense das Fundações Educacionais (Acafe). Nos anos seguintes até 2010, observamos algumas alterações na oferta de vagas nos cursos de Serviço Social, modificando essa realidade historicamente presente no contexto catarinense.

Segundo documento construído pela ABEPSS e CRESS 12ª Região, no ano de 2010 se registrou em Santa Catarina a presença de 17 instituições que ofertavam o curso de Serviço Social, já no ano de 2017, as informações colhidas no sítio do MEC apresentaram o registro de

28 instituições de ensino que ofertavam o curso de Serviço Social, ou seja, 11 instituições a mais em relação a 2010.

Em 2010, o registro foi de 10 instituições que ofertavam a modalidade no ensino presencial, sendo que, em 2017, o registro foi de 13. Porém, ao analisar mais profundamente essa questão, identifica-se que os registros no MEC não dão conta da realidade concreta, visto que a Universidade do Oeste de Santa Catarina (Unoesc), a Universidade do Contestado (UNC) e a Universidade Comunitária da Região de Chapecó (Unochapecó) não oferecem mais o curso. Mais profundamente, observamos da mesma forma que a Uniban, a Fameblu e a Faac, que estão registradas também na modalidade de ensino presencial, ofertam o curso apenas na modalidade a distância. Isso significa que os dados objetivos figuram para uma realidade de seis unidades de ensino que oferecem o curso de Serviço Social na modalidade presencial em Santa Catarina.

Portanto, é possível identificar que, no ano de 2017, os registros de instituições que oferecem cursos presenciais efetivamente são seis: UFSC (Universidade Federal de Santa Catarina — Autarquia Federal), FURB (Universidade Regional de Blumenau — Fundação Municipal), Unisul (Universidade do Sul de Santa Catarina — Fundação Privada), Uniplac (Universidade do Planalto Catarinense — Fundação Privada), Uniarp (Universidade Alto Vale do Rio do Peixe — Fundação Privada) e Instituto de Ensino Superior da Grande Florianópolis — Associação Privada. No momento, há informações de que as instituições Uniplac e Uniarp já oferecerem, totalmente ou parte considerável, na modalidade a distância.

Um dos cursos tradicionais de Serviço Social de Santa Catarina, oferecido pela Unochapecó, encerrou suas atividades no ano de 2018, tendo em vista a falta de demanda aos processos seletivos.

Apesar de não conseguirmos apurar objetivamente qual o número de vagas, pode-se inferir que há redução de vagas nos cursos presenciais e um possível aumento no número de vagas em EaD.

Com exceção da UFSC, que mantém o número de entradas anuais por meio de seu vestibular e é a única universidade que oferta as vagas públicas em Serviço Social no estado, as outras universidades com modalidade presencial enfrentam dificuldades para se manter perante a ofensiva dos cursos de Serviço Social na modalidade EaD.

Por outra parte, se em 2010 havia, segundo Gomes (2010), sete IES que ofereciam ensino em Serviço Social na modalidade a distância, em 2017 passou a ser 18, concretamente. Em 2010, as vagas estavam disponíveis em 47 polos, hoje identificamos o registro de 235 polos ofertando o curso nessa modalidade.

Os dados apresentados demonstram que a contrarreforma do ensino superior se efetivou por meio da expansão de vagas no ensino superior, tanto na dimensão pública quanto na dimensão privada. No entanto, cabe refletir sobre o real significado desse processo. Embora o Reuni tenha ampliado vagas e interiorizado cursos da universidade pública, no caso da UFSC, não foi criado nenhum curso de Serviço Social nos novos *campi* da universidade. Mesmo com a criação da Universidade Federal da Fronteira Sul (UFFS), também fruto do Reuni, o curso de Serviço Social não foi implementado, o que mantém a UFSC, no cenário da formação em Serviço Social em Santa Catarina, como a única universidade a ofertar o curso de forma gratuita.

A não ampliação de cursos de Serviço Social em instituições públicas no estado de Santa Catarina reforça a intenção clara de expandir vagas para o setor privado, particularmente quanto ao perfil dos/as estudantes ingressantes, isto é, jovens, trabalhadores/as de baixa renda, inclusive apoiados/as pelas políticas de assistência social, que contam com o financiamento público por intermédio das instituições privadas para acessar o ensino superior. É uma estratégia econômica e política de classe que mantém esse segmento apto ao mercado, com qualificação profissional questionável, porém, rentável ao interesse direto e imediato da educação. É aquilo que os críticos denominam financeirização da economia, irradiando-se por todas as esferas, inclusive transformando a educação (como direito) em serviço.

Como se pôde observar, em Santa Catarina e para o Serviço Social, essa ampliação ocorreu de forma massiva no setor privado e na modalidade a distância, sem abertura de vagas em instituições públicas, apenas nas instituições privadas de caráter lucrativo. De certo modo, é uma particularidade, se considerarmos outras localidades do país que abriram vagas com o processo de expansão das universidades públicas, como é o caso dos estados do Rio Grande do Sul e também do Paraná — limítrofes de Santa Catarina. O movimento de expansão demonstrou um crescimento de quase 50% das IES públicas, no entanto, as privadas tiveram um crescimento em torno de 130%, o que significou, inclusive, uma redução da presença das instituições públicas na totalidade da oferta.

Com exceção da UFSC, os demais cursos das fundações municipais foram diminuindo o tamanho, e alguns foram fechados por falta de demanda como consequência da ofensiva dos cursos EaD, como é o caso da Unisul de Tubarão e da Unochapecó. As instituições privadas sem fins lucrativos passaram, cada vez mais, a atender aos interesses do mercado, e foram demitindo professores/as e cortando custos, estratégias que impactaram diretamente na sustentação dos cursos. Soma-se a essa questão a tensão em torno da manutenção do curso, que coloca às coordenações a diversificar a modalidade de oferta — como é o caso da FURB — ou mesmo o fechamento dele, como o caso da Unochapecó e da Uniarp.

Também cabe ressaltar o perfil dos/as estudantes que buscam o curso de Serviço Social, geralmente provenientes das classes populares e que não têm renda para o pagamento das mensalidades dessas fundações universitárias e, nesse caso, o curso a distância se torna mais barato e acessível dentro das condições socioeconômicas desse segmento.

## Considerações finais

Iamamoto nos ajuda a compreender que a atual conjuntura do ensino superior não se restringe a aspectos da economia de mercado, também tem comprometido a direção social do projeto hegemônico da profissão ao estimular a "reação conservadora e regressiva no universo acadêmico e profissional do Serviço Social brasileiro, com repercussões políticas no processo de organização da profissão" (IAMAMOTO, 2007 p. 441).

Isso se coloca especialmente porque a formação em Serviço Social, em contexto de ofensiva neoliberal, tem seus conteúdos previstos abalados pelo projeto de expansão ofertado na perspectiva lucrativa e que não reconhece os elementos críticos que iluminam a profissão, por isso alijam do seu processo a perspectiva teórico-metodológica presente nas Diretrizes Curriculares para o curso de Serviço Social, elaboradas pela Associação Brasileira de Ensino e Pesquisa em Serviço Social (ABEPSS), desde 1996.

As Diretrizes Curriculares para os cursos de Serviço Social estão referenciadas em três núcleos temáticos: nos fundamentos teórico-metodológicos da vida social, nos fundamentos da particularidade da formação sócio-histórica da sociedade brasileira e nos fundamentos do trabalho profissional. São núcleos que devem permear conteúdos que auxiliem a compreensão do ser social, da vida em sociedade; a compreensão da sociedade brasileira por meio de suas características históricas e de formação, considerando os "padrões de produção capitalista", as relações Estado/sociedade, as políticas sociais, os projetos políticos em debate, as classes sociais e suas representações culturais e os movimentos organizados da sociedade civil; por fim, que tragam elementos sobre a constituição do Serviço Social como especialização do trabalho, sua trajetória histórica, teórica, metodológica e técnica, os componentes éticos que envolvem o exercício profissional, a pesquisa, o planejamento e a administração em Serviço Social e o estágio supervisionado (ABEPSS/CEDEPSS, 1997).

Portanto, pensar as consequências desse processo para a formação profissional e o perfil dos/as profissionais que serão formados/as remete a problematizar o processo de amadurecimento intelectual da categoria dos/as assistentes sociais que se ancorou em uma formação profissional sólida, com a ampliação da produção de conhecimento e o adensamento dessa produção. Logo, pensar as consequências desse processo para a formação profissional e o perfil dos/as profissionais que serão formados/as, remete a problematizar os caminhos da produção de conhecimentos que os/as assistentes sociais construíram nas últimas décadas.

A crítica teórica e política feita à "mercantilização da educação" afirma a desqualificação dos processos formativos pela fragilização das condições de ensino dos cursos de Serviço Social e sua restrição à pesquisa, comprometendo ainda mais o conhecimento profissional. Ainda, há impactos dessas mudanças socioeconômicas no interior do Estado e da Política Social, com impacto direto nos espaços e serviços onde atuam a maioria dos/as profissionais, descaracterizando seu perfil crítico e de afirmação do campo dos direitos sociais, que têm nos processos de estágio/supervisão um espaço central na formação profissional.

A crítica pedagógica realizada sobre o aligeiramento da formação (modalidade EaD e redução do tempo de formação) trará impactos concretos no perfil dos/as profissionais formados/as neste sistema de ensino, pois a falta de rigor no trato da teoria social, na análise de realidade e nas potencialidades do exercício profissional voltará a colocar o/a assistente social como "executor/a terminal das políticas sociais", sem a mediação teórica fundamental para uma ação qualificada.

Esses fatores comprometem a formação profissional para além da graduação, pois reduzem significativamente o campo da pesquisa em Serviço Social e deste sobre a realidade, ou seja, afetam aquilo que a profissão construiu em pesquisa e produção de conhecimento nas últimas décadas, exigência fundamental a qualquer área de conhecimento.

## Referências

ABEPSS/CEDEPSS. Diretrizes gerais para o curso de Serviço Social (com base no currículo mínimo aprovado em Assembleia Geral Extraordinária de 8 de novembro de 1996). *Cadernos ABESS*, Formação profissional: trajetórias e desafios, São Paulo: Cortez, n. 7, 1997.

CHAUI, Marilena S. *Escritos sobre a universidade*. São Paulo: Editora Unesp, 2001.

FERNANDES, Florestan. *Universidade brasileira*: reforma ou revolução? São Paulo: Alfa-Ômega, 1975.

GOMES, Selma G. *O ensino a distância no estado de Santa Catarina e suas implicações ao projeto ético-político profissional do Serviço Social*. 2010. Dissertação (Mestrado em Serviço Social) — Programa de Pós-Graduação em Serviço Social, Universidade Federal de Santa Catarina, Florianópolis, 2010.

IAMAMOTO, Marilda V. *Serviço Social em tempo de capital fetiche*: capital financeiro, trabalho e questão social. São Paulo: Cortez, 2007.

LEHER, Roberto. Desenvolvimento da educação de Lula é por decreto. *Jornal da AdUFRJ*, maio 2007. (Entrevista.)

LEWGOY, Alzira B.; MACIEL, Ana Lúcia S. Reflexões acerca do ensino a distância na formação em Serviço Social. *Temporalis*, ano VIII, n. 15, jan./jun. 2008.

LIMA, Kátia. Contrarreforma da educação superior e formação profissional em Serviço Social. *Temporalis*, ano VIII, n. 15, jan./jun. 2008.

MAUÉS, Olgaíses C. A crise mundial e seus reflexos na educação superior. *Universidade e Sociedade*, [*S. l.*]: Sindicato Nacional dos Docentes das Instituições de Ensino Superior, ano XIX, n. 45, jan. 2010.

NÁDER, Alexandre A. G.; SILVEIRA, Rosa M. G. Reformas educacionais e trabalho docente: itinerários contemporâneos para a alienação do trabalho intelectual? *Universidade e Sociedade*, [*S. l.*]: Sindicato Nacional dos Docentes das Instituições de Ensino Superior, ano XIX, n. 45, jan. 2010.

PEREIRA, Larissa D. Expansão dos cursos públicos de Serviço Social entre os anos de 2003 e 2016: desafios para a formação profissional. *Katálysis*, Florianópolis, v. 21, n. 1, p. 189-199, jan./abr. 2018.

RAMOS, Giovane S. As fundações de apoio privadas: notas para a análise de uma realidade heteronômica. *In*: REUNIÃO ANUAL DA ANPED. SOCIEDADE, CULTURA E EDUCAÇÃO: NOVAS REGULAÇÕES?, 32., 2009, Caxambu. *Anais* [...]. Caxambu, 2009.

RODRIGUES, José. "Vamos ganhar dinheiro à beça": farsa e tragédia na política do governo Lula para a educação superior. *Universidade e Sociedade*, [*S. l.*]:

Sindicato Nacional dos Docentes das Instituições de Ensino Superior, ano XIX, n. 45, jan. 2010.

ROMANELLI, Otaíza de O. *História da educação no Brasil*. 34. ed. Petrópolis: Vozes, 2009.

SEBIM, Charlini C. *Representações sociais do ProUni*: (sobre)vivências no ensino superior. 2008. Dissertação (Mestrado em Educação) — Programa de Pós-Graduação em Educação, Universidade Federal do Espírito Santo, Vitória, 2008.

SILVA JÚNIOR, João R.; SGUISSARDI, Valdemar. *Novas faces da educação superior no Brasil*: reforma do Estado e mudança na produção. 2. ed. rev. São Paulo: Cortez, 2001.

SPOSATI, Aldaíza. A perspectiva do III Congresso Brasileiro de Assistentes Sociais. Anais do III CBAS: algumas referências para a sua contextualização. *In*: CONSELHO FEDERAL DE SERVIÇO SOCIAL (org.); ABEPSS, ENESSO, CRESS/SP (9ª Região) (co-org.). *30 anos do Congresso da Virada*. Brasília, DF: [*s. n.*], 2009.

TONEGUTTI, Claudio A. Ensino a distância no Brasil: aspectos da realidade para estudantes e docentes. *Universidade e Sociedade*, [*S. l.*]: Sindicato Nacional dos Docentes das Instituições de Ensino Superior, ano XIX, n. 45, jan. 2010.

# 5 Estágio supervisionado em Serviço Social: resistências e estratégias da formação profissional

Cirlene Aparecida Hilário da Silva Oliveira
Maicow Lucas Santos Walhers

## 1. Introdução

Este capítulo é resultante de estudos sobre o estágio supervisionado em Serviço Social, nucleados no Grupo de Estudos e Pesquisa sobre Formação Profissional em Serviço Social (GEFORMSS), vinculado ao Programa de Pós-Graduação em Serviço Social da Unesp, *campus* de Franca. Os autores participam como pesquisadores de uma das linhas de pesquisa do referido grupo, que enfoca um dos princípios das Diretrizes Curriculares para o curso de Serviço Social: a indissociabilidade entre estágio e supervisão acadêmica e profissional.

Compreendido como atividade curricular obrigatória, o estágio supervisionado é efetivado por meio da inserção dos/as estudantes nos espaços sócio-ocupacionais, nos quais trabalham assistentes sociais, com o devido acompanhamento por meio da supervisão acadêmica e de campo. O estágio deve oportunizar capacitação aos/às estudantes nos processos de formação, nas dimensões teórico-metodológica, ético--política e técnico-operativa do exercício profissional, em consonância com o projeto ético-político que traz a direção social da profissão.

Portanto, o estágio supervisionado deve se constituir em um instrumento fundamental na formação da análise crítica e da capacidade interventiva, propositiva e investigativa do/a estudante de Serviço Social, que necessita apreender os elementos concretos que constituem a realidade social capitalista e suas contradições, de modo a intervir, posteriormente, como profissional nas diferentes expressões da questão social, agravada pelo movimento mais recente de colapso mundial da economia e de desregulamentação do trabalho e dos direitos sociais, e de forma mais evidenciada no atual contexto da pandemia de covid-19, que assolou a humanidade em 2020 e que, no Brasil, um dos epicentros da doença na sua fase mais intensa, impactou drasticamente em todas as áreas da vida da população.

O estágio supervisionado muito contribui para a apreensão das múltiplas determinações que constituem os fenômenos sociais, no processo pedagógico de ensino-aprendizagem. Nesse sentido, a articulação da supervisão acadêmica e de campo é fundamental para a compreensão do cotidiano, para além de sua imediaticidade, por meio das categorias que constituem o movimento do singular, suspendo-o como complexo social de múltiplas determinações, em que as contradições permitem desvelar sua lógica e visualizar desafios, limites e possibilidades da intervenção profissional.

O estudo aqui apresentado fundamenta-se nas Diretrizes Curriculares, aprovadas pela Associação Brasileira de Ensino e Pesquisa em Serviço Social (ABEPSS), em 1996, que representam um avanço da categoria em defesa da formação e do exercício profissional de qualidade, e alicerçadas em princípios ético-políticos, que apontam para a construção de estratégias de lutas, tendo no seu horizonte a emancipação humana.

As Diretrizes Curriculares explicitam uma mudança de paradigma na formação profissional em Serviço Social, em uma nova lógica curricular que apresenta avanços importantes, tais como: a superação da fragmentação de conteúdos pela articulação dos fundamentos teórico-metodológicos, ético-políticos e técnico-operativos; a articulação entre formação e exercício profissional, que tem no estágio supervisionado um dos elementos centrais na relação pedagógica de ensino-aprendizagem, contribuindo para a aproximação com a realidade social, mediatizado pelo conhecimento construído ao longo do processo formativo.

Este é um dos objetivos da formação profissional em Serviço Social, preconizado pelas Diretrizes Curriculares, que compreende o estágio supervisionado como um dos elementos fundantes da síntese do conhecimento com a realidade social e sua contribuição para o exercício profissional, por meio do desenvolvimento de competências e habilidades que permitem a "apreensão crítica do processo histórico como totalidade" (ABEPSS, 2007, p. 73) pelo:

> [...] Rigoroso trato teórico, histórico e metodológico da realidade social e do Serviço Social, que possibilite a compreensão dos problemas e desafios com os quais o profissional se defronta no universo da produção e reprodução da vida social (ABEPSS, 2007, p. 72).

O direcionamento ético-político preconizado pelo Serviço Social representa o acúmulo da categoria em defesa da qualidade da formação profissional; ao mesmo tempo que define os princípios, as diretrizes e as balizas para sua realização, uma vez que se coloca em contraposição às exigências de um mercado de trabalho que preconiza como qualidade a eficiência, bem como o tecnicismo estéril e a polivalência para atender às demandas do capitalismo.

A lógica destrutiva do capital, em seu contexto atual de reestruturação produtiva, assentado no capital financeiro e bancário e no desenvolvimento científico e tecnológico, torna-se um dos principais instrumentos de mercantilização da vida social. Essa lógica avança na educação, trazendo a exigência de um perfil aligeirado e tecnicista para atender à luta da classe trabalhadora por educação e a exigências do mercado por trabalho qualificado e aumento do cadastro de reserva.

Nesse contexto, a luta política da categoria em defesa do projeto de formação profissional configura-se como resistência frente à avalanche neoliberal e aos ditames do mercado, bem como estratégia de enfrentamento dos desafios vivenciados pela categoria na formação e no exercício profissional.

Com base nessas considerações, este capítulo foi organizado em dois momentos: no primeiro, apresentamos os rebatimentos do cenário regressivo que levou a categoria a criar estratégias em defesa da qualidade da formação profissional em Serviço Social, mediante articulação coletiva de suas entidades representativas, com destaque para a ABEPSS e seu protagonismo no debate e construção das Diretrizes Curriculares.

No segundo momento, destacamos a importância do estágio supervisionado neste processo como espaço de construção da identidade profissional, e do desenvolvimento de competências e habilidades necessárias para a efetivação da práxis no trabalho profissional. Também enfocamos o estágio supervisionado como um dos espaços de apreensão da realidade social em suas múltiplas determinações, bem como as estratégias para a defesa da direção ético-política da profissão, com destaque para a Política Nacional de Estágio (PNE), aprovada em 2010.

## 2. Diretrizes Curriculares: uma nova lógica curricular em tempos de regressão dos direitos sociais

O Serviço Social encontrou na década de 1990 um terreno contraditório, de intensas transformações sociais, que o impulsionaram a construir estratégias de fortalecimento da categoria e de defesa dos avanços das décadas anteriores. As novas bases ético-políticas e teórico-metodológicas levaram a profissão a construir normativas ético-legais em defesa do projeto de formação profissional, que sinalizam a necessidade de um perfil profissional dotado de competências críticas e habilidades para desvelar a realidade social e, a partir das contradições do mundo do trabalho, criar estratégias de defesa dos direitos sociais na expectativa de que avancem na direção da emancipação humana.

As Diretrizes Curriculares (ABEPSS, 2007) materializam esse avanço e significam um salto qualitativo da profissão ao preconizarem uma nova lógica curricular, a partir de fundamentos que embasam a atuação profissional e buscam a superação da dicotomia entre conhecimento e realidade social, pela apreensão do processo histórico como totalidade. Esse salto qualitativo se realizou em um contexto marcado pelo processo de reestruturação do capital, a partir do avanço científico e tecnológico, aliado ao ideário neoliberal de desresponsabilização do Estado. Assim, as Diretrizes Curriculares representam uma resposta frente ao contexto regressivo e repressivo do Estado, e uma resistência em defesa da formação profissional de qualidade.

Aliada à atual lógica, presenciamos a reforma universitária que está inserida na reforma do Estado e da educação como um todo, diante de um processo de mercantilização, com o aumento expressivo do ensino privado, em suas diversas modalidades, em detrimento do ensino público. Ao mesmo tempo que, contraditoriamente, ocorre um sucateamento da universidade pública, com redução ou corte de gastos públicos, se dá o aumento do incentivo ao acesso ao ensino superior privado, vinculado à modalidade do ensino a distância.

Também se observa que a lógica empresarial de produtividade, eficiência e eficácia adentra de forma cada vez mais significativa no ensino, tanto privado como público. Essa lógica é chamada por Chaui (2001) de universidade operacional, em que se contabilizam os resultados e os serviços oferecidos, em detrimento da qualidade da formação, da pesquisa e da extensão. Cada vez mais voltadas para os interesses de monopólios industriais e da lógica do mercado, as universidades têm direcionado suas pesquisas para áreas de maior interesse para o capital, consideradas mais produtivas, além de terem incentivo das agências de fomento.

> Regida por contratos de gestão, avaliada por índices de produtividade, calculada para ser flexível, a universidade operacional está estruturada por estratégias e programas de eficácia organizacional e, portanto, pela particularidade e instabilidade dos meios e dos objetivos. Definida e estruturada por normas e padrões inteiramente alheios ao conhecimento e à formação intelectual, está pulverizada em micro-organizações que ocupam seus docentes e curvam seus estudantes a exigências exteriores ao trabalho intelectual (CHAUI, 2003, p. 7).

Ainda a partir da reforma educacional, orientada pelos interesses dos organismos multilaterais, como o Banco Mundial e o Fundo Monetário Internacional (FMI), presenciamos a intensificação do trabalho docente, com o aumento do número de orientandos/as por professores/as, as exigências cada vez maiores de publicações, associadas à participações em congressos, seminários e outros eventos científicos, nacionais e internacionais. "[...] o aumento insano de horas/aula, a diminuição do tempo para mestrados e doutorados, a avaliação pela quantidade de publicações, colóquios e congressos, a multiplicação de comissões e relatórios etc." (CHAUI, 2003, p. 7).

A partir da Lei de Diretrizes e Bases da Educação (LDB), de 1996 (BRASIL, 1996), alterações substanciais na educação brasileira entram em curso no país, ancoradas na lógica orientada pelos interesses dos organismos multilaterais internacionais. Diante da necessidade de reestruturação produtiva e do atual estágio de desenvolvimento do capitalismo, torna-se necessária sua reprodução em todas as esferas de serviços, principalmente as públicas, que passam a ser mercantilizadas, tornando-se formas de garantir o processo de acumulação capitalista.

Essa lógica se particulariza na atualidade, diante do crescimento da área de prestação de serviços e sua diversificação, vinculada diretamente à intensa divisão social do trabalho.

> Sob crescente socialização objetiva do trabalho, mesmo com a produção generalizada de mercadorias, uma divisão cada vez maior de trabalho só pode ser efetivada se as tendências à centralização predominarem sobre as tendências à atomização. No capitalismo, esse processo de centralização tem caráter duplo: é técnico e econômico. *Tecnicamente*, uma divisão crescente de trabalho só pode combinar-se com uma socialização crescente e objetiva do trabalho por meio de uma ampliação das *funções intermediárias*; daí a expansão sem precedentes dos setores de comércio, transporte e serviços em geral. *Economicamente*, o processo de centralização só pode manifestar-se por meio de uma centralização crescente de capital, entre outras, sob a forma de uma integração vertical de grandes empresas, firmas multinacionais e conglomerados (MANDEL, 1985, p. 269, grifos do autor).

Dessa forma, orientada a partir da reestruturação do modo de produção capitalista, mediante a expansão dos setores de serviços e a crescente capitalização dos serviços públicos, a reforma educacional norteada pelo ideário neoliberal influenciou (e tem influenciado) a organização do ensino superior em todo o país. Verifica-se um direcionamento cada vez mais evidente e intenso em direção ao sucateamento do ensino superior público com corte de verbas, ao mesmo tempo que aumenta o número de vagas, sem a contrapartida do fortalecimento da estrutura funcional e organizacional necessária.

A intensificação do trabalho docente e as exigências em relação ao ensino, à pesquisa e à extensão são evidenciadas no cotidiano acadêmico das universidades, como no número cada vez maior de orientados/as por docentes nos cursos de graduação, no aumento da carga horária em disciplinas devido à redução do quadro de professores, na exigência de captação de recursos junto aos órgãos de fomento de pesquisa, bem como da iniciativa privada, entre outras situações de precarização. Também é evidenciado maior incentivo em relação ao ensino privado, através de programas como Fundo de Financiamento Estudantil (Fies) e Programa Universidade para Todos (ProUni), cujo fundo público passa a cofinanciar o acesso à educação.

> O que se institui no plano político é um modelo de UFA associado à prestação de serviços, acentuando a competitividade entre as mesmas, bem como, instalando uma profunda precarização no sistema do ensino superior no Brasil. Presenciamos um rebatimento para a formação profissional, no qual, o Ministério da Educação e Cultura (MEC), atendendo aos imperativos do capital, incentivou e incentiva a proliferação de aberturas de cursos no Brasil, que opera sob a modalidade presencial, semipresencial e a distância, confrontando, no caso do Serviço Social, com os princípios éticos de um novo projeto de formação profissional, construído pela categoria nos últimos tempos, legitimado como Projeto Ético-Político (CAPUTI; OLIVEIRA, 2015, p. 92).

Conforme colocam as autoras, o fenômeno de expansão do ensino superior privado vem em consonância com os interesses do capital, na oferta indiscriminada dos cursos nas modalidades presencial, semipresencial e a distância. Essa lógica está voltada para as necessidades do mercado, pela oferta de serviços educacionais, transformando a educação em mercadoria. Com isso, a dimensão política da formação profissional encontra-se ameaçada, diante de uma formação cada vez mais tecnicista e utilitarista.

O expansionismo do ensino a distância está atrelado à expansão do ensino superior no Brasil a partir da lógica empresarial, diante do aumento do setor de serviços e da mercantilização dos serviços considerados rentáveis para o capital. O ensino a distância caracteriza-se de maneira diversificada, apresentando diversas metodologias de ensino, formas de avaliação, de estruturação de currículos, e está presente desde a formação técnica até os níveis de pós-graduação, especializações, mestrados profissionalizantes, mestrados acadêmicos, doutorados e Master of Business Administration (MBA).

No Serviço Social, a modalidade do ensino a distância acabou sendo difundida nas instituições privadas, sobretudo pela natureza do curso, inserido na área das humanidades, não exigindo grandes investimentos técnico-científicos no seu processo de formação profissional, necessitando muitas vezes de uma biblioteca e de professores/as capacitados/as. Por mais que a categoria, mediante suas entidades representativas, posicione-se contrariamente a essa modalidade de ensino, ela se expandiu na profissão, com o aval do Ministério da Educação (MEC). Tal fato tem impulsionado o Serviço Social a manter uma agenda acadêmico-científica, nos mais diferentes fóruns de debate, voltada à qualidade da formação profissional frente a esses desafios, bem como refletir sobre as condições de trabalho do profissional diante do aumento do número de assistentes sociais formados nessa modalidade, acarretando uma saturação do mercado de trabalho.

> Segundo a Sinopse Estatística do Ensino Superior de 2009 (INEP/MEC, 2009), havia 68.055 matriculados em cursos de Serviço Social na modalidade de EaD, enquanto, nos cursos presenciais, as matrículas chegavam a 62.681. Cabe lembrar que os primeiros cursos de Serviço Social abertos nesta modalidade datam de 2006, demonstrando a força do seu crescimento e a procura por este tipo de curso [...] (PEREIRA, 2013, p. 58).

Contra a ofensiva do capital, que precariza e sucateia o ensino superior, as Diretrizes Curriculares em Serviço Social têm defendido uma formação profissional de qualidade, alicerçada no projeto ético-político e que coloca como um dos seus princípios o adensamento teórico-metodológico, devidamente contextualizado historicamente, que oportunize uma leitura crítica da realidade social e a busca de estratégias de enfrentamento das mazelas da questão social.

A organicidade da lógica curricular preconizada pelas Diretrizes permite maior flexibilidade dos conteúdos e uma maior articulação entre as dimensões do processo de formação profissional, apreendendo a profissão na sua particularidade histórica e contribuindo para a efetivação da relação entre teoria e realidade no processo formativo. Dessa forma, as Diretrizes Curriculares caracterizam-se como uma importante estratégia na defesa da formação profissional diante da reforma universitária colocada em curso na sociedade brasileira e da proliferação exacerbada do ensino a distância. Vasconcelos (2007) afirma a importância das Diretrizes Curriculares como estratégia de enfrentamento ao processo de fragilização e precarização do ensino superior:

> Preconizando uma formação crítica e comprometida com os valores e princípios expressos no projeto ético-político do Serviço Social, o projeto de formação profissional dos(as) assistentes sociais se confronta com esse modelo de educação superior que fortalece a privatização e a mercantilização da educação, respalda as formações aligeiradas, prioriza a quantidade em detrimento da qualidade e implementa processos avaliativos disseminadores da competitividade entre instituições, cursos e profissionais (VASCONCELOS, 2007, p. 67).

A nova lógica curricular do projeto de formação profissional em Serviço Social, alicerçado nas Diretrizes Curriculares, remeteu a um conjunto de conhecimentos indissociáveis que foram materializados em três núcleos de fundamentação: teórico-metodológico da vida social, da formação sócio-histórica da sociedade brasileira e do trabalho profissional. Esses três núcleos reúnem os conteúdos que fundamentam o trabalho do assistente social, constituindo eixos articuladores da formação profissional preconizada; tais eixos desdobram-se em áreas do conhecimento, materializadas em disciplinas e componentes curriculares, que, mediante um conjunto de ações acadêmico-científicas, organizadas nos projetos pedagógicos dos cursos de Serviço Social em todo o país, culminaram em uma lógica curricular inovadora.

Entre os componentes curriculares, neste capítulo, destacamos o estágio supervisionado, entendido como uma das atividades integradoras do currículo, e que, em uma articulação de saberes entre seus diferentes sujeitos — assistentes sociais, supervisores/as acadêmicos/as e de campo, e estagiários/as —, apresenta importantes contribuições no processo de formação profissional do Serviço Social.

## 3. Estágio supervisionado: espaço de múltiplas determinações

A partir das Diretrizes Curriculares, o estágio supervisionado tem ocupado mais o debate acerca da formação profissional, como também constituído objeto de pesquisa de diferentes estudos acadêmico-científicos; configura como espaço de múltiplas determinações, de relação do conhecimento apreendido no processo de formação profissional e na realidade vivenciada no campo de estágio, contribuindo, assim, para o processo de ensino-aprendizagem do/a estudante, como um elemento-síntese na relação teoria e prática.

Como um dos elementos centrais da formação profissional, o estágio supervisionado deve possibilitar o desenvolvimento da autonomia, da competência e de habilidades críticas e propositivas, alicerçadas no compromisso ético-político. O estágio também deve estar referendado na identidade profissional, que representa o reconhecimento da profissão no mundo do trabalho, de suas contradições, e a capacidade de desvelar o real a partir de suas determinações históricas, para consolidar cotidianamente o projeto ético-político que está em permanente construção.

Consolidando os avanços do Serviço Social, a categoria construiu diversas normativas ético-políticas em defesa da qualidade e da formação e do exercício profissional. No âmbito da formação, na particularidade do estágio supervisionado, foram instituídos normas, princípios e diretrizes para a sua realização e defesa, em consonância com o projeto ético-político profissional.

Entre eles, destacamos: as Diretrizes Curriculares, a Lei de Regulamentação da Profissão — Lei n. 8.662 —, o Código de Ética, a Resolução CFESS n. 533 (CFESS, 2008), que trata da supervisão direta de estágio e, por último, a construção coletiva da Política Nacional de Estágio (PNE), que traz parâmetros para a realização do estágio supervisionado, que abordaremos mais adiante. A legalidade defende a qualidade do estágio supervisionado no processo da formação profissional e norteia a sua realização em âmbito nacional. Sua importância ganha vulto principalmente na contemporaneidade, diante da precarização do mundo do trabalho e de seus rebatimentos na educação compreendida como mercadoria, tornando-se importante instrumento de resistência e defesa de princípios, diretrizes e direção social da profissão.

A nova lógica curricular orientada pelas Diretrizes Curriculares, estruturada em núcleos de fundamentação, que se articulam entre si, buscando evitar a pulverização e a fragmentação de conteúdos, possibilita um salto de qualidade no processo de ensino-aprendizagem voltado para a apreensão da dinâmica da realidade social.

> O pressuposto central das diretrizes propostas é a permanente construção de conteúdos (teórico-ético-políticos-culturais) para a intervenção profissional nos processos sociais que estejam organizados de forma dinâmica, flexível assegurando elevados padrões de qualidade na formação do assistente social (ABEPSS, 2007, p. 74).

Preconiza-se uma formação generalista, crítica e propositiva, em consonância com um perfil de profissional capaz de compreender a realidade social para além de sua imediaticidade e, a partir daí, criar respostas críticas e de fortalecimento da classe trabalhadora.

A categoria profissional defende uma formação com competência teórico-metodológica, com habilidades técnico-operativas para intervir na realidade social, alicerçada no compromisso ético-político com a classe trabalhadora. Nessa perspectiva, o estágio supervisionado adquire um novo patamar na nova lógica curricular, considerado o lócus privilegiado de construção da identidade profissional em Serviço Social, além de espaço de mediação e efetivação da práxis profissional, diante do caráter interventivo e investigativo da profissão.

> A partir da concepção definida pelas diretrizes curriculares aprovadas nos fóruns da ABEPSS, a temática do estágio supervisionado na formação profissional deve constituir-se em aprofundamento permanente e constitutivo da formação profissional, e de competência das unidades de ensino no processo formativo. Nessa direção o tratamento dado ao estágio deve ser pauta constante dos fóruns da ABEPSS, no sentido de antecipar-se de forma articulada e organizada, na defesa do projeto ético-político da profissão, do ensino da formação de qualidade; pressupostos das diretrizes [...] (ABRAMIDES, 2004, p. 16).

Nessa direção, a Política Nacional de Estágio (PNE), aprovada em 2010, produto da articulação coletiva da profissão, tendo a ABEPSS como protagonista desse processo, nasce de um debate profícuo em defesa da formação profissional e do estágio supervisionado de qualidade.

> Compreende-se que este tem significativo papel no processo de formação profissional, pois representa essencialmente ao estagiário uma possibilidade de aproximação à realidade cotidiana dos indivíduos sociais, alicerçada na apropriação de conhecimentos teórico-metodológicos que orientam o exercício profissional, se configurando assim como elemento síntese na relação teoria-prática (OLIVEIRA, 2000, p. 102).

Diante de um contexto histórico marcado pela mercantilização do ensino superior, pela crescente expansão das modalidades de ensino a distância e, contraditoriamente, pelo sucateamento do ensino superior público, são muitos os desafios apresentados para a efetivação do estágio supervisionado de qualidade:

> [...] ampliação do EaD e suas implicações na qualidade da formação profissional do assistente social, notadamente, na realização do estágio

> supervisionado curricular obrigatório, processo no qual temos constatado descumprimento ao que é preconizado pelas Diretrizes Curriculares, com destaque para a não realização da supervisão conjunta entre supervisores acadêmicos e de campo e problemas relacionados à carga horária prevista para essa atividade. De outro, a aprovação da Lei n. 11.788, de 25/09/2008, que dispõe sobre o estágio de estudantes e dá outras providências; considere-se também, e especialmente, a resolução CFESS n. 533, de 29 de setembro de 2008, que regulamenta a supervisão direta de estágio no Serviço Social (ABEPSS, 2010, p. 3).

A esses desafios, a Política Nacional de Estágio configura-se como estratégia política da categoria na defesa da qualidade da formação profissional e do estágio supervisionado frente à precarização da política educacional brasileira, às exigências do mercado de trabalho, à mercantilização e à expansão do ensino a distância, entre outros desafios.

Nesse cenário político tornou-se necessária a construção coletiva de uma normativa que orientasse a realização do estágio supervisionado em Serviço Social, procurando superar desafios históricos da profissão, como o distanciamento entre o campo de estágio e as Unidades de Formação Acadêmica (UFAs), e a necessidade de parâmetro e definição de atribuições para a realização da supervisão acadêmica e de campo.

Ao mesmo tempo, emergem novos desafios frente à aprovação da Lei Federal n. 11.788, que dispõe sobre o estágio de estudantes, como a preservação da supervisão acadêmica nas modalidades de ensino a distância e da supervisão direta de estágio, tanto no estágio obrigatório quanto no não obrigatório, entre outros. A PNE explicita e problematiza os desafios colocados para a realização do estágio supervisionado, e disponibiliza as configurações dele para UFAs e legislações do MEC.

Outro salto qualitativo da PNE está na definição das atribuições dos/as sujeitos/as envolvidos/as no processo de ensino-aprendizagem, trazendo de forma mais evidente os diferentes papéis a serem desenvolvidos e um norte para a realização da supervisão acadêmica e de campo. Ao mesmo tempo que a supervisão se configura como um elemento fundante do estágio supervisionado, ela ainda é um grande desafio para as UFAs:

> A supervisão de estágio na formação em Serviço Social envolve duas dimensões distintas, mas não excludentes de acompanhamento e orientação profissional: uma supervisão acadêmica que caracteriza a prática docente e, portanto, sob responsabilidade do(a) professor(a)-supervisor(a) no contexto do curso e a supervisão de campo, que compreende o acompanhamento direto das atividades prático-institucionais da(o) estudante pelo(a) assistente social, nos campos de estágio. Estas dimensões devem estar diretamente articuladas em todo processo de supervisão (ABEPSS, 2010, p. 19).

Observamos os avanços da categoria profissional que, apesar dos desafios, tem se articulado como coletivo da defesa do projeto de formação profissional e da direção social construída coletivamente. Na sua trajetória histórica contemporânea, o Serviço Social afirmou-se como profissão em defesa dos direitos sociais e humanos e da emancipação humana, em um contexto completamente regressivo e repressivo. E instituiu normativas que sinalizam um salto qualitativo ao preconizar um novo paradigma na formação profissional.

É no terreno das contradições sociais que a profissão se move, criando e se recriando no mundo do trabalho, procurando historicamente afirmar seu compromisso com a luta emancipatória da classe trabalhadora. Para avançar nessa direção, é fundamental alargar o debate para além dos limites universitários, acadêmicos, construindo espaços democráticos de reflexão e de fortalecimento da perspectiva crítica que fundamenta o Serviço Social.

Aproximar os órgãos representativos da base da profissão, bem como defender o projeto profissional nos diferentes espaços, principalmente naqueles de construção de políticas públicas e sociais, compondo com a classe trabalhadora através dos movimentos sociais, sindicais e de base, pois foram eles que contribuíram para o processo de renovação da profissão, é fundamental e determinante no contexto atual de fortalecimento do trabalho e da formação profissional do Serviço Social.

Inegavelmente, o estágio supervisionado realizado nos mais diferentes espaços sócio-ocupacionais de atuação da profissão tem nesse desafio uma expressiva contribuição. No entanto, considerando o agravamento da precarização das condições de trabalho dos/as profissionais, em especial devido à pandemia, a experiência de estágio pode ser deficitária e até incoerente ao que é preconizado. Daí a necessidade premente do fortalecimento dos sujeitos envolvidos no processo de supervisão — estudantes, supervisores/as acadêmicos/as e de campo — de compreender seus diferentes papéis, o significado e fundamentos do estágio, e de buscar em um esforço coletivo a superação de dificuldades e limites que o exercício dessa atividade curricular apresenta no interior das unidades de formação acadêmica e dos campos de estágio.

## Considerações finais

A aproximação do Serviço Social com a matriz teórico-crítica, marxista e marxiana, em um contexto social marcado pelo avanço do ideário neoliberal e pelo desmonte dos direitos sociais, apresenta-nos elementos concretos que evidenciam que é a contradição que move a categoria profissional em busca da construção de respostas atreladas a determinados projetos societários.

Identificamos que diante do contexto regressivo e repressivo que conforma a realidade brasileira, o Serviço Social conseguiu, como categoria, construir instrumentos ético-legais em defesa da formação profissional. Entre eles, destacam-se as Diretrizes Curriculares da ABEPSS, que representam um verdadeiro salto qualitativo ao preconizar uma nova lógica curricular, e a defesa da qualidade do projeto formativo em Serviço Social.

O estágio supervisionado nessa direção configura-se como um dos elementos fundantes para a superação da dicotomia entre conhecimento e realidade social, ao possibilitar a aproximação do/a estagiário/a com o espaço sócio-ocupacional do/a assistente social, mediatizado pelo conhecimento apreendido no processo formativo, contribuindo para o desenvolvimento de competências e habilidades preconizadas pelas Diretrizes Curriculares.

Avançando nessa direção, a PNE se caracteriza como importante estratégia de fortalecimento, norteadora do estágio supervisionado e de todos os elementos necessários à sua efetivação, com destaque para a realização da supervisão acadêmica e de campo, ao explicitar o papel dos/as sujeitos/as envolvidos/as e problematizar os desafios enfrentados para a efetivação do estágio de forma qualificada. A PNE constitui importante instrumento que, em conjunto com as demais normativas, contribui para o enfrentamento da precarização da educação brasileira e, principalmente, do ensino superior público, cada vez mais vinculado ao projeto neoliberal para a educação.

Contraditoriamente, ao mesmo tempo que essas normativas e legislações significam importantes avanços e resistências em defesa do projeto de formação profissional, verificam-se os desafios para a sua concretização, diante do sucateamento e da precarização do ensino superior: a dificuldade de preservar a dimensão pedagógica do estágio frente à lógica das instituições campos de estágio, que, em expressiva parcela, compreendem o/a estagiário/a como mão de obra barata; os desafios para a realização da supervisão acadêmica e de campo, frente às condições de trabalho dos/as profissionais nas UFAs e nas diferentes instituições campos de estágio; os entraves para serem credenciados novos campos de estágio, principalmente diante do aumento do número de estagiários/as oriundos/as do ensino a distância, entre outros.

Nesse contexto regressivo, torna-se necessário fortalecer a categoria e defender cotidianamente o projeto de formação profissional em curso. É preciso alargar os espaços de debates e reflexão da categoria, propiciar capacitações para os/as profissionais e avançar para além dos muros da universidade com o fortalecimento do movimento de base da categoria, a partir de seus órgãos representativos. Também se faz necessário ampliar, bem como qualificar o debate e a produção teórica da profissão e socializar o conhecimento produzido com a categoria em um compromisso efetivo do exercício profissional qualificado, valorizando sempre a luta dos movimentos sociais e da classe trabalhadora em que o Serviço Social avançou como profissão nas últimas décadas. Eis alguns dos desafios do atual contexto no processo permanente de qualificação da formação e do trabalho profissional do Serviço Social.

## Referências

ABEPSS. Diretrizes gerais para o curso de Serviço Social. *In*: CRESS 9ª REGIÃO (org.). *Legislação brasileira para o Serviço Social*: coletânea de leis, decretos e regulamentos para a instrumentação da(o) assistente social. 3. ed. rev., atual. até dez. 2007. São Paulo: [*s. n.*], 2007.

ABEPSS. *Política Nacional de Estágio da Associação Brasileira de Ensino e Pesquisa em Serviço Social (ABEPSS)*. Brasília, DF, 2010. Disponível em: http://www.cfess.org.br/arquivos/pneabepss_maio2010_corrigida.pdf. Acesso em: 29 fev. 2020.

ABRAMIDES, M. B. C. *O ensino do trabalho profissional*: o estágio na formação profissional. Palestra proferida pela Prof.ª Maria Beatriz Costa Abramides, Vice-Presidente da ABEPSS — Região Sul II — Gestão 2003-2004. Florianópolis, 2004. Disponível em: http://d.yimg.com/kq/groups/14216906/896963811/name/Palestra+Prof+Bia+Abramides+Est%C3%A1gio.doc. Acesso em: 29 fev. 2020.

BRASIL. Lei n. 9.394, de 20 de dezembro de 1996. Estabelece as diretrizes e bases da educação nacional. *Diário Oficial da União*, Brasília, DF, Seção 1, ano 134, n. 248, p. 27833-27841, 23 dez. 1996. Disponível em: http://www.planalto.gov.br/ccivil_03/LEIS/L9394.htm. Acesso em: 05 abr. 2023.

CAPUTI, L.; OLIVEIRA, C. A. H. S. Precarização da educação e os rebatimentos no Serviço Social. *Serviço Social & Saúde*, Campinas: Unicamp, v. 14, p. 91-104, 2015.

CFESS. Resolução CFESS n. 533, de 29 de setembro de 2008. Regulamenta a supervisão direta de estágio no Serviço Social. *Diário Oficial da União*, Brasília, DF, 1º out. 2008. Disponível em: http://pesquisa.in.gov.br/imprensa/jsp/visualiza/index.jsp?jornal=1&pagina=107&data=01/10/2008. Acesso em: 29 fev. 2020.

CHAUI, M. *Escritos sobre a universidade*. São Paulo: Editora Unesp, 2001.

CHAUI, M. A universidade pública sob nova perspectiva. *Revista Brasileira de Educação*, Rio de Janeiro, n. 24, p. 5-15, set./dez. 2003.

MANDEL, E. *O capitalismo tardio*. Tradução: Carlos Eduardo Silveira Matos, Regis de Castro Andrade e Dinah de Abreu Azevedo. 2. ed. São Paulo: Nova Cultural, 1985. (Os Economistas).

OLIVEIRA, C. A. H. S. Estágio supervisionado curricular em Serviço Social: elementos para reflexão. *Temporalis*, Brasília, DF, ano 1, n. 1, p. 99-110, jan./jun. 2000.

PEREIRA, L. D. Expansão dos cursos de Serviço Social na modalidade EaD no Brasil: análise da tendência à desqualificação profissional. *In*: PEREIRA, L. D.; ALMEIDA, N. L. T. (org.). *Serviço Social e Educação*. 2. ed. Rio de Janeiro: Lumen Juris, 2013.

VASCONCELOS, I. R. *Estágio não-obrigatório na formação profissional dos(as) assistentes sociais*: trabalho preconizado ou processo didático-pedagógico? 2007. Dissertação (Mestrado em Serviço Social) — Universidade Federal do Rio Grande do Norte, Natal, 2007.

# Parte II

# Trabalho Profissional

# 6
# A categoria trabalho, a conjuntura regressiva e o trabalho do/a assistente social

Jane Cruz Prates
Erica Bomfim Bordin
Rodrigo dos Santos Nunes

"Carimba o teu documento, carimba o teu coração,
vai te entregar, vai te estragar, vai trabalhar."
CHICO BUARQUE

## 1. Introdução

O trabalho, como energia física e mental, empregada para um fim, em especial para a produção de valores de uso, ou para atender a necessidades humanas, é ontológico na vida humana. É pelo trabalho que o homem e a mulher se humanizam, ou seja, superam o inumano pela construção social do humano. É clássica a análise de Marx, realizada na obra *O Capital* (1989), que mostra o modo como essa categoria é capturada pelo capital para criar valor e mais-valia. Marx (1989) também destaca os níveis de alienação que a cadeia produtiva sofre, no modo de produção capitalista, desde a relação do produtor com aquilo que produziu, passando pela definição do que produzir e pelo modo como produzir, até a relação que ele estabelece com o trabalho e na relação com seus pares, os demais produtores. Essa captura, portanto, é transversal a toda a cadeia produtiva, nesse modo de produção.

Marx escreve *O Capital* (1989) no século XIX, mas as bases do modo de produção capitalista e da contradição entre capital e trabalho permanecem as mesmas quase dois séculos depois, embora se expressem de modo mais complexo, ora mais explícito, ora mais sutil. Os processos de alienação, estranhamento e captura seguiram caracterizando a forma como o capitalismo apropria-se da cadeia produtiva e transforma o/a trabalhador/a em mais uma mercadoria, o que o poeta Chico Buarque retrata muito bem na canção "Vai trabalhar, vagabundo".

Contudo, esses processos foram refinados ao longo das crises sistemáticas de superacumulação do capital que exigiam, para a sua sobrevivência e superação da estagnação econômica, mudanças estruturais no modo de organização e gestão do trabalho, reformas no Estado, a inserção de novas tecnologias e novas formas de manipulação e alternativas de cooptação do sujeito trabalhador, reduzindo os custos do capital e transferindo-os para o trabalho.

A recente crise de 2008, vivenciada pelo capital no mundo, cujos impactos foram protelados no Brasil pela aplicação de medidas anticíclicas, explicitando-se de forma mais contundente a partir de 2015, significou cortes expressivos nas políticas estruturais, entre as quais a seguridade social e a educação, o agravamento do desemprego e o avanço de grupos de extrema-direita. Na área do trabalho, a flexibilização, a precarização, o sobretrabalho e o desmonte de direitos à classe trabalhadora se evidenciaram como parte do chamado processo de recuperação e de austeridade realizado em muitos países, entre os quais o Brasil (PRATES, 2019a).

Sem que essa crise fosse efetivamente superada, o mundo é surpreendido e assolado por uma crise sanitária de enormes proporções, imposta pela pandemia provocada pela covid-19, a partir do final do ano de 2019, com impactos vultosos nos gastos públicos, especialmente relacionados à saúde, a benefícios emergenciais e investimentos para salvar pequenas e grandes empresas, e vem amargando perdas de vida da ordem de mais de meio milhão de pessoas e mais de 15 milhões de infectados (COVID BRASIL G1, 2020).

No caso brasileiro, o esgotamento das políticas neodesenvolvimentistas, associado à fragilidade do investimento na politização da classe trabalhadora, à continuidade de uma política de conciliação entre classes e à tentativa de inclusão das massas populares pelo consumo, durante o período dos governos populares de coalizão, liderados pelo Partido dos Trabalhadores, foi seguido de um golpe jurídico-midiático-parlamentar, em 2016.

A partir do golpe, ascendem ao poder governos neoliberais ortodoxos, que passaram a limitar os espaços de participação popular, negar os espaços previstos na Constituição Federal (1988) para a gestão conjunta entre governo e sociedade.

Soma-se a isso a imposição de um processo rigoroso de austeridade, materializado na EC 95, que altera o regime fiscal e congela por 20 anos os investimentos públicos, sem resguardar a seguridade social e a educação e, ainda, com base nas mesmas justificativas de austeridade, realiza-se uma reforma trabalhista que não só retira direitos dos/as trabalhadores/as, mas que também fragiliza suas formas organizativas.

> Pode-se dizer que a EC 95 submete totalmente o funcionamento do Estado brasileiro aos interesses dos detentores da dívida. O Estado que está sendo gestado nesse ano de vigência da nova regra fiscal é um Estado que se apresenta sem mediações, revelando, de maneira crua, que suas instituições constituem apenas instrumentos de perpetuação da dominação das classes dominantes, particularmente de sua parcela mais imiscuída no mundo das finanças (MARQUES; NAKATANI, 2019, p. 230).

Na verdade, é possível inferir, no âmbito da luta de classes, que esse processo busca potencializar a força de dominação da burguesia e fragilizar as forças de resistência da classe trabalhadora, atendendo a interesses não só dos grupos dominantes brasileiros, mas, em especial, aos interesses do capital internacional aos quais são subservientes.

O governo Bolsonaro, que toma posse a partir de 2019, acentua ainda mais esse processo. Assume em um território já preparado por Temer e dá continuidade ao processo de desmonte dos espaços democráticos, a reformas que retiram direitos dos/as trabalhadores/as e à entrega do patrimônio nacional, em que pese seu discurso nacionalista. Afirma ter no conservadorismo o fundamento de suas propostas, ataca a ciência, a universidade pública, os servidores públicos, o meio ambiente, o direto de povos indígenas, entre outros tantos retrocessos no âmbito dos direitos.

Caracterizado como um governo de extrema-direita, que articula uma base fundamentalista a uma base militarista e à defesa de um neoliberalismo ortodoxo, surpreendeu por diversas vezes os brasileiros e o mundo com posturas inadequadas, agressivas e antidemocráticas, que geraram polêmicas significativas com os demais poderes do Estado brasileiro e nas relações internacionais. São contraprovas históricas do que se afirma o abalo de relações com a China, um dos principais compradores das exportações brasileiras, em razão de declarações racistas por integrantes do governo, bem como ofensas a governadores e prefeitos, explicitadas em reunião ministerial veiculada pela mídia em abril de 2020, ocasião em que foi sugerida a prisão dos ministros do STF e a aprovação de medidas de desregulamentação da proteção ambiental, aproveitando o direcionamento da atenção pública à pandemia, apenas para mencionar algumas.

O ano de 2020 é marcado pela pandemia imposta pela covid-19, que, além de produzir a primeira grande crise sanitária mundial, após a globalização do capitalismo, agrava a crise econômica significativamente, com impactos mais severos nos países dependentes, em que os níveis de desigualdade social são historicamente mais extensos. No Brasil, os cortes nos recursos destinados ao SUS, da ordem de 9,5 bilhões só em 2019, vão ser sentidos de modo mais drástico no momento em que o Sistema é chamado a atender aos agravos ocasionados pela pandemia. Até meados de 2020, a covid-19 já havia contaminado mais de 2 milhões e 300 mil pessoas no Brasil, existem ainda mais de 650 mil casos em acompanhamento, e os níveis de mortalidade chegavam a mais de 85 mil (COVID BRASIL G1, 2020).

Durante a pandemia, o Brasil contabilizou diariamente mais mortes que a soma de óbitos da China, Índia, Europa e África, onde vive 60% da população mundial, mesmo que represente apenas 2,7% desse contingente populacional (COIMBRA, 2020).

Os impactos da pandemia são significativos na área do trabalho segundo a Pesquisa Nacional por Amostra de Domicílios (PNAD) contínua (IBGE, 2020); no primeiro trimestre de 2020, a taxa de desemprego era da ordem de 11,6%, no segundo semestre, em meio à pandemia, essa taxa subiu para 12,9%. Significa dizer que mais 5,4 milhões de brasileiros deixaram de procurar emprego e 3,6 milhões passaram a compor a massa de subutilizados. Ou seja, 7,8 milhões saíram da população ocupada, na sua maioria trabalhadores/as do mercado informal (5,8 milhões).

Conforme a ONU (2020), a crise da covid-19 abalou os mercados financeiros globais com pesadas perdas e intensa volatilidade, o que levou os investidores a retirar 90 bilhões de dólares dos mercados emergentes, a maior retirada já registrada. Essa crise sanitária de proporção mundial, disse a Organização, levaria 420 milhões de pessoas no mundo de volta à extrema pobreza, e estimou-se que os/as afetados/as pela fome crônica subiriam de 135 milhões para 265 milhões.

É importante destacar que economistas retratam uma incapacidade de o capital recuperar taxas de lucros adequadas, desde o final dos anos de 1960, mesmo depois das iniciativas de redução do custo da força de trabalho, aumento da precarização do trabalho e elevação da produtividade (MARQUES; NAKATANI, 2019).

O neoliberalismo como referência ideológica molda as subjetividades dos sujeitos coletivos e individuais no atual estágio do modo de produção, o que se exacerbou em tempos de pandemia, quando se somaram o medo e os sofrimentos resultantes do convívio com riscos de contágio, de ficar sem trabalho, ou sequer ter a possibilidade de procurar trabalho, da perda ou redução da renda e dos cortes de recursos em políticas sociais públicas.

O trabalho remoto, por sua vez, para manter os níveis de necessário isolamento social, impôs a muitos/as trabalhadores/as a necessidade de assumir custos para realizá-lo em âmbito domiciliar (luz, internet, computador, celular), na grande maioria dos casos não assumidos ou apenas parcialmente assumidos pelos/as empregadores/as, além da jornada de trabalho flexibilizada e ampliada, seu espaço privado invadido pelas demandas do trabalho, sem contar o adoecimento físico e mental, cuja relação com o trabalho não é reconhecida.

É nesse solo histórico e nesse contexto adverso que o/a assistente social realizou seu trabalho, muitos, na execução terminal de políticas sociais, expondo-se ao contágio da covid-19. A categoria amargou a perda de vários/as colegas mortos/as pelo coronavírus, cujo contágio se efetivou nos espaços de trabalho, em unidades de saúde e assistência social, áreas que mais contratam esse/a profissional.

Em que pese o fato do país, em 2023, viver um novo momento político, com a eleição de um governo popular que teve na defesa da democracia, da ciência e do enfrentamento à fome suas principais bandeiras de luta, permanecem arraigados na sociedade valores e posturas conservadoras e negacionitas, potencializados pelo governo anterior, provocando uma perigosa cisão na sociedade. Esses processos estão na base de iniciativas golpistas por grupos insatisfeitos com o resultado das urnas, como as que culminaram com a invasão e depredação dos prédios do Legislativo e do Judiciário, em Brasília, no início de 2023. Soma-se a isso uma onda desmedida de violências que tem provocado pânico na população. Sem dúvida, a cultura de ódio, a intolerância à diversidade e as posturas autoritárias que foram marca do período anterior trazem como consequência mazelas, impondo muitos desafios ao novo governo, à categoria dos/as assistentes sociais e ao conjunto da sociedade brasileira.

## 2. O trabalho do/a assistente social: fundamentos e desafios

Inicia-se por ressaltar que nem sempre o Serviço Social foi reconhecido como trabalho. Historicamente, foi apreendido pela categoria como ciência, arte e habilidade. Embora não seja ciência, o Serviço Social, sem dúvida, produz conhecimento científico. Como pressupõe além de habilidades o desenvolvimento de competências complexas, exige domínios teórico-metodológicos e opções ético-políticas, além da apropriação dos instrumentos da ciência para mediá-los nas intervenções concretas que realiza. Embora possa se valer da arte como instrumento de trabalho, ou utilizá-la como fonte de expressão de seu objeto ou matéria-prima, não se constitui como arte. A apreensão de elementos potentes como a arte, no entanto, amplia sua cadeia de mediações.

As mudanças na concepção que temos da profissão hoje, reconhecendo-a como trabalho e, portanto, como uma atividade complexa inserida na divisão social e técnica do trabalho, são resultados de processos históricos e de acúmulos simbólicos da profissão, mas que não dependeram somente da categoria, mas também da sua relação com o movimento e o desenvolvimento da sociedade.

Nessa direção, ver essa profissão como trabalho significa reconhecê-la como um serviço que, por ser parte dessa divisão, que, para Marx, nada mais é do que a expressão da propriedade privada em relação ao processo de trabalho, tem seu *status* determinado por essa divisão. A divisão social e técnica do trabalho separa fazer do pensar, cria processos identitários, conforme cultura e mercado, que oferecem diferentes condições de trabalho, impõem exigências, criam demandas, condicionam pela via do assalariamento e do contrato, determinam o valor de troca de cada serviço (PRATES, 2020).

Nesse sentido, é preciso que se reconheça que os profissionais que a materializam têm atribuições que lhes são privativas, mas também competências adquiridas ao longo de sua constituição por conta de sua formação e produção, mas que devem ser legitimadas socialmente.

Do mesmo modo, é preciso reconhecer que os/as profissionais que conformam a categoria são trabalhadores/as que sofrem todas as repercussões ocasionadas pelas metamorfoses do mundo do trabalho (desemprego estrutural, precarização, exigência de polivalência, pressão pela sustentabilidade e empreendedorismo, desmantelamento de sindicatos, surgimento de novos espaços sócio-ocupacionais repletos de contradições) e que produzem valores de uso e de troca (PRATES *et al.*, 2016).

Não se tem autonomia para construir um processo de trabalho, uma vez que os processos são instituídos e dependem apenas parcialmente da iniciativa dos/as trabalhadores/as que o realizam coletivamente, em razão dos níveis de alienação que caracterizam a cadeia produtiva no modo de produção capitalista, logo não há "um processo de trabalho do assistente social", mas processos de trabalho nos quais os/as profissionais se inserem.

Contudo, os/as trabalhadores/as inserem-se em processos de trabalho imprimindo-lhes particularidades, embora condicionadas pela venda de sua força de trabalho, ou seja, pelas condições de assalariamento e pelos rebatimentos da organização e gestão do trabalho na divisão social e técnica dele, tais como a recessão, o desemprego estrutural, a fragilidade de espaços organizativos dos/as trabalhadores/as, as condições de trabalho precárias, o sobretrabalho, os assédios e o adoecimento invisível.

> Não existe um processo de trabalho do Serviço Social, visto que o trabalho é atividade de um sujeito vivo, enquanto realização de capacidades,

> faculdades e possibilidades do sujeito trabalhador. Existe sim um trabalho do assistente social e processos de trabalho nos quais se envolve na condição de trabalhador especializado (IAMAMOTO, 2007, p. 429).

Para a realização do trabalho, utiliza-se do instrumental de trabalho, ou seja, conjunto de produtos, conhecimentos e estratégias composto por: teorias, políticas sociais, planos de trabalho, redes de serviços e estratégias de comunicação, informação, negociação e vinculação, além de técnicas e instrumentos, como entrevistas, reuniões, assembleias e visitas, e pelo próprio processo de planejamento e investigação.

O instrumental utilizado pela profissão não é específico, mas apresenta particularidades que são caracterizadas pelo modo como os/as trabalhadores/as o utilizam e o movimentam imprimindo-lhe peculiaridades.

> O assistente social ingressa nas instituições empregadoras como parte de um coletivo de trabalhadores que implementa as ações institucionais, cujo resultado final é produto de um trabalho combinado ou cooperativo, que assume perfis diferenciados nos vários espaços ocupacionais. Também a relação que o profissional estabelece com o objeto de seu trabalho — as múltiplas expressões da questão social — tal como se expressam na vida dos sujeitos com os quais trabalha — depende do prévio recorte das políticas definidas pelos organismos empregadores, que estabelecem demandas e prioridades a serem atendidas [...] (IAMAMOTO, 2007, p. 429).

Os equipamentos fazem parte do conjunto de estratégias que utilizamos para realizar nosso trabalho (salas, computadores, telefones, carros, móveis etc.).

Para bem materializar o trabalho, o uso do instrumental é fundamental, além das condições de trabalho, a lucidez ético-política, o domínio teórico-metodológico (coerente com o primeiro) e técnico-operativo (este último fundamentado pelos dois primeiros eixos), que darão consistência ao conjunto de conhecimentos, habilidades, atribuições, competências e compromissos necessários à realização do trabalho do/a assistente social, qualificando sua inserção em processos de trabalho (PRATES, 2003b).

Todo trabalho pressupõe planejamento, que, em sentido genérico, é o processo usado para atingir determinado objetivo utilizando, para isso, a melhor concentração de esforços e recursos, sendo guiado por uma ordem estabelecida de valores e de finalidades sociais. Como um processo contínuo de tomada de decisões, não está isento das tensões que sempre surgem nas relações de poder nas organizações ou em quaisquer meios em que ele seja necessário. Sendo assim, não devemos considerá-lo meramente em seus aspectos técnico-operativos, visto que, quando está envolto nesses meios de correlação de forças, ele certamente também tem um aspecto político (BORDIN, 2018).

Como bem destaca Bordin (2018), o planejamento do projeto de trabalho profissional tem sido um dos grandes desafios dos/as assistentes sociais na atualidade, tendo que analisar as requisições de intervenção profissional e reconhecer se irá responder às necessidades sociais. Nesse sentido, é útil não apenas para sinalizar e reforçar as atribuições do/a assistente social, mas também para demarcar os pressupostos da profissão, estabelecendo parâmetros importantes na organização e, porventura, indicando o posicionamento do/a profissional frente às suas demandas (BORDIN, 2018).

> É importante ressaltar que se parte do pressuposto de que há uma margem de autonomia nos processos de trabalho em que os assistentes sociais estão envolvidos, o que lhes permite desenvolver atividades comprometidas com interesses sociais presentes nos espaços sócio-ocupacionais. Assim, sem negar os condicionantes colocados pela condição de trabalhador assalariado, busca-se acentuar que há espaço para a defesa do projeto profissional em qualquer local, público ou privado, em que o assistente social é requisitado a intervir (COUTO, 2009, p. 652).

Nessa direção, é importante destacar que não basta o adequado manejo de procedimentos e normas para o comprometimento com processos transformadores. Rupturas, acúmulos e superações pautam-se na totalidade concreta e na integralidade que reconhece as unidades dialéticas, a relação entre universal e particular, entre os contextos amplos e o tempo miúdo do cotidiano, todos como expressão legítima do real. Nesse sentido, afirma Nunes:

> [...] no que se refere ao Serviço Social, avalia-se como necessária a apropriação dos processos institucionais como condição fundamental para a realização do trabalho profissional, pois o planejamento e a decisão sobre as ações profissionais e a busca da materialização do projeto ético-político, neste limitado campo da autonomia profissional, não podem prescindir desses conhecimentos (NUNES, 2019, p. 126).

Retomando a cadeia produtiva, chega-se aos produtos do trabalho e, no caso do Serviço Social, podem ser destacados como produtos desse trabalho complexo: projetos, planos, análises, avaliações, diagnósticos, artigos científicos, sínteses, estudos sociais, perícias sociais, laudos sociais, encaminhamentos, relatórios, atas, prontuários e processos. Ressalte-se que os produtos são também instrumentos dependendo do lugar que ocupam na cadeia produtiva (MARX, 1989).

A qualidade dos produtos depende da nitidez da finalidade e do método (uso de categorias teóricas de modo historicizado) articulados a categorias explicativas da realidade (que emanam dos temas sobre os quais se materializa nossa intervenção e para os quais as teorias explicativas dão consistência à análise, tornando-a substantiva), e da coleta de dados empíricos que devem ser mediados e explicados a partir dessa interconexão (tratamento dos dados).

Tomemos como exemplo a elaboração de um parecer social ou do diagnóstico em relação à situação de vulnerabilidade (*desproteção social*) de uma família, de uma rede de serviços, das condições sócio-históricas de uma comunidade, da situação de determinado grupo para a implantação de uma cooperativa ou das condições de um município para a implantação de um plano municipal de assistência social. Em qualquer das situações utilizaremos elementos da investigação social para reelaborar o objeto, a articulação teórico-prática e a realização de sínteses que se pautam em análises contextualizadas seguidas de propostas para o seu enfrentamento, reforço e/ou aprimoramento, que são sistematizadas em um documento. Nesse sentido, o domínio, por exemplo, da técnica de análise de conteúdo, auxilia na qualificação desse movimento, dando-lhe mais consistência (PRATES, 2016).

O/A assistente social realiza seu trabalho em diversos espaços, âmbitos, áreas e muitas vezes especializações inseridas nelas, e com segmentos variados, que apresentam características diferentes. Essa diversidade exige conhecimentos específicos, apropriações acerca de legislações e políticas, decodificação de termos, linguagens e conceitos, conhecimentos de fluxos e estruturas, conhecimento sobre conformações de equipes, interfaces com atores, redes, instâncias diversas, o que requer, para a execução do trabalho, além da formação generalista durante a graduação, essas apropriações exigem múltiplos conhecimentos.

Contudo, alguns elementos são comuns e necessários em qualquer contexto. São eles:

> Elementos para realização dos processos de análise contextual, estrutural e singular, método de investigação e análise, método de planejamento e gestão, conhecimentos acerca de processos sociais e sobre estratégias, técnicas e instrumentos interventivos, domínio de teorias gerais explicativas da realidade, conhecimento sobre o Estado e as políticas sociais, conhecimento e postura ética, conhecimento sobre os direitos civis, políticos e sociais, conhecimento sobre o trabalho em equipes interdisciplinares, sobre a intersetorialidade, sobre o trabalho em redes e sobre recursos sociais (PRATES *et al.*, 2016).

O/A profissional comprometido/a com esses processos é antes de tudo um/a motivador/a, articulador/a, instigador/a, mobilizador/a, mediador/a, que coloca seus conhecimentos a serviço da população para que haja uma construção conjunta de conhecimentos, em que as decisões serão coletivas, com base na leitura crítica e dialética do real (PRATES, 2003a).

É sempre bom lembrar que as refrações da questão social, embora o objeto de trabalho do/a assistente social sejam as estratégias para o seu enfrentamento, como a gestão do trabalho social e o desenvolvimento de políticas sociais ou de programas sociais, não são atribuições e prerrogativas desse profissional, mas sim competências.

E, por fim, cabe destacar que, na gestão e execução das políticas sociais, importantes instrumentos para o enfrentamento da questão social, se direcionadas para a potencialização dos sujeitos são instrumentos fundamentais: a legislação, os conselhos, as conferências, os planos e os fundos. O domínio e a participação nesses processos ampliam a competência desse/a profissional para contribuir para a gestão das políticas, que precisa ser descentralizada e democrática.

## Considerações finais

O trabalho do/a assistente social se desenvolve e é determinado pelo contexto histórico-social, em que esse/a profissional está inserido/a. Logo, as análises sobre o trabalho, o desvendamento da servidão moderna, para utilizar a expressão de Antunes (2020), o sobretrabalho desmedido, o desemprego e o emprego precário não se configuram apenas como elementos sobre os quais o/a assistente social trabalha com a população usuária de seus serviços, mas também de acordo com as condições nas quais desenvolve seu trabalho, como integrante da classe trabalhadora.

O contexto adverso imposto por um governo de ultradireita, como o de Bolsonaro, no Brasil, que ameaça a seguridade social, os espaços e serviços públicos, os direitos trabalhistas e previdenciários e as instâncias democráticas, associado a uma crise sanitária da proporção imposta pela covid-19, exige de trabalhadores e trabalhadoras, cujo objeto são as refrações de processos como esses, muitos desafios.

As expectativas em relação ao período pós-pandemia não são nada animadoras. Conforme Nakatani *et al.* (2020),

> [...] o pós-pandemia que se desenha desde agora não será apenas de luto pelos mortos por causa da covid-19 e de desalento em razão do desemprego elevado e da recessão econômica. Deverá compor uma elevação da centralização dos capitais, o aumento das desigualdades e as práticas de extermínio para aqueles que se mostram inúteis para o capital. Nesse cenário, cabe reivindicar um outro futuro, no qual, dentre outras coisas, não devêssemos trabalhar continuamente mais para que outros, empenhados nas negociações de nosso trabalho futuro, tivessem seu modo de vida garantido (NAKATANI *et al.*, 2020, s/p.).

Mészáros (1998) é taxativo ao afirmar que só a superação do antagonismo estrutural destrutivo por um modo de intercâmbio humano controlado, não mais por um conjunto de determinações materiais fetichizadas, mas pelos próprios "produtores associados", poderá se sobrepujar à era da barbárie social, pois essa era é constituída por:

> [...] dimensões que expõem os próprios limites do capital como força civilizatória. Não quer dizer que o capital perdeu sua força civilizatória, mas sim de que ela — a força civilizatória do capital — reduziu-se irremediável e terrivelmente no sentido de explicar plena e radicalmente seus limites históricos (ALVES, 2013, p. 13).

Buscou-se problematizar os elementos destacados por Marx (1989) que conformam a cadeia produtiva mediando-os ao trabalho do/a assistente social, bem como aportar um conjunto de determinantes que condicionam esse trabalho concreto, dando visibilidade ao contexto no qual o trabalho é realizado e ao trabalho abstrato ao qual esse/a profissional é submetido/a.

Resta por fim destacar a necessária mediação do método dialético, materialista e histórico, como parte fundamental do instrumental de trabalho, dada a sua radicalidade na explicação e potencialidade na busca por processos transformadores e novas formas de sociabilidade. Além dos valores e dos elementos que explicam fundamentos, movimentos e perspectivas da sociedade capitalista, o método fornece categorias para analisar e intervir no real. Essas categorias emanam do real e a ele voltam para orientar a leitura e a intervenção na realidade. O método como fio condutor é fundamental a um trabalho substantivo, mas deve ser complementado por múltiplos conhecimentos sobre as particularidades de contextos, espaços, sujeitos, processos e políticas com que se trabalha. Nosso projeto ético-político se fundamenta nessa perspectiva e é balizado pelo Código de Ética Profissional de 1993, porém:

> [...] elementos éticos de um projeto profissional não se limitam a normativas morais e/ou prescrições de direitos e deveres: eles envolvem, ademais, as opções teóricas, ideológicas e políticas dos profissionais — por isto mesmo, a contemporânea designação de projetos profissionais como ético-políticos revela toda a sua razão de ser: uma indicação ética só adquire efetividade histórico-concreta quando se combina com uma direção político-profissional (NETTO, 1999, p. 148).

O projeto assinala claramente que o desempenho ético-político dos/as assistentes sociais só se potencializará se o corpo profissional se articular com os segmentos de outras categorias profissionais que compartilhem de propostas similares e, notadamente, com os movimentos que se solidarizam com a luta geral dos trabalhadores (NETTO, 1999). Por outro lado, a atualização do conservadorismo se vê favorecida pela "precarização das condições de trabalho e da formação profissional [...] pela fragilização de uma consciência crítica e política podendo motivar a busca de respostas pragmáticas e irracionalistas, a incorporação de técnicas aparentemente úteis em um contexto fragmentário e imediatista" (BARROCO, 2018, p. 212).

Não basta, portanto, o adequado manejo de procedimentos e normas para o comprometimento com processos transformadores. Acúmulos, rupturas e superações pautam-se na totalidade concreta e na integralidade que reconhece as unidades dialéticas, a relação entre universal e particular, entre os contextos amplos e o tempo miúdo do cotidiano, todos como expressão legítima do real.

Com base em um instrumental técnico-operativo, antecedido por fundamentos ético-políticos e teórico-metodológicos, o/a assistente social trabalha com desigualdades e com potencialidades, ou formas de resistência, reconhecidas em suas múltiplas dimensões, ou seja, com as refrações da questão social que se expressam na universalidade e na particularidade.

Conclui-se reiterando alguns pontos considerados essenciais para enfrentar as refrações da questão social, entre os quais: a capacidade investigativa e propositiva, nitidez da finalidade e domínio do método para ler e intervir no real, o que pressupõe postura ético-política e domínio teórico-metodológico. É, do mesmo modo, fundamental ter capacidade de planejar, negociar, mediar, mobilizar, enfim, identificar e desenvolver processos sociais, em especial os processos sociais emancipatórios pautados na participação, ter a capacidade de trabalhar em parceria interdisciplinar e ampliar o olhar, sem perder sua particularidade. É importante ainda que os/as profissionais tenham humildade frente à realidade complexa e a disposição de enfrentá-la e ressignificá-la sistematicamente, a partir da crítica e da autocrítica, sem subalternizar-se, além de ter capacidade de comunicar-se oralmente e por escrito e consciência de que é parte da classe trabalhadora. Vale ressaltar que o seu compromisso ético com uma formação crítica dinâmica e permanente é fundamental para garantir análises e intervenções políticas substantivas com direção social definida, para que se conforme como uma práxis.

## Referências


ALVES, Giovanni. Crise estrutural do capital, maquinofatura e precarização do trabalho — a questão social no século XXI. *Textos & Contextos*, Porto Alegre: EDIPUCRS, v. 12, n. 2, p. 235-248, jul./dez. 2013.

ALVES, Giovanni. *Trabalho e subjetividade*: o espírito do toyotismo na era do capitalismo manipulatório. São Paulo: Boitempo, 2011.

ANTUNES, Ricardo. *Entre a escravidão e a busca pela dignidade do trabalho*: os limites do capital. Ciclo de debates. Campinas: Editora da Unicamp, 2020. Disponível em: https://www.youtube.com/watch?v=tC4ZvCwr8hQ. Acesso em: 1 jul. 2020.

BARROCO. Maria L. Barbárie e neoconservadorismo: os desafios do projeto ético-político. *Serviço Social & Sociedade*, São Paulo: Cortez, n. 106, p. 205-218, abr./jun. 2011. Disponível em: www.scielo.br/pdf/sssoc/n106/n106a02.pdf. Acesso em: 24 jul. 2020.

BARROCO. Maria L. *Código de ética do/a Assistente Social comentado*. São Paulo: Cortez, 2018.

BBC News Mundo. *Coronavírus*: os 10 países que mais gastaram para enfrentar a pandemia de covid-19, maio 2020. Disponível em: https://www.bbc.com/portuguese/internacional-52721417. Acesso em: 29 maio 2020.

BORDIN, Erica B. *Planejamento em Serviço Social*. Curitiba: Intersaberes, 2018.

COIMBRA, Marcos. Quieto, Bolsonaro, quieto. *CartaCapital*, n. 1113, jul. 2020.

COUTO, Berenice R. Formulação de projeto de trabalho profissional. *In*: CONSELHO FEDERAL DE SERVIÇO SOCIAL (CFESS) (org.). *Serviço Social*: direitos sociais e competências profissionais. Brasília, DF: CFESS; ABEPSS, 2009. p. 651-663.

COVID BRASIL G1. *Globo*. Brasil passa de 90 mil mortes pelo novo coronavírus; 6 estados têm alta de óbitos. 2020. Disponível em: https://g1.globo.com/bemestar/coronavirus/noticia/2020/07/29/casos-e-mortes-por-coronavirus-no-brasil-em-29-de-julho-segundo-consorcio-de-veiculos-de-imprensa.ghtml. Acesso em: 26 mai. 2023.

IAMAMOTO, Marilda V. *Serviço Social em tempo de capital fetiche*: capital financeiro, trabalho e questão social. São Paulo: Cortez, 2007.

IAMAMOTO, Marilda V. Serviço Social, "questão social" e trabalho em tempo de capital fetiche. *In:* RAICHELIS, Raquel; VICENTE, Damares; ALBUQUERQUE, Valéria (org.). *A nova morfologia do trabalho no Serviço Social*. São Paulo: Cortez, 2018.

IBGE. *PNAD Contínua*, 2020, quadro sintético do primeiro trimestre. Disponível em: https://www.ibge.gov.br/estatisticas/sociais/educacao/17270-pnad-continua.html. Acesso em: 29 jul. 2020.

MARQUES, Rosa M.; NAKATANI, Paulo. Brasil: as alterações institucionais no período recente e o novo governo. *Textos & Contextos*, Porto Alegre: EDIPUCRS, v. 18, n. 2, p. 225-239, jul./dez. 2019. Disponível em: file:///C:/Users/19198989/Downloads/36288-Texto%20do%20artigo-156509-2-10-20200305.pdf. Acesso em: 16 maio 2020.

MARX, K. *O Capital*. Rio de Janeiro: Bertrand, 1989. Livro 1, v. 1.

MÉSZÁROS, István. A crise estrutural do capital (Introdução, fev. 1998). *In*: MÉSZÁROS, István. *Para além do capital*. São Paulo: Boitempo, no prelo. (*Monthly Review*). Disponível em: http://outubrorevista.com.br/wp-content/uploads/2015/02/Revista-OutubroEdic%CC%A7a%CC%83o-4-Artigo-02.pdf. Acesso em: 16 jul. 2020.

NAKATANI, Paulo. *O neoliberalismo como ideologia e política econômica não deverá entrar em colapso*. Conjuntura em Debate: Entrevista. Por Gustavo Mello e Henrique Braga. 2020. Disponível em: https://blog.ufes.br/grupodeconjunturaufes/2020/05/06/o-neoliberalismo-como-ideologia-e-politica-economica-nao-devera-entrar-em-colapso-entrevista-com-paulo-nakatani/. Acesso em: 30 jun. 2020.

NETTO, José P. A construção do projeto ético-político do Serviço Social frente à crise contemporânea. *Capacitação em Serviço Social e política social: Módulo 1* — Crise contemporânea, questão social e Serviço Social. Brasília, DF: CFESS/ABEPSS/Cead/UnB, 1999.

NETTO, José P. Cinco notas a propósito da "questão social". *Temporalis*, Brasília, DF: ABEPSS, Grafline, ano 2, n. 3, jan./jun. 2001.

NUNES, Rodrigo dos Santos. *Como a população em situação de rua está contemplada no processo de vigilância socioassistencial?* 2019. Tese (Doutorado) — Programa de Pós-Graduação em Serviço Social, Pontifícia Universidade Católica, Porto Alegre, 2019.

ONU. *Relatório Anual das Nações Unidas no Brasil 2020*. Disponível em: https://brasil.un.org/pt-br/151394-relat%C3%B3rio-anual-das-na%C3%A7%C3%B5es-unidas-no-brasil-2020. Acesso em: 30 out. 2021.

PRATES, Jane C. Fundamentos, trabalho e processos de trabalho: mediações entre a teoria e o método marxiano e o trabalho do/a assistente social. *Oficina on-line*. Porto Alegre: PUC-RS; Nepes, 2020.

PRATES, Jane C. Gestores sociais: competências, habilidades e atitudes. *In*: CONFERÊNCIA INTERNACIONAL DE GESTÃO SOCIAL, 1., 2003, Porto Alegre. *Anais* [...]. Porto Alegre: SESIRS/FIERGS, 2003a.

PRATES, Jane C. *Possibilidades de mediação entre a teoria marxiana e o trabalho do assistente social*. 2003. Tese (Doutorado em Serviço Social) — Pontifícia Universidade Católica, Porto Alegre, 2003b.

PRATES, Jane C. O trabalho do assistente social numa conjuntura recessiva e neoconservadora: aspectos políticos e pedagógicos. *In*: FÓRUM INTERNACIONAL DE SERVIÇO SOCIAL: TRABALHO, POLÍTICAS SOCIAIS E FRONTEIRA, 2019, São Borja. *Anais* [...]. São Borja: Unipampa, 2019a.

PRATES, Jane C. Trabalho profissional do/a assistente social: estratégias de resistência em tempos de regressão de direitos. *Textos & Contextos*, Porto Alegre: EDIPUCRS, v. 18, n. 1, p. 1-7, jan./jun. 2019b.

PRATES, Jane C. *et al*. *A formação e o trabalho profissional do assistente social*: particularidades e aproximações entre Argentina, Brasil e Portugal. Relatório Produtividade em Pesquisa, encaminhado ao CNPq em 2016.

# 7
# O trabalho do/a assistente social no contexto do processo de reestruturação produtiva: particularidades do Banco do Estado do Pará[1]

Vera Lúcia Batista Gomes
Denison Martins dos Santos

## 1. Introdução

Este capítulo tem como propósito contribuir para as reflexões sobre o trabalho do/a assistente social em uma empresa bancária do

1 O Banco do Estado do Pará (Banpará) foi fundado em 1959, por meio do Decreto-lei n. 1 819, expedido pelo então governador do estado, Moura Carvalho, tendo sua primeira agência inaugurada em 1961. Em 1966, surge a primeira agência fora da capital, no município de Santarém. Em 1979, ocorreu a troca das siglas de Banco do Estado do Pará – de BEP para Banpará. Trata-se de uma empresa em regime civil-jurídico de sociedade de economia mista, que tem como principal missão gerar valor para o estado do Pará e, como visão central, ser reconhecido como o banco regional que gera os melhores resultados econômicos e sociais. Em 2019, o Banpará tinha agências em 140 municípios do estado, com mais de 147 unidades de atendimento, tanto na capital quanto no interior, alcançando 87% da população de todo o estado (Banpará/Suape, 2019).

estado do Pará. Teve por base os estudos realizados pelos/as autores/as, a partir de suas experiências em Serviço Social na área do trabalho; os dados obtidos no estudo exploratório realizado no referido espaço sócio-ocupacional, bem como os resultados de debates efetuados no Grupo de Estudos e Pesquisas "Trabalho, Estado e Sociedade na Amazônia" (Gep_TESA), vinculado ao Programa de Pós-Graduação em Serviço Social (PPGSS/UFPA).

O interesse pelo estudo desta temática surgiu a partir da constatação de que as transformações societárias provocadas pela crise do capitalismo na contemporaneidade, sob a hegemonia do capital financeiro, vêm provocando profundas mudanças no mundo do trabalho que afetam todos/as aqueles/as que precisam vender a sua força de trabalho para sobreviver, entre os quais o/a assistente social. Além disso, a produção do conhecimento sobre o trabalho profissional do/a assistente social na empresa, em particular, bancária parece restrita nos últimos anos, necessitando, portanto, de reflexões atuais sobre o referido tema.

Segundo Araújo (2015), das 925 publicações da revista *Serviço Social & Sociedade* referentes a artigos, resenhas, entrevistas e depoimentos, comunicação de pesquisa, temas para debate, relatos de experiências, feitas ao longo das últimas décadas, mais precisamente, da década de 1970 a 2015, apenas 30 (aproximadamente 3%) abordam a temática Serviço Social na empresa. Tal afirmação revela o quanto a produção de conhecimento acerca do Serviço Social nessa área, que se constitui em um dos espaços sócio-ocupacionais do/a assistente social, ainda é incipiente no âmbito da categoria profissional.

Embora esse espaço sócio-ocupacional não se constitua o maior empregador do/a assistente social, o Serviço Social como uma profissão inscrita na divisão social e técnica do trabalho vem sendo requisitado tanto na área do trabalho (empresa) quanto nos serviços públicos, via políticas sociais para responder às demandas postas pelas contradições sociais decorrentes da relação capital *versus* trabalho, mediadas pela luta de classes e destas com o Estado. É sob esse entendimento que o

Serviço Social se afirma como prática institucionalizada e se legitima na sociedade brasileira ao responder às necessidades sociais derivadas da prática histórica das classes sociais na produção e reprodução dos meios de vida e de trabalho, de forma socialmente determinada (IAMAMOTO, 1982).

A especialização do Serviço Social por campo de trabalho é determinada pelas condições históricas, políticas, econômicas e sociais de uma dada sociedade. Assim, o Serviço Social na área do trabalho surgiu no final do século XIX, em decorrência das tensões sociais ocorridas nas fábricas e demais organizações devido a péssimas condições de trabalho, baixos salários e intensivas jornadas laborais, dificilmente, "se poderia impedir a irrupção de graves lutas entre o patrão e o empregado — surge, assim, o Serviço Social na Indústria" (FONTOURA, 1949 *apud* GOMES; MADEIRO; CARVALHO, 2009, p. 145).

Dessa forma, o primeiro país no mundo a organizar o Serviço Social na Indústria foi a Inglaterra, em razão de ser o mais industrializado à época. Os/as profissionais de Serviço Social eram chamados/as de *ladies superintendentes*, cujo trabalho nas empresas objetivava diminuir os desentendimentos entre patrões e operários/as, assim como proporcionar uma vida melhor para eles/as. Posteriormente, em decorrência da situação da Primeira Guerra Mundial, em 1917, a França é impulsionada a iniciar uma repentina industrialização para produzir os próprios armamentos de guerra, provocando o recrutamento imediato de homens e mulheres para a fábrica de munição. Esse fato resultou em sérios problemas de ordem econômica, técnica e social, o que conduziu o governo francês a treinar senhoras na Inglaterra para atuarem nas fábricas como *surintendantes d'usine*, as quais passaram a organizar creches, restaurantes, assim como analisar as condições de trabalho das mulheres, então, penosas e periculosas, possibilitando o engajamento do pessoal, assegurando ao ambiente de trabalho não somente a higiene material, mas também moral (FONTOURA, 1949).

No Brasil, as primeiras experiências do Serviço Social na área do trabalho surgiram nas empresas de origem europeia, dada a necessidade de ter, no seu quadro de pessoal, profissionais que pudessem intervir nas relações humanas de trabalho, devido aos efeitos das duas grandes guerras mundiais: carência de mão de obra, mutilados de guerra, crianças abandonadas etc. Contudo, segundo Rico (1982, p. 42), o interesse das mencionadas empresas por esse tipo de profissionais não era fundamentado, primordialmente, no bem-estar do homem-trabalhador, ao contrário, "procurava-se atendê-lo, fornecendo-lhe melhorias para que o trabalhador pudesse atingir os níveis de produção desejados".

Nessa perspectiva, o Serviço Social na área do trabalho, no Brasil, surgiu, concomitantemente, à consolidação do processo de industrialização, no final do "Estado Novo", com a implantação das primeiras grandes indústrias estatais, em decorrência da estratégia de negociações política e econômica do governo Vargas com os Estados Unidos, aproveitando-se do enorme interesse desses Estados em estabelecer bases militares no Nordeste do Brasil (MONTEIRO *apud* FREIRE, 2003). Com efeito, as empresas americanas começaram, também, a requisitar os serviços de profissionais da área de ciências humanas e, especificamente, os/as assistentes sociais, nas décadas de 1960 e 1970, quando se teve o aceleramento do processo de industrialização, no Brasil, com a entrada de capitais estrangeiros.

A partir da década de 1990, foi ampliado o investimento em programas referentes à reprodução material e social da força de trabalho nas empresas, repercutindo no mercado de trabalho do Serviço Social que atingiu a sua maior expansão no período de 1989-1990. A propósito, Freire (2003), citando Mota (1998), afirma que há um nexo entre o surgimento das grandes empresas estatais, no Brasil, e a instituição do Serviço Social nelas, visto que foram os movimentos operários da década de 1960, expressão política da classe trabalhadora devido ao avanço da industrialização no país, que criam as condições para a implantação do Serviço Social nas empresas, passando, assim, a se constituir em um campo diferenciado da profissão.

Dessa forma, entende-se que a presença do/a assistente social em uma empresa, acima de tudo, revela que a expansão do capital implica a criação de novas necessidades sociais, ou seja, o trabalho do/a assistente social na empresa se justifica pela importância "atribuída à preservação da qualidade da força de trabalho dos/as empregados/as, passível de ser afetada tanto pelas carências que vivencia o/a trabalhador/a quanto pelo surgimento de comportamentos divergentes que interferem no processo organizativo da produção" (MOTA, 1998, p. 18). Reafirma-se, então, que o Serviço Social é uma especialização do trabalho coletivo, inserida na divisão social e técnica do trabalho, plasmada pelas contradições sociais decorrentes da relação capital *versus* trabalho, "podendo servir ora ao capital, ora ao trabalhador, dependendo das condições objetivas e das condições políticas existentes em determinado momento histórico de uma dada sociedade" (MOTA, 1998, p. 18).

Sob esse entendimento, considera-se pertinente se interrogar sobre o lugar do Serviço Social na empresa bancária do estado do Pará, posto que a crise contemporânea do capitalismo tem provocado profundas mudanças no mundo trabalho, na medida em que as empresas estatais e privadas são impelidas a reestruturar tanto os processos de produção quanto a forma de gestão da força de trabalho. Trata-se, então, de estratégias baseadas na inovação tecnológica e na flexibilização das relações trabalhistas que têm reverberado no aumento do desemprego, do trabalho informal, em novas modalidades de contrato, na terceirização, em novas formas de precarização laboral por meio da intensificação da jornada e derruição dos direitos sociais, trabalhistas e previdenciários, além da fragilidade da organização política dos/as trabalhadores/as.

Ora, se na década de 1960 a pressão dos/as trabalhadores/as nas indústrias brasileiras provocou um maior investimento nos programas sociais nas empresas e, consequentemente, o aumento de contratação de assistentes sociais nesse espaço sócio-ocupacional, a partir dos anos 1990, vive-se uma situação inversa no Brasil, com a adoção da programática neoliberal, a partir do Consenso de Washington de 1989, sob a hegemonia do capital financeiro. Dourado

(1998), com base em uma análise efetuada pelo Departamento Intersindical de Estatísticas e Estudos Socioeconômicos (Dieese) sobre o mercado de trabalho no setor bancário, refere-se que esse segmento vem se retraindo desde o final da década de 1970, aprofundando-se nos anos 1980/82 e sofrendo outra retração, em 1986, em função do ajuste interno do setor financeiro.

Com efeito, em 1990, foram demitidos em torno de 130 mil bancários em todo o país. Constata-se, então, que, na década de 1990, há um aprofundamento dessa tendência no setor, principalmente, com a política econômica do governo do presidente Fernando Henrique Cardoso, confirmando, assim, as previsões efetuadas pelo sindicato dos Bancários de São Paulo, em 1993, de que cerca de 150 mil dos 580 mil bancários iriam perder o emprego, a despeito de todo o investimento financeiro que o referido governo vinha injetando nos bancos (DOURADO, 1998).

Essas análises suscitaram questionamentos e reflexões importantes sobre o trabalho profissional do/a assistente social no Banco do Estado do Pará, problematizando as implicações do processo de reestruturação produtiva pelo qual passou essa empresa bancária para o trabalho profissional do/a assistente social, bem como para as requisições e respectivas respostas dadas pelo Serviço Social. Sendo assim, este capítulo foi organizado em quatro partes, incluindo esta introdução e as considerações finais. A segunda parte, intitulada "O trabalho bancário no Brasil no contexto da flexibilização das relações de trabalho: elementos para reflexão", apresenta breve análise sobre as profundas mudanças que vêm ocorrendo no trabalho bancário nas últimas décadas, as quais são provocadas pelo processo de reestruturação produtiva, como uma estratégia de enfrentamento à crise do capitalismo na contemporaneidade, sob a hegemonia do capital financeiro; faz destaques, também, para a exigência de um novo perfil de trabalho nos bancos, vinculado à necessidade de adaptação a novas tecnologias, *softwares*, ferramentas eletrônicas, ritmos/metas de vendas e negócios; alterações abruptas no mercado financeiro e nos modelos de gestão da força de trabalho que impactam nas condições laborais desses/as profissionais, gerando adoecimentos e afastamentos — médico/previdenciário — do trabalho.

A terceira parte refere-se a "O trabalho do/a assistente social no Banco do Estado do Pará no contexto do processo de reestruturação produtiva". Aqui foram evidenciadas as determinações políticas, econômicas e sociais do Serviço Social nessa empresa bancária, fazendo destaque para as demandas e requisições da empresa — objetivando assegurar as novas formas de gestão e de controle da força de trabalho — diante da necessidade imanente da obtenção de lucro no contexto da crise do capitalismo contemporâneo.

Considere-se ainda e de forma relevante que o processo se dá sob a hegemonia do capital financeiro, mas, por outro lado, registre-se a dialética da luta política dos trabalhadores via Acordo Coletivo, objetivando assegurar os meios de reprodução social dos/as trabalhadores/as bancários/as (benefícios sociais), o que demandou a reivindicação da contratação de mais um/a assistente social, objetivando ampliar o trabalho de acompanhamento de todos/as os/as trabalhadores/as adoecidos/as e afastados/as por doenças relacionadas ou não ao trabalho no Banco. Isso foi provocado pelo aumento significativo de adoecimentos ocasionados pelas mudanças nas formas de gestão e na dinâmica de trabalho bancário, engendradas pelo processo de restruturação bancária e pela ampliação da flexibilização das relações laborais associadas ao contexto atual da pandemia de covid-19.

As considerações finais se reportam aos principais resultados obtidos com as análises efetuadas neste capítulo, podendo ser destacadas as novas formas de precarização do trabalho expressas pelas pressões ao cumprimento das metas de produtividade e resultados, bem como pela ausência de horizontes profissionais, isto é, a falta de perspectiva de progressão/ascensão na carreira profissional, provocando instabilidade e insegurança no trabalho, devido à intensificação da atividade laboral. Tem-se, então, aumento no número de adoecimentos dos/as trabalhadores/as bancários/as, o que implica novas demandas postas para o Serviço Social nesse espaço sócio-ocupacional, cujos/as profissionais têm procurado assegurar o seu trabalho pautado na histórica vinculação com os valores e interesses dos trabalhadores bancários, pautando-se nos princípios do projeto Ético-Político do Serviço Social brasileiro, isto é, o compromisso com a luta pela garantia de direitos, o que decerto exige a luta coletiva.

## 2. O trabalho bancário no Brasil no contexto da flexibilização das relações de trabalho: elementos para a reflexão

A análise do trabalho profissional do/a assistente social no Banco do Estado do Pará requer, inicialmente, que sejam efetuadas breves considerações sobre o trabalho bancário no Brasil, em particular, o trabalho na referida empresa bancária. Como se sabe, as décadas de 1970 e 1980 foram períodos conturbados, caracterizados pela reestruturação econômica e por reajustamento social e político (HARVEY, 2011, p. 140). No Brasil, a ofensiva neoliberal inspirada no padrão de acumulação flexível[2] ocasionou inúmeras mudanças nas formas de dominação do capital (controle/gestão) dos/as trabalhadores/as nas últimas décadas. A partir do final dos anos 1990, ocorrem falências, fusões, incorporações e privatizações que engendram o cenário de reestruturação que perdura até os dias atuais (SEGNINI, 1999).

Entre os diversos campos da ciência política e econômica predomina a tese que evidencia o processo de reorganização do capital, a partir do esgotamento do regime de acumulação taylorista-fordista que, no final do século XX, possibilitou o desenvolvimento do regime

2 Harvey (2011) afirma que o padrão de acumulação flexível imprime um movimento de "compressão do espaço-tempo", incidindo na flexibilidade dos processos e mercados de trabalho, dos produtos e padrões de consumo, além de apresentar taxas altamente intensificadas de inovação comercial, tecnológica e organizacional.

de acumulação flexível (HARVEY, 2011). Assim, na esteira do processo de reestruturação produtiva, houve o desenvolvimento da tecnologia (automação, microeletrônica, robótica etc.), na busca de novas linhas de produção e de nichos de mercado, associado à dispersão geográfica do capital para zonas periféricas, onde o controle do trabalho, as fusões e medidas para acelerar o tempo de giro do capital são viáveis para a intensificação da produtividade e de novos padrões de consumo são fomentados (HARVEY, 2011).

Nos anos 1990, o setor financeiro brasileiro desenvolveu e adotou tecnologias de ponta que modificaram, radicalmente, seus processos de produção, levando à otimização do tempo e ao aumento dos lucros. Nesse período, foram instituídos novos métodos de gestão aliados às políticas de terceirização que permitiram às empresas realizarem cortes significativos no quantitativo de trabalhadores/as bancários/as, impactando a dinâmica cotidiana da força de trabalho bancária que, inserida na lógica de produtividade, sofre as consequências do processo de expansão das formas e modelos de organização do trabalho nas últimas décadas, pois:

> São comuns, na rotina do trabalhador, a baixa tolerância ao erro, o acúmulo de tarefas, a rotina repetitiva e mecanizada, as cobranças públicas, a ausência de diária pelo cumprimento de metas superestimadas, a incompreensão dos processos produtivos, bem como, a impossibilidade de sugerir mudanças ou melhorias nesses processos. Em consequência, tem-se multiplicado o nível de estresse presente no cotidiano dos bancários. Estresse diretamente ligado aos sentimentos de medo, humilhação, impotência e frustração (BRUNO, 2011, p. 23).

A radical reestruturação do processo produtivo expressa por novas formas de reorganização do mercado de trabalho e da gestão da força de trabalho, nas últimas décadas, tem provocado o aumento da competição e do estreitamento das margens de lucro das empresas, as quais têm instituído regimes e contratos de trabalho cada vez mais flexíveis, gerando grande quantidade de mão de obra excedente (desempregados/as ou subempregados/as). A propósito, Dal Rosso (2017) afirma que o trabalho flexível é responsável por incorporar espaços de tempo que eram improdutivos e os coloca no regime de produção de valor, a fim de permitir a permanência da acumulação de capital (trabalho nos finais de semana, feriados e horários que antes constituíam situações de não trabalho).[3]

Segundo esse autor, a busca de um sentido comum para o que venha a ser denominado "trabalho flexível" configura, atualmente, uma das principais motivações de disputas entre empregados/as e empregadores/as, pois, ao serem denunciadas as contradições sociais escondidas nas práticas flexíveis, guiadas pelo princípio de que tempo de trabalho não é tempo de vida, delimitam, portanto, fronteiras entre os diferentes tempos (invasão dos tempos de trabalho sobre os de não trabalho, até as formas de alienação).[4]

Nesse sentido, Antunes e Praun (2015) afirmam que a obsessão dos/as gestores/as do capital em eliminar, completamente, os tempos mortos de trabalho tem convertido o ambiente de trabalho em espaço de adoecimento. Dados do INSS apontam 17.310 registros de afastamentos previdenciários de bancários, no ano de 2017, expressando

---

3 Um exemplo notório da tentativa de incorporação de novos espaços de tempo do trabalho pelo grande capital associada ao avanço do trabalho flexível, no Brasil, atualmente, pode ser considerada a aprovação da Medida Provisória (MP) 905/19 – denominada Contrato Verde e Amarelo, no governo do presidente do Brasil Jair Bolsonaro. Essa medida, em seu texto original, previa a abertura dos bancos aos sábados e o aumento da jornada dos bancários de 6 para 8 horas, além disso, o seu relator alterou o texto para permitir o trabalho nos bancos aos sábados, domingos e feriados em casos específicos, como atividades que envolvessem automação bancária; teleatendimento; serviços por canais digitais; áreas de tecnologia, segurança e administração patrimonial; e atividades bancárias em locais como feiras, *shopping centers*, aeroportos e terminais de ônibus, trem e metrô. A MP 905 foi revogada pela MP 955, de 20 de abril de 2020. Disponível em: http://www.planalto.gov.br/ccivil_03/_ato2019-2022/2020/Mpv/mpv955.htm. Acesso em: 28 fev. 2023.

4 Marx (2010, p. 81) afirma que "no processo de desefetivação, estranhamento e alienação do trabalho [...] tanto mais poderoso se torna o mundo objetivo, alheio que ele cria diante de si, tanto mais pobre se torna ele mesmo, seu mundo interior, [e] tanto menos [o trabalhador] pertence a si próprio. Portanto, a alienação se apresenta enquanto 'exteriorização' e objetivação dos bens sociais resultantes do processo de trabalho, que se tornam autônomos e independentes ao trabalhador, apresentando-se, portanto, como realidades 'estranhas' e opostas a ele, e/ou enquanto ser alheio que o domina".

um aumento de 30% em relação ao ano de 2009, que apresentou 13.297 afastamentos. Esses números também assinalam que 27% dos afastamentos são decorrentes de Lesões por Esforço Repetitivo (LER) e Distúrbios Osteomusculares Relacionados ao Trabalho (DORT), e outros 26% por transtornos mentais e comportamentais, como estresse, depressão e síndrome do pânico.

Segundo Bruno (2011), os dados do INSS indicam a incidência de afastamentos do trabalho em todo o país, pois, em 2011, as principais causas de afastamentos foram — 27% por Lesão por Esforço Repetitivo (LER/DORT); 5,7% por transtornos mentais e comportamentais (estresse, depressão, síndrome do pânico). Em 2013, o número de bancários/as afastados/as do trabalho foi de 18.714, segundo dados do Ministério da Previdência Social (2014).

Os dados do INSS sobre os afastamentos do trabalho no setor bancário brasileiro, ocorridos no primeiro semestre de 2016, revelam que do total de 1.180.910 de benefícios concedidos pela Previdência Social (auxílio-doença previdenciário/espécie 31 e acidentário/espécie 91), 220.991 foram ocasionados por doenças do sistema osteomuscular (LER/DORT), seguidos de 101.091 afastamentos por ocorrência de transtornos mentais e comportamentais, doenças comuns entre os/as bancários/as devido à dinâmica laboral das atividades (BRUNO, 2011).

Registra-se que, em 2007, a Previdência Social reajustou o grau de risco dos bancos de 1% (risco leve) para 3% (risco grave), gerando um percentual maior de contribuição para o Seguro de Acidente de Trabalho (SAT). Para a modificação do percentual assinalado, a instituição previdenciária considerou os índices relacionados às principais causas de afastamentos nos bancos: as LER/DORT (primeira causa de afastamentos médico e previdenciário) e os quadros de transtorno mental (segunda maior causa de afastamentos).

Importa destacar que as causas de adoecimento citadas foram consideradas para efeito de análise da Previdência Social, portanto, reconhecidas como doenças relacionadas ao trabalho, pois, na atividade bancária, são cada vez mais frequentes o aumento da hostilidade, a cobrança por produtividade e as rotinas laborais intensas que ocasionam sérios danos à saúde dos trabalhadores. Entende-se, então, que essa situação está, diretamente, vinculada às transformações societárias que afetam o mundo de trabalho, em particular, a dinâmica laboral nas instituições financeiras.

O ambiente de trabalho nos bancos, atualmente, manifesta diversos aspectos da reestruturação produtiva e da dinâmica de empresa moderna e enxuta (ANTUNES, 2006). Nessas condições, os bancários são afetados pelo ideário dominante de multifuncionalidade e polivalência do/a trabalhador/a e, a partir da transformação de suas atividades laborais cotidianas, passam de intermediários de transações para vendedores/as de produtos e serviços. Assim, o/a trabalhador/a bancário/a deve ser mais "polivalente" do que o /a trabalhador/a da empresa de tipo *taylorista* e *fordista*. O perfil de trabalhador/a flexível que as empresas buscam, cada vez mais, não é mais aquele fundamentado na especialização taylorista e fordista do passado, quando uma profissão era centrada em determinada atividade. Trata-se, então, da chamada "desespecialização multifuncional", ou "trabalho multifuncional" que, em verdade, expressa a enorme intensificação dos ritmos, tempos e processos de trabalho (ANTUNES, 2006, p. 44).

A mudança no perfil do/a trabalhador/a bancário/a tem implicado cobranças diárias sobre o cumprimento de metas relacionadas a vendas de produtos e serviços bancários, um cotidiano de intimidações, pressões e humilhações, ameaças constantes de demissão e o controle rígido de tarefas e rotinas (BRUNO, 2011). Dessa forma, os/as trabalhadores/as bancários/as, em decorrência da dinâmica de sua atividade profissional, assumem uma predisposição a doenças laborais, violências, sofrimentos psíquicos e pressões internas e externas, além da tensão cotidiana pelo manejo diário de numerários (LIMA, 2004).

Esse fato pode ser entendido ao considerar que a desertificação neoliberal, no Brasil, imprime alterações significativas no mundo do trabalho, a exemplo, pode se destacar a lógica de acumulação flexível no país, responsável pela drástica redução no quantitativo de trabalhadores/as bancários/as nos anos 2000, uma vez que, na década de 1980, havia cerca de 850 mil bancários/as no país, em 2018, são pouco menos de 550 mil bancários/as, segundo dados do Cadastro Geral de Empregados e Desempregados (SINDICATO DOS BANCÁRIOS DE SÃO PAULO, 2018).

No estado do Pará existem, atualmente, 559 unidades bancárias (entre agências e Postos de Atendimento Bancário), desse total, 388 estão no interior do estado e 171 unidades na Região Metropolitana de Belém (RMB). Estas possuem um total de 5.124 trabalhadores/as bancários/as sindicalizados/as.[5] Segundo Trindade e Pimentel (2019, p. 221):

> A força de trabalho do setor bancário abrange cerca de 10.800 trabalhadores distribuídos no estado do Pará: em 28 bancos, 260 agências e 130 postos. Destes, 25 bancos e 96 agências estão localizados na Região Metropolitana de Belém, perfazendo 6.400 trabalhadores bancários, segundo dados obtidos na RAIS, para o ano de 2017.

A propósito, os autores anteriormente referidos destacam que a categoria de trabalhadores/as bancários/as no estado do Pará compõe, aproximadamente, 1,3% da força de trabalho inserida nesse setor no Brasil e 1,07% da população economicamente ativa (PEA) ocupada na RMB, os quais estão submetidos/as às mesmas condições laborais que, em geral, atingem os/as bancários/as brasileiros/as: acelerada transformação no conteúdo da atividade ocasionada por mudanças tecnológicas e organizacionais que têm repercutido na redução de postos e, consequentemente, no mercado interno de trabalho.

O perfil da categoria bancária na RMB é de trabalhadores/as que ingressaram no trabalho bancário por processos seletivos via concursos públicos, visto que "na Região Norte os bancos públicos têm um

---

5 O levantamento realizado pelo Sindicato dos Empregados em Estabelecimentos Bancários no estado do Pará, em 2019, leva em consideração apenas os empregados vinculados à instituição, tendo como base o quantitativo de contribuições sindicais do ano anterior.

peso significativamente maior na composição do setor", conforme enfatizam Trindade e Pimentel (2019). Assim,

> [...] a maioria dos empregos bancários no estado do Pará está localizada nos bancos públicos federais e estaduais: aproximadamente em torno de 71%. No Pará, Banco da Amazônia, Banco do Brasil, Banpará e Caixa Econômica Federal são responsáveis por mais de 70% dessas ocupações que estão concentradas na RMB (TRINDADE; PIMENTEL, 2019, p. 221).

Pelo exposto, observa-se que o peso dos bancos públicos no setor bancário da RMB é significativo, destacando ainda: "[...] a reestruturação produtiva que leva a uma maior rotatividade por conta do nível de qualificação exigida no setor bancário para determinados cargos" (TRINDADE; PIMENTEL, 2019, p. 222). O/A trabalhador/a bancário/a, no Pará, recebe em média de cinco a sete salários mínimos e, na RMB, a média alcança o patamar de sete a dez salários mínimos (TRINDADE; PIMENTEL, 2019), ou seja, tem um salário acima da média da maioria dos trabalhadores da Região Norte, que é de R$ 2.025,98 (dois mil e vinte e cinco reais e noventa e oito centavos) (CATHO, 2019).

Se os/as trabalhadores/as do setor bancário no estado do Pará têm um salário acima da média dos/as trabalhadores/as paraenses, as transformações ocorridas no setor bancário, nas últimas décadas, vêm provocando uma série de alterações nas relações de trabalho e na conjuntura organizacional dos bancos, pois a nova configuração em evidência absorve, também, a experiência e os conhecimentos técnicos de modo a apropriar as direções gerais e diretorias dos bancos, reduzindo-os a regulamentos ou incorporando máquinas automatizadas, expressando, portanto, um nítido processo de avanço da reestruturação produtiva no setor bancário (TRINDADE; PIMENTEL, 2019).

Assim, é possível considerar que "[...] o trabalho bancário, paradigmático em relação à reestruturação produtiva, passou a experimentar mudanças significativas, cada vez mais intensas. Tais mudanças afetaram os trabalhadores em seus modos de trabalhar e de ser" (GRISCI; BESSI, 2004, p. 160). Desse modo, nas últimas décadas, foram evidentes as diversas mudanças ocorridas no trabalho bancário, à medida que passou a ser exigido um novo perfil de trabalhador/a nos bancos, vinculado à necessidade de adaptação estrutural a novas tecnologias, *softwares*, ferramentas eletrônicas, ritmos/metas de vendas e negócios, alterações abruptas no mercado financeiro e nos modelos de gestão/recursos humanos que impactam a dinâmica de reprodução da força de trabalho. Essas considerações conduziram a interrogações sobre os determinantes sociais, políticos e econômicos da atividade profissional do/a assistente social nessa empresa bancária, assim como a suas particularidades expressas pelas requisições e respostas dadas a elas.

## 3. O trabalho do/a assistente social no Banco do estado do Pará no contexto do processo de reestruturação produtiva

O trabalho profissional do/a assistente social no Banpará indica a necessidade de o capital bancário gerenciar as mudanças na organização do trabalho provocadas pelo processo de reestruturação produtiva. Sob esse entendimento, o Serviço Social é requisitado pelas empresas — públicas e privadas —, como estratégia de respostas às intensas e constantes mudanças no processo produtivo, para prestar conta sobre a incorporação dos/as funcionários/as no ritmo produtivo acelerado do capital, bem como para interferir não só na esfera do trabalho, mas também na esfera pessoal/familiar (AMARAL; CESAR, 2009). Nessa esteira, a institucionalização do Serviço Social no Banco do Estado do Pará S.A. está vinculada ao Serviço Especializado em Segurança e Medicina do Trabalho (SESMT), visto que, para a implementação das Normas Regulamentadoras do Ministério do Trabalho no Banco, foi promulgada a Portaria interna n. 022/97, de 7 de abril de 1997, responsável por criar a estrutura para a implantação dos programas e serviços do SESMT, a qual contou, inicialmente, com apenas um médico do trabalho e um técnico de segurança do trabalho.

Em 2004, por meio da Portaria n. 037/2004, criou-se no Banpará a supervisão do SESMT, composta por um supervisor, um técnico em segurança do trabalho e um operativo (técnico bancário). Contudo, por meio do voto da Diretoria Administrativa (Dirad) n. 034/2006, foi autorizada a abertura de concurso público para os cargos: consultor em tecnologia da informação, assistente social, médico do trabalho e contador. A justificativa para a abertura de vagas para os cargos de assistente social e médico do trabalho foram as seguintes: 1) aumento considerável de empregados/as no Banco, sendo necessários a elaboração e o acompanhamento do Programa de Controle Médico e Saúde Ocupacional (PCMSO) em todas as Unidades do Banco, merecendo atenção as ações de saúde e a melhoria das condições de trabalho; 2) obrigatoriedade da elaboração de Programas de Preparação de Riscos Ambientais (PPRA) e do Perfil Profissiográfico Previdenciário (PPP) de todos/as os/as empregados/as, mantendo-os atualizados e à disposição dos fiscais da Delegacia Regional do Trabalho e do Ministério da Previdência Social; 3) número elevado de afastamentos por licença médica e afastados por invalidez, exigindo conduta proativa da instituição financeira, visando a um trabalho de prevenção, orientação e assistência contínuos.

Em 2006, a partir da convocação via concurso público, dois profissionais de Serviço Social passaram a integrar o quadro de assistentes sociais do Banpará. No ano de 2013, após o edital do Concurso Público n. 001/2013, com disponibilidade de cadastro de reserva para o cargo de assistente social no Banpará, após vacância de duas vagas de profissionais convocados para outros concursos públicos, outros dois assistentes sociais foram convocados, em agosto de 2013 e dezembro de 2013, respectivamente. No ano de 2014, por força da Cláusula 41ª, parágrafo único do Acordo Coletivo de Trabalho 2014/2015, foi indicada a necessidade de convocação de outra assistente social que passou a integrar o quadro de profissionais do Banco em 03/11/2014, formando-se uma equipe com três assistentes sociais que compõe, atualmente, a Gerência de Saúde e Segurança do Trabalho (Gesat), vinculada à Superintendência Administrativa de Pessoas e Processos (Suape).

Segundos dados da Suape/Banpará (2019), atualmente, o Banpará conta com o quantitativo de 2.651 funcionários/as bancários/as em sua estrutura, estando eles/as distribuídos/as em suas 140 unidades matriz/agências/postos bancários situados na capital e interior do estado do Pará.[6] A abrangência de quase a totalidade do estado tem sido a principal justificativa para as requisições postas pelos/as trabalhadores/as, nas duas últimas mesas de negociação coletiva de trabalho, que resultaram na promulgação de Acordos Coletivos de Trabalho, em que a empresa bancária se comprometeu a aumentar o número de assistentes sociais responsáveis pelo acompanhamento da situação de saúde dos/as trabalhadores/as e pela mediação do acesso aos direitos/benefícios previdenciários de empregados/as e familiares.

A Gesat faz parte da estrutura organizacional de Recursos Humanos do Banpará, sendo uma das gerências de Gestão de Pessoas responsável pelo acompanhamento das situações de saúde e trabalho dos bancários, onde, atualmente, trabalham: uma gerente, três assistentes sociais, uma técnica de segurança do trabalho, quatro técnicos bancários, um administrador, três estagiárias (Técnica em Segurança do Trabalho, Administração e Serviço Social) e dois médicos do trabalho. Constata-se, então, que a contratação de assistentes sociais no referido Banco[7] se deu, efetivamente, em decorrência da necessidade de compor a equipe profissional de saúde, bem como pelo Acordo Coletivo de Trabalho, ou seja, pela luta do coletivo de trabalhadores/as. Portanto, o trabalho profissional do/a assistente social nessa empresa bancária

6 O estado do Pará é composto por 144 municípios, os serviços bancários do Banpará estão disponíveis em 140 municípios (BANPARÁ, 2019).

7 É importante ressaltar que três assistentes sociais são responsáveis por atender à demanda de todos/as os/as empregados/as do Banco, ou seja, um total de 2.651 empregados/as lotados/as nas 140 unidades/agências localizadas nos 140 municípios do estado do Pará (dados fornecidos pela Superintendência de Administração de Pessoas – Suape/Banpará, 2019).

se constitui estratégico para a preservação e reprodução social da força de trabalho devido à necessidade de oferecer respostas cotidianas às requisições dos/as trabalhadores/as e de seus familiares.

Assim, a conquista de espaço do Serviço Social no Banpará é resultado da organização sindical dos/as trabalhadores/as que se mobilizaram para lutar pelo acesso aos direitos dos bancários, materializados pelos benefícios e serviços, em face dos tensionamentos políticos com a direção dessa empresa bancária. Há, então, a legitimação e o reconhecimento da importância do trabalho profissional do/a assistente social nesse espaço sócio-ocupacional para a mediação do acesso aos referidos direitos na empresa e/ou externamente. O objeto do Serviço Social, nessa empresa, é definido com base nas contradições sociais postas na relação capital *versus* trabalho, ao considerar que uma empresa capitalista ao contratar um/uma assistente social exige que ele/a responda a determinadas "necessidades que são assumidas pela empresa, problematizadas e geridas pelo profissional que deve oferecer respostas às requisições" (MOTA, 1998, p. 35).

Com efeito, o Serviço Social tem legitimidade para atender às demandas sociais dos/as trabalhadores/as no espaço sócio-ocupacional, ou seja, por meio de prerrogativas específicas busca intervir em situações de conflito no ambiente de trabalho e familiar que afetam a produtividade da força de trabalho (MOTA, 1998). Assim, "[...] [o objeto do Serviço Social] define-se a partir do reflexo da luta de classe, da forma de propriedade privada dos meios de produção, sobre as condições de trabalho, sendo determinado pelo modo de produção capitalista e suas contradições" (CANÔAS, 1982, p. 41). Dessa forma, segundo o Relatório Anual de Atendimentos do Serviço Social, desde o início de suas atividades profissionais no Banpará, em 2006, até o mês de dezembro de 2018, foram realizados um total de 11.384 (onze mil, trezentos e oitenta e quatro) atendimentos a empregados e familiares.

No Banpará, o Serviço Social tem assumido, entre as suas atribuições, os atendimentos relacionados às situações: visita domiciliar, hospitalar e institucional, acompanhamento social às vítimas de sinistros assaltos/sequestros nas modalidades "vapor/cangaço" e "sapatinho",[8] aos/às empregados/as afastados/as por motivo de doença, acidentes de trabalho, conflitos no ambiente organizacional; encaminhamentos e orientações de empregados e familiares para clínicas conveniadas de reabilitação contra dependência química/ /alcoólica; organização/planejamento de eventos pelo Programa Saúde e Qualidade de Vida (PSQV); orientações via telefone ou presencial; acompanhamento previdenciário; apoio à contestação contra decisão previdenciária favorável aos bancários em situações de Nexo Técnico Epidemiológico Previdenciário (NTEP); controle e gestão dos índices — desfavoráveis/favoráveis — ao aumento do Fator Acidentário de Prevenção — FAP[9] da empresa bancária, elaboração de parecer/ /processo à Diretoria Administrativa (Dirad) e Núcleo Jurídico (Nujur) como subsídio a análises administrativas e jurídicas em matéria previdenciária e social de bancários, elaboração de cartas e *e-mail*s contendo informações sobre a área de saúde ocupacional e trabalho

---

8 "Vapor/cangaço": invasão de agências e postos de atendimento bancário por grupo fortemente armado durante expediente de trabalho, rendição coletiva de clientes e trabalhadores, investida e explosão do cofre com a utilização de artefato explosivo, seguidas de fuga utilizando bancários e clientes como reféns e/ou escudo humano. "Sapatinho": assalto e sequestro de familiar do/a bancário/a, mediante invasão da residência, terror psicológico e ameaças de morte aos familiares visando à desestabilidade emocional da vítima coagida para extorsão e entrega do dinheiro existente no cofre. Essas modalidades de assalto e sequestro de familiares de trabalhadores bancários ocorrem, frequentemente, com trabalhadores que desempenham o cargo de Gerência Geral e Coordenação de Tesouraria nas agências do interior e da capital do estado, segundo classificação informada pela Delegacia de Repressão a Furtos e Roubos a Bancos e Antissequestro (DRRBA), vinculada à Divisão de Repressão ao Crime Organizado (DRCO) da polícia civil do estado do Pará (2016).

9 O Fator Acidentário de Prevenção (FAP) é um multiplicador, atualmente calculado por estabelecimento, que varia de 0,5000 a 2,0000, a ser aplicado sobre as alíquotas de 1%, 2% ou 3% da tarifação coletiva por subclasse econômica, incidentes sobre a folha de salários das empresas para custear aposentadorias especiais e benefícios decorrentes de acidentes de trabalho. O FAP varia anualmente. É calculado sempre sobre os dois últimos anos de todo o histórico de acidentalidade e de registros acidentários da Previdência Social. O FAP aumenta a bonificação das empresas que registram acidentalidade menor. No caso de nenhum evento de acidente de trabalho, a empresa é bonificada com a redução de 50% da alíquota (MINISTÉRIO DO TRABALHO E PREVIDÊNCIA, 2020).

aos/às gestores/as, alterações de *status* da situação de empregados/as nos sistemas RH e acompanhamento de afastamentos de saúde de empregados/as aposentados/as na ativa,[10] além da execução de projetos sociais no âmbito empresarial.

As demandas postas ao Serviço Social pelos/as trabalhadores/as das 140 agências/postos de atendimento bancário e unidades da matriz são direcionadas aos três assistentes sociais que assumem um perfil de técnico de referência, no que concerne ao acompanhamento das demandas de cada unidade. Desses/as profissionais é solicitada a gestão de afastamentos, de modo que a totalidade territorial das unidades bancárias seja atendida. Tem-se, então, uma nítida intensificação do trabalho, haja vista que, em geral, são demandados acompanhamentos às situações de adoecimento/afastamento previdenciários relacionados ou não ao trabalho que exercem em todas as unidades do Banco, na capital e interior do estado do Pará.

Embora tenha ocorrido a convocação de mais uma assistente social para compor o quadro de profissionais do referido Banco, no ano de 2016, esse quantitativo é ineficiente para o volume de acompanhamentos e atendimentos às demandas, devido ao aumento significativo de adoecimentos provocados pelas mudanças nas formas de gestão e na dinâmica de trabalho engendradas pelo processo de restruturação bancária e pela ampliação da flexibilização das relações de trabalho, associadas ao contexto atual de pandemia covid-19.[11]

---

10 A cláusula 37ª do Acordo Coletivo de Trabalho (ACT) (2018/2020) estabelece a possibilidade de afastamento de trabalhadores aposentados na ativa que apresentem indicação médica de Licença Tratamento de Saúde (LTS) por período de até 180 dias, com a previsão da continuidade de percebimento de salário e benefícios vinculados como se na ativa estivessem, mediante envio de documento médico comprobatório e homologação do afastamento após atendimento do bancário com os Médicos do Trabalho (PCMSO).

11 No início da crise sanitária ocasionada pelo alastramento do novo coronavírus (SARS-CoV-2) no estado do Pará, a partir do início do mês de março de 2020, no Banpará ocorreram 386 afastamentos médicos e previdenciários decorrentes do adoecimento/contágio pelo vírus, 3 óbitos de bancários por complicações associadas ao vírus, tendo ainda 46% ou 358 bancários incluídos no "Grupo de Risco" (gestante, idoso acima de 60 anos, imunossuprimidos, portadores de doenças cardíacas, diabéticos, hipertensos, asmáticos e demais portadores de comorbidades associadas às complicações fatais da covid-19), que foram afastados do comparecimento às dependências

Apesar da legitimidade conquistada pelos/as assistentes sociais no espaço sócio-ocupacional, eles/as encontram limites para a realização do seu trabalho profissional, devido a conflitos com a alta gestão e Diretoria do Banco[12] que considera o Serviço Social uma profissão que atende, unilateralmente, às demandas de trabalhadores/as bancários/as. Sendo assim, a atenção da referida gestão à área social do Banco é secundária,[13] a partir de um olhar "robotizado" e operacional voltado para a (re)produção máxima de lucro e/ou minimização de riscos financeiros para a empresa.[14]

Trata-se, portanto, de um espaço contraditório, haja vista que "[...] o fortalecimento e a defesa do projeto ético-político do Serviço Social impõem remarmos contra a corrente da superexploração da força de trabalho em geral" (FORTI; COELHO, 2015, p. 36). Portanto, ao reverso da tentativa da alta gestão do Banco de requisitar do Serviço Social a tarefa de controle incisivo da força de trabalho, também é possibilitado ao/à assistente social potencializar os recursos socioinstitucionais, bem como os recursos teórico-metodológicos, ético-políticos e técnico-operativos que fundamentam o seu trabalho profissional voltado para enfrentar as tentativas de subordinação aos interesses do capital financeiro.

físicas do Banpará, a partir do dia 16/03/2020, e incluídos em modalidade de trabalho remoto e teletrabalho, conforme Comunicado Diretoria n. 003/2020, que dispõe sobre as medidas de proteção integral dos empregados que fazem parte do "Grupo de Risco" e demais recomendações de prevenção.

12 O governador do estado do Pará, Helder Barbalho (MDB), anunciou em 6 de dezembro de 2018 o nome do então diretor, Braselino Assunção, para ocupar a vaga de titular da cadeira de Presidente do Banpará durante a gestão 2019/2022.

13 Registra-se que a remuneração percebida pelos/as assistentes sociais, nesse espaço sócio-ocupacional, é abaixo das outras profissões, tais como: Direito, Administração, Contabilidade, Engenharias, Medicina do Trabalho e Analista de Dados, que exercem cargos/funções no mesmo nível hierárquico, por exemplo, o nível técnico especializado; a ausência de incentivos técnico, isto é, cursos de capacitação e participação em eventos qualificados da área de Serviço Social ou de áreas afins, e/ou valorização do trabalho desses profissionais.

14 Registra-se, também, que não raros são os discursos retóricos da alta hierarquia institucional do Banco (Presidência e Diretorias), fazendo apologia à valorização do capital humano, mas, na realidade, não há de fato condições de infraestrutura, de investimentos financeiros e técnicos que justifiquem a valorização da área social e de Recursos Humanos.

Nota-se que, no âmbito do trabalho profissional exercido nessa empresa bancária, o/a assistente social enfrenta interesses antagônicos que se apresentam cotidianamente, em tensão, na medida em que:

> [...] responde tanto a demandas do capital como do trabalhador e só pode fortalecer um ou outro polo pela mediação de seu oposto. Participa tanto dos mecanismos de dominação e exploração como, ao mesmo tempo e pela mesma atividade, dá resposta às necessidades de sobrevivência da classe trabalhadora e da reprodução do antagonismo nesses interesses sociais, reforçando as contradições que constituem o móvel básico da história (IAMAMOTO; CARVALHO, 1982, p. 75).

Embora a alta gestão administrativa do Banpará tente estabelecer um controle rígido sobre os índices de absenteísmo dos/as trabalhadores/as ao sugerir à área técnica multiprofissional da Gesat a produção de relatórios mensais sobre afastamentos, visando à produção de estatísticas sobre locais e empregados com maior incidência de tempo de licença-tratamento de saúde e/ou licença-previdenciária do INSS, sob justificativa das necessidades do trabalho, bem como medidas institucionais ou ações visando diminuir as perdas financeiras associadas ao aumento do FAP da empresa, devido à incidência de acidentes relacionados à atividade bancária, o/a assistente social tem se posicionado na perspectiva do Projeto Ético-Político do Serviço Social, isto é, a favor dos interesses dos/as trabalhadores/as do Banco.

Não restam dúvidas de que a atividade profissional dos/as assistentes sociais na referida empresa é requisitado objetivando contribuir para a racionalização gerencial e controle da força de trabalho. Portanto, no contexto atual impactado pela flexibilização das relações de trabalho e pela crise sanitária agravada pela pandemia provocada pela covid-19, em todo o mundo, têm-se intensificado as demandas e requisições para o trabalho profissional, colocando inúmeros desafios para responder a elas nos diversos espaços sócio-ocupacionais do Banpará.

As diversas teias que envolvem o tensionamento da luta de classes, no Banpará, evidenciam a dominação do capital financeiro para assegurar o seu produto final: o lucro, que fundamenta todas as suas ações que são impregnadas da lógica de extração máxima da mais-valia. Sendo assim, faz-se imperioso que esses/as profissionais firmem um posicionamento político, como área técnica, sob pena de serem "confundidos/as" — de forma proposital — com os/as profissionais da área operacional da empresa, o que tem causado diversos embates pela autonomia relativa deles/as.

Nesse sentido, o exercício profissional na empresa bancária exige que todas as ações desempenhadas pelo/a assistente social sejam analisadas e discutidas rigorosamente pela equipe do Serviço Social, para não incidir, equivocadamente, em práticas imediatistas, mas sim que sejam efetuadas as devidas mediações para a leitura crítica acerca das requisições da empresa, na perspectiva da luta para o acesso aos direitos dos/as trabalhadores/as bancários/as e trabalhadores/as assistentes sociais.

A propósito, Iamamoto (2004) afirma que as principais requisições feitas para os/as assistentes sociais, nas últimas décadas, tendem a considerar que:

> [...] a alteração das formas de gestão da força de trabalho nas organizações vem diversificando as requisições feitas aos assistentes sociais. Esses têm sido chamados a atuar em programas de qualidade de vida no trabalho, saúde do trabalhador, gestão de recursos humanos, prevenção de riscos sociais, sindicalismo de empresa, reengenharia e administração de benefícios (IAMAMOTO, 2004, p. 130).

Sendo assim, no Banpará, a área de saúde e segurança do trabalho tem se constituído o lócus principal de requisições para o trabalho profissional dos/as assistentes sociais, devido às condições objetivas e subjetivas a que estão submetidos/as os/as trabalhadores/as, que provocam adoecimentos e/ou afastamento do trabalho, conforme foi aqui referido. Porém, contraditoriamente, o Banco do Estado do Pará, como uma empresa vinculada ao capital financeiro, tem como fim último a obtenção de lucros, sendo preciso para tal a "preservação" da força de trabalho, evitando afastamentos dos/as empregados/as de suas atividades profissionais.

Contudo, as mudanças ocorridas no mundo do trabalho, nas últimas décadas, ocasionaram "a constituição de um exército de trabalhadores mutilados, lesionados, adoecidos físico e mentalmente, muitos deles incapacitados de forma definitiva para o trabalho" (ANTUNES; PRAUN, 2015, p. 423), ou seja, o processo de reestruturação produtiva também tem intensificado a precarização das condições de trabalho e a vida dos/as bancários/as, a partir do avanço da programática neoliberal que se constitui a base para as estratégias de enfrentamento à crise do capitalismo na contemporaneidade, que, aliadas à crise sanitária provocada pela pandemia do coronavírus, têm sido nefastas para a saúde dos/as trabalhadores/as, em geral, e, em particular, para os/as bancários/as.

## Considerações finais

A elaboração deste capítulo permitiu a constatação de que o processo de reestruturação produtiva, sobretudo, nas empresas bancárias tem conduzido a profundas mudanças nas relações de trabalho que implicam um novo fazer profissional, que submete os/as trabalhadores/as a novas formas de controle e subsunção da força de trabalho. Assim, as novas formas de precarização do trabalho instituídas são expressas pelas pressões ao cumprimento das metas de produtividade e resultados, e pela ausência de horizontes profissionais, isto é, a falta de perspectiva de progressão/ascensão na carreira profissional, provocando instabilidade e insegurança no trabalho, devido à intensificação da atividade.

Com efeito, tem-se aumento no número de adoecimentos dos/as trabalhadores/as bancários/as, o que provoca novas demandas para o Serviço Social nesse espaço sócio-ocupacional. Dessa forma, o Serviço Social se constitui estratégico para a reprodução da força de trabalho da referida empresa bancária ao considerar o/a assistente social um/a técnico/a de referência para o acompanhamento das demandas de cada unidade. Por essa razão, as gerências do Banco exigem desse/a profissional que sejam realizados atendimentos em toda a territorial das unidades bancárias. Isso significa dizer que os/as profissionais de Serviço Social também estão submetidos/as à intensificação de trabalho e a baixos salários em relação ao de outros/as profissionais que exercem cargos com o mesmo perfil técnico/hierárquico do/a assistente social.

Assim, as análises aqui efetuadas suscitaram problematizar sobre as estratégias de luta que os/as assistentes sociais têm utilizado para o enfrentamento da aparente "desvalorização" profissional nessa empresa bancária. Esse questionamento ganha sentido ao considerar que uma das vagas conquistadas ao cargo de assistente social nesse espaço sócio-ocupacional foi resultado de negociação do sindicato dos bancários, por meio de acordos coletivos de trabalho, mobilização política e reinvindicação direta da categoria bancária para obter a ampliação dos atendimentos do Serviço Social para os/as trabalhadores/as no Banpará. Além disso, mesmo considerando as pressões da empresa para que o trabalho do/a assistente social esteja atrelado aos objetivos corporativos, as contradições sociais e institucionais favorecem aos/às assistentes sociais, vinculados à ala crítica da profissão, o alinhamento aos objetivos e princípios ético-políticos do Serviço Social, que são conectados com as reais necessidades dos/as trabalhadores/as (AMARAL; CESAR, 2009).

Dessa forma, embora na contracorrente das condições da precarização impostas pelo capitalismo financeiro ao mundo do trabalho, o Serviço Social, no Banpará, tem procurado assegurar a histórica vinculação com os valores e interesses dos/as trabalhadores/as bancários/as, pautando-se nos princípios do Projeto Ético-Político do Serviço Social brasileiro, isto é, no compromisso com a luta pela garantia de direitos. Para tal, torna-se imprescindível o enfrentamento dos limites do formalismo institucional, por meio de uma intervenção crítica e compatível às competências atribuídas ao/à assistente social, suficientemente qualificadas diante das múltiplas demandas institucionais que impõem, deliberadamente, "[...] ações coercitivas e disciplinadoras, fundamentadas em interpretações equivocadas e até preconceituosas frente à vivência daqueles que são atendidos" (FORTI; COELHO, 2015, p. 25).

Contudo, é notório que os/as assistentes sociais enfrentam dificuldades e limites para a realização de sua atividade profissional no Banpará, haja vista a necessidade de melhores condições de trabalho que evitem os adoecimentos dos/as trabalhadores/as bancários/as, pois, embora exista uma Gerência — multiprofissional — de Saúde e Segurança do Trabalho, cujas ações são voltadas para a saúde desses/as profissionais, não há efetivo investimento nela, como uma gerência estratégica para a reprodução social das condições de vida de trabalhadores/as bancários/as, entre os/as quais os/as assistentes sociais.

Em síntese: a defesa do Projeto Ético-Político do Serviço Social, no Banpará, impõe aos/às assistentes sociais a necessidade da leitura crítica das contradições sociais postas na relação capital *versus* trabalho, expressas pela superexploração da força de trabalho dos/as bancários/as, assim como a articulação com as forças políticas dentro e fora do referido Banco, para lutar e resistir às novas formas de dominação e precarização do trabalho, que têm conduzido ao aumento de adoecimentos/afastamento desses/as trabalhadores/as, pois, conforme assegura o escritor e poeta Eduardo Alves da Costa em estrofe simbólica do poema "Não te rendas jamais": "*Não te rendas jamais, nunca te entregues/foge das redes, expande teu destino*/[...] *Porque desse teu gesto/há de nascer o Espanto*".

## Referências

AMARAL, A. S. de; CESAR, M. O trabalho do assistente social nas empresas capitalistas. *In*: CFESS/ABEPSS (org.). *Serviço Social*: direitos e competências profissionais. Brasília, DF: CFESS/ABEPSS, 2009.

ANTUNES, R. As formas contemporâneas de trabalho e desconstrução dos direitos sociais. In: SLVA, M. O. da S.; YAZBEK, C. *Políticas Públicas de trabalho e renda no Brasil contemporâneo*. São Paulo: Cortez, São Luis: FAPEMA, 2006.

ANTUNES, R.; PRAUN, L. A sociedade dos adoecimentos no trabalho. *Serviço Social & Sociedade*, São Paulo: Cortez, n. 123, p. 407-427, jul./set. 2015.

ARAÚJO, F. C. de. O Serviço Social em empresas: formulações acerca de um espaço de atuação profissional. *In*: DOHER, I. (org.). *O Serviço Social em empresas para além da crítica*: espaços de enfrentamento e atuação profissional. Rio de Janeiro: E-Papers, 2015.

BANPARÁ. *Relatório Anual Superintendência de Administração de Pessoas — Suape/ /Banpará, 2019*. Belém, 2019. 40 p.

BANPARÁ. *Relatório Anual de Atendimentos Serviço Social Suape/Gesat, 2018*. Belém, 2018. 18 p.

BRUNO, W. P. Bancários não são máquinas. *In*: LAERTE, Idal S. (org.). *Saúde dos bancários*. São Paulo: Atitude, 2011. p. 21-32.

CANÔAS, J. W. *Por uma nova presença do Serviço Social na empresa*. São Paulo: Gráfica Latina, 1982.

CATHO. Média salarial do brasileiro é de R$ 2.340. *Estado de Minas*: Emprego. 2019. Disponível em: https://www.em.com.br/app/noticia/emprego/2019/04/01/interna_emprego,1042820/media-salarial-do-brasileiro-e-de-r-2-340.shtml. Acesso em: 1 ago. 2020.

CFESS. *Código de Ética Profissional do Assistente Social*. Brasília, DF: CFESS, 1993.

COSTA, E. A. *Brasil 2000*: antologia de poesia contemporânea brasileira. Coimbra: Alma Azul, 2000.

DAL ROSSO, S. *O ardil da flexibilidade*: os trabalhadores e a teoria do valor. São Paulo: Boitempo, 2017.

DIEESE. Juros e *spreads* bancários no Brasil: razões estruturais para os patamares elevados. *Nota técnica 208*, jun. 2018. Disponível em: https://www.dieese.org.br/notatecnica/2019/notaTec208jurosEspread.pdf. Acesso em: 13 mar. 2023.

DOURADO, E. O. Reestruturação nos bancos e a ação do Serviço Social. *In*: MOTA, A. E. (org.). *A nova fábrica de consensos*. São Paulo: Cortez, 1998.

FONTOURA, A. *Introdução ao Serviço Social*. Rio de Janeiro: [*s. n.*], 1949.

FORTI, V.; COELHO, M. Contribuição à crítica do projeto ético-político do Serviço Social: considerações sobre fundamentos e cotidiano institucional. *In*: FORTI, V. L.; GUERRA, Y. A. D. (org.). *Projeto ético-político do Serviço Social*: contribuições à sua crítica. Rio de Janeiro: Lúmen Juris, 2015. p. 15-38.

FREIRE, L. M. B. *O Serviço Social na reestruturação produtiva*: espaços, programas e trabalho profissional. São Paulo: Cortez, 2003.

GOMES, V. L. B.; MADEIRO, T. J. A. T.; CARVALHO, R. S. C. Flexibilização das relações de trabalho e a intervenção do assistente social: a experiência da empresa Albras. *Serviço Social & Realidade*, São Paulo: Unesp Franca, 2009.

GRISCI, C. L.; BESSI, V. G. Modos de trabalhar e de ser na reestruturação bancária. *Sociologias*, Porto Alegre: [*s. n.*], ano 6, n. 12, p. 160-200, 2004.

HARVEY, D. *O enigma do capital e as crises do capitalismo*. São Paulo: Boitempo, 2011.

IAMAMOTO, M. V. *O Serviço Social na contemporaneidade*: trabalho e formação profissional. 7. ed. São Paulo: Cortez, 2004.

IAMAMOTO, M. V.; CARVALHO, R. *Relações sociais e Serviço Social no Brasil*: um esboço de uma interpretação histórico-metodológica. São Paulo: Cortez; Lima: Celats, 1982.

LIMA, M. E. A. A relação entre distúrbio mental e trabalho — evidências epidemiológicas recentes. *In*: CODO, W. (org.). *O trabalho enlouquece?*: um encontro entre a clínica e o trabalho. Petrópolis: Vozes, 2004. p. 139-160.

MARX, K. *Manuscritos econômico-filosóficos*. Tradução, apresentação e notas: Jesus Ranieri. 4. reimpr. São Paulo: Boitempo, 2010.

MINISTÉRIO DA PREVIDÊNCIA SOCIAL. *Saúde e segurança do trabalho*: Estudo da previdência social indica mudança nas causas de afastamento do trabalho.

2014. Disponível em: http://www.previdencia.gov.br/noticias/saude-e-seguranca-do-trabalho-estudo-da-previdencia-social-indica-mudanca-nas-causas-de-afastamento-do-trabalho/. Acesso em: 2 set. 2020.

MINISTÉRIO DO TRABALHO E PREVIDÊNCIA. *FAP — Fator Acidentário Previdenciário*. 2020. Disponível em: https://www.gov.br/trabalho-e-previdencia/pt-br/assuntos/previdencia-social/saude-e-seguranca-do-trabalhador/fap/fator-acidentario-de-prevencao-fap. Acesso em: 27 jan. 2023.

MOTA, A. E. *O feitiço da ajuda*: as determinações do Serviço Social na empresa. 4. ed. São Paulo: Cortez, 1998.

RICO, E. M. *Teoria do Serviço Social de Empresa*: objeto e objetivos. São Paulo: Cortez, 1982.

SEGNINI, L. R. P. Reestruturação nos bancos no Brasil: desemprego, terceirização e intensificação no trabalho. *Educação e Sociedade*, ano XX, n. 67, ago. 1999.

SINDICATO DOS BANCÁRIOS DE SÃO PAULO. *Bancos eliminam 2.245 vagas nos oito primeiros meses de 2018*. 2018. Disponível em: https://spbancarios.com.br/09/2018/bancos-eliminaram-2245-vagas-nos-oito-primeiros-meses-de-2018. Acesso em: 15 ago. 2020.

TRINDADE, J. R.; PIMENTEL, I. G. Opressão de gênero e desigualdade no mercado de trabalho: a inserção da mulher no setor bancário paraense. *In*: TRINDADE, J. R. (org.). *A dinâmica atual do mundo do trabalho paraense e brasileiro*: análises críticas do Observatório Paraense do Mercado de Trabalho no biênio 2018-2019. Belém: ICSA, 2019. p. 210-245.

# 8
# Extensão universitária na Amazônia: reflexão de uma experiência em formação continuada do Serviço Social

Jandira Miranda da Silva
Jheninffer Priscila Matos de Figueiredo
Francisco dos Santos Neto
Helen Silva Ferreira

## 1. Introdução

A formação profissional na região amazônica constitui-se em um desafio, tanto pela configuração socioespacial, com existência de rios e estradas, que limitam o acesso às áreas urbanas com centros de formação, que inexistem em todas as microrregiões, como dificuldade de acesso às populações, assim como pela diversidade socioeconômica e cultural, que requer processos formativos diferenciados para atendimento das demandas da região. Processo ainda agravado pelo obscurantismo que toma conta do país, com cortes de recursos para educação, ciência e tecnologia em geral, e especificamente para a interiorização das universidades, manutenção do ensino, pesquisa e extensão, regado ao discurso conservador e de negação da educação na perspectiva crítica e emancipatória.

Nesse sentido, refletir sobre a formação continuada, por meio de uma experiência de extensão, requer a compreensão das configurações da região amazônica, especificamente do estado do Pará, que quase exclusivamente tem a formação profissional, em nível de graduação e pós-graduação em Serviço Social, concentrada na região metropolitana de Belém.[1] Mas, a atuação de profissionais da área se encontra dispersa por todos os municípios do estado.

Com base nessa realidade e pela importância da reflexão sobre a formação profissional do Serviço Social na Amazônia é que o Grupo de Estudos, Pesquisa e Extensão em Serviço Social e Política Social na Amazônia (GEPSS/PPGSS/UFPA) vem desde 2012 realizando pesquisas nessa linha. Conforme descrito e analisado no capítulo primeiro (item 3.1) desta coletânea, realizou-se a pesquisa intitulada "Formação profissional em Serviço Social na região metropolitana de Belém (PA): estudo da implantação das Diretrizes Curriculares de 2002 e seus impactos na qualidade da formação do/a assistente social", com foco no estudo da formação profissional em Serviço Social nas modalidades de ensino presencial e a distância realizado por instituições públicas e privadas no estado paraense.

A pesquisa foi realizada no período de 2014 a 2017 e seus resultados evidenciaram fragilidades na articulação teórico-prático de assistentes sociais, trabalhadores/as das políticas sociais. Tal fato levou o Grupo a pensar em contribuir com o público-alvo da pesquisa por meio da oferta de uma formação continuada que pudesse possibilitar a ampliação de conhecimentos sobre os fundamentos que alicerçam a prática profissional. Nesse sentido, nasce o Projeto de Extensão intitulado

---

1 Há apenas dois cursos de Serviço Social na Universidade Federal do Pará, um no *campus* da cidade de Belém e outro no arquipélago do Marajó, na cidade de Breves.

"Formação continuada em Serviço Social: fortalecimento de conhecimentos e competências profissionais em face do projeto ético-político e dos direitos sociais", aprovado na UFPA em 2018 (FASS/PROEX). Ressalte-se que a concepção do projeto inclui uma criativa articulação entre um projeto de extensão (a partir de um grupo de pesquisa, o GEPSS) e a pós-graduação (PPGSS/UFPA), pois os orientandos de mestrado e de doutorado atuam como formadores nos cursos ao lado de docentes do grupo de pesquisa e outros/as convidados/as.

Tal iniciativa está em sua terceira turma, com quantitativo expressivo de procura dos/as profissionais, que se deslocam da capital e dos municípios na perspectiva de aquisição de conhecimentos e competências para a construção de respostas profissionais no âmbito do exercício profissional, que são múltiplas e diversas, com reconhecimento da importância da formação continuada para atuação nos desafios profissionais impostos pela realidade amazônica.

Nesse sentido, propõe-se uma reflexão sobre os aspectos da experiência de formação continuada no âmbito da universidade pública, desenvolvida em parceria e articulação pelo GEPSS/PPGSS/UFPA, com foco nos profissionais de Serviço Social da região amazônica, na perspectiva de dar visibilidade às ações educativas, e refletir sobre seus avanços e limites na consolidação do projeto profissional do Serviço Social.

## 2. Extensão universitária e a formação continuada

Buscando-se construir um breve percurso histórico, parte-se de Nogueira (2001), considerando-se que a extensão se configura na forma adotada pela universidade de extrapolar os seus muros em direção à comunidade, transmutando conhecimentos acumulados para atendimento de necessidades sociais. Surge na Inglaterra, no século XIX, com o objetivo de promover educação continuada, não apenas para os/as empobrecidos/as da época, mas também a segmentos populacionais em geral, que se encontravam longe dos centros formativos de ensino superior.

As universidades americanas, em igual período, adotam ideias extensionistas de aproximação com a comunidade, com prestação de serviços às populações urbanas e rurais, com vista ao atendimento de demandas específicas de seus grupos, por meio de atividades diversas de curta duração.

No Brasil, conforme o Fórum de Pró-Reitores de Extensão das Instituições Públicas de Educação Superior Brasileiras (Forproex) (2007), a extensão universitária data da metade do século XX, movida pelas experiências inglesa e americana, sendo institucionalizada no início da década de 1960,[2] impulsionada por pressões de movimentos organizados, com questionamento acerca do papel das universidades na sociedade, com reivindicação da obrigatoriedade das universidades brasileiras em promover serviços e atividades formativas à comunidade, a grupos e populações que não necessariamente eram vinculados a seus quadros discentes.

A partir da instauração da Ditadura Militar em 1964, período marcado por constantes tensionamentos e transformações importantes no âmbito das universidades públicas, deu-se a aproximação delas com as comunidades rurais,[3] estimulada com a criação da Lei n. 5.540/68,[4] que preconiza em seu art. 20: "[...] as universidades e as instituições de ensino superior estenderão à comunidade, sob a forma de cursos e serviços especiais, atividades de ensino e os resultados da pesquisa que lhes são inerentes" (BRASIL, 1968).

---

2 Há registros sobre as primeiras práticas extensionistas no Brasil no ano de 1911, antes mesmo do Estatuto da Universidade Brasileira (Decreto n. 19.851), mediante a oferta de cursos e conferências gratuitas para a sociedade (NOGUEIRA, 2001).

3 Houve duas iniciativas importantes para esta concretização: "referem-se à criação, em 1966, do Centro Rural de Treinamento e Ação Comunitária (Crutac) e do Projeto Rondon, em 1967. A despeito de sua subordinação à política de segurança nacional e de seu caráter cooptativo, esses dois projetos tiveram o mérito de propiciar ao universitário brasileiro experiências importantes junto às comunidades rurais, descortinando-lhe novos horizontes e possibilitando-lhe espaços para contribuir para a melhoria das condições de vida da população do meio rural" (FORPROEX, 2012, p. 13).

4 Lei revogada pela Lei n. 9.394/96.

A partir daí, na década de 1970 e início de 1980, no âmbito do processo de redemocratização do país, houve adoção de medidas destinadas a institucionalização e fortalecimento da extensão universitária, sob influência do pensamento de Paulo Freire;[5] a extensão volta-se para o atendimento da população de maneira mais horizontal, com articulação da extensão ao ensino e à pesquisa, configurando-se o tripé de sustentação da universidade.

Nessa trajetória de fortalecimento da extensão universitária no Brasil, um marco importante de sua instituição ocorre em 1987: a criação do Fórum Nacional de Pró-Reitores de Extensão das Instituições Públicas de Educação Superior Brasileira, posteriormente consolidada pela Constituição Federal de 1988 em seu art. 207, que se refere à autonomia didático-científica e à indissociabilidade entre ensino, pesquisa e extensão, com ampliação e fortalecimento de sua compreensão, significado e importância:

> A Extensão Universitária é o processo educativo, cultural e científico que articula o Ensino e a Pesquisa de forma indissociável e viabiliza a relação transformadora entre Universidade e Sociedade. A Extensão é uma via de mão-dupla, com trânsito assegurado à comunidade acadêmica, que encontrará, na sociedade, a oportunidade de elaboração da práxis de um conhecimento acadêmico. No retorno à Universidade, docentes e discentes trarão um aprendizado que, submetido à reflexão teórica, será acrescido àquele conhecimento. Esse fluxo, que estabelece a troca de saberes sistematizados, acadêmico e popular, terá como consequências a produção do conhecimento resultante do confronto com a realidade brasileira e regional, a democratização do conhecimento acadêmico e a participação efetiva da comunidade na atuação da Universidade. Além de instrumentalizadora desse processo dialético de teoria/prática, a Extensão é um trabalho interdisciplinar que favorece a visão integrada do social (FORPROEX, 1987, p. 15).

---

5 O educador Paulo Freire tem grande referência na construção de uma proposta de educação com base na educação popular em que todos são capazes de aprender com base na sua realidade.

A visão ampliada da extensão universitária supera a concepção limitante que a localiza restrita a um conjunto de eventos de disseminação de conhecimentos acadêmicos mediante a realização de cursos de curta duração, prestação de serviços, entre outras atividades. Torna-se um instrumento de inter-relação da universidade com a sociedade, com acesso, partilha e democratização do conhecimento acadêmico produzido, com enriquecimento e incorporação à acadêmica de saberes e práticas de grupos e comunidades, fortalecendo laços e incidência social, contribuindo com oportunidades de aquisição e produção de conhecimentos compatíveis com interesses e necessidades das populações locais.

> A relação da universidade com a comunidade se fortalece pela Extensão Universitária, ao proporcionar diálogo entre as partes e a possibilidade de desenvolver ações socioeducativas que priorizam a superação das condições de desigualdade e exclusão ainda existentes. E, na medida em que socializa e disponibiliza seu conhecimento, tem a oportunidade de exercer e efetivar o compromisso com a melhoria da qualidade de vida dos cidadãos (ROCHA 2007 *apud* SILVA, 2011, p. 2).

Nessa direção, a extensão universitária abre possibilidade para que os cursos de graduação e pós-graduação, assim como para os grupos de pesquisa e extensão, possam elaborar processos articulados e contínuos capazes de reunir processos de investigação da realidade, com desenvolvimento de projetos de extensão para devolver aos sujeitos da pesquisa o conhecimento produzido por meio de várias formas, em que a formação continuada de profissionais egressos/as da formação acadêmica se torne uma ação materializadora desse processo, inserida no horizonte das ações extensionistas da universidade.

Mediante tais colocações sobre a extensão universitária e relacionando-se à formação continuada, percebe-se sua estreita relação por meio do Código de Ética do/a assistente social (BRASIL, 2012), em que um dos princípios fundamentais é o "compromisso com a qualidade dos serviços prestados à população e com aprimoramento intelectual, na perspectiva da competência profissional" (BRASIL, 2012, p. 23). Desse modo, o aprimoramento intelectual deve ser constante, embora haja a dualidade dessa modalidade de formação. Quanto a esse assunto, Cartaxo *et al.* (2012) afirmam que devido às necessidades mercadológicas, a formação continuada tem sido voltada para a empregabilidade e o sucesso profissional, entretanto, a direção social da profissão objetiva além da ideologia disseminada pelo mercado de trabalho de perspectiva neoliberal e a subserviência à mercantilização do ensino. Em relação a esse entendimento, Nascimento e Oliveira (2016, 153), comentam:

> A proposta de qualificação profissional defendida pela categoria de assistentes sociais em contraste com a qualificação mercadológica retifica a qualidade do processo formativo e o aprimoramento intelectual após a formação, tendo em vista a qualidade dos serviços prestados aos usuários na perspectiva de ampliação do acesso aos direitos sociais, nos contextos dinâmicos da sociedade, ou seja, as mudanças históricas, sociais, culturais, que por sua vez modificam também os processos de trabalho, e requisitam um profissional qualificado, porém, não esvaziado do compromisso ético-político de transformação social que expresse a tentativa cotidiana de construção de práticas sociais emancipatórias [...].

Após uma pesquisa bibliográfica e documental, Cartaxo *et al.* (2012) refletiram sobre a formação continuada em Serviço Social, em uma perspectiva crítica, apontando estratégias e problematizações nessa temática. Algumas verificações foram importantes para acrescentar ao debate, por exemplo, não há vasta literatura no que se refere à formação continuada no Serviço Social, além disso, também foi possível observar que não existe somente um conceito para a formação continuada, no entanto, deve-se levar em consideração aquele que mais se assemelha ao projeto ético-político da profissão.

Assim, no Serviço Social há a política de educação permanente, que foi apresentada na gestão de 2011-2014 pelo Conjunto CFESS-CRESS, junto à Associação Brasileira de Ensino e Pesquisa em Serviço

Social (ABEPSS) e à Executiva Nacional dos Estudantes de Serviço Social (Enesso), e o objetivo desta é voltada para o aprimoramento intelectual, técnico e político dos/as assistentes sociais, e também como via de qualificar o trabalho profissional, visto que sua inserção no mundo do trabalho se faz de maneira crítica, visando fortalecer o projeto ético-político da profissão e oferecer serviço de qualidade aos/às usuários/as.

Logo, segundo a Política de Educação Permanente do conjunto CFESS-CRESS, para se materializar, ela precisa estar ancorada na educação popular, pois possibilita a criação de uma consciência para si, não somente a mera reprodução mercadológica e, com isso, proporciona a reafirmação pedagógica de estar voltada para uma direção ético-política. Nessa direção, a política conceitua a educação continuada como prosseguimento da formação inicial, objetivando o aperfeiçoamento profissional, do mesmo modo que vê que nem sempre atende às necessidades de organização do trabalho ou mal consegue responder às demandas do cotidiano profissional, então, diz que a concepção de educação permanente compreende o processo histórico, político e econômico, considerando as transformações da sociedade e os interesses de classes sociais distintas, visto que isso influência como a educação e o trabalho têm sido tratados no século XXI.

Segundo Salles (2004), a formação continuada trata da continuidade da formação profissional, que tem como objetivo aprimorar e desenvolver o trabalho pedagógico, sendo um processo permanente de conhecimento e aprimoramento profissional, em que não produz apenas para si mesmo, mas também para o coletivo. Nesse sentido, o autor também concorda com a concepção de que a formação continuada se dá em diversos ambientes, sendo o político, cultural, social e extraescolares.

Com tais afirmativas, para Gatti (2008, p. 58), a formação continuada ganha relevância no meio profissional e no âmbito dos centros de formação "como um requisito para o trabalho, a ideia da atualização constante, em função das mudanças nos conhecimentos e nas tecnológicas e das mudanças no mundo do trabalho".

A processualidade histórica e o movimento da realidade fazem surgir novas necessidades humanas e desafios que requerem a produção de conhecimento para lidar com questões e seus rebatimentos, pouco conhecidas pela humanidade, revelando que a formação profissional inicial é insuficiente para responder aos desafios, com necessidade de os/as profissionais estarem em constante processo de reaprendizagem.

O sentido de incompletude da formação profissional inicial e a necessidade de acompanhar os processos do tempo histórico em que se inserem os/as profissionais na construção de respostas profissionais impulsionam um movimento de retorno e busca de processos formativos, que possam contribuir para as fragilidades e lacunas existentes identificadas na ampliação e problematização dos processos que atingem a constituição da vida e dos indivíduos, ampliando a visão dos profissionais sobre o cotidiano de seu trabalho.

## 3. Extensão universitária e formação contínua em Serviço Social

O Serviço Social é uma profissão que se insere na realidade social, especialmente voltada a atuar nas expressões da questão social, que são constantemente repostas, reconfiguradas e/ou agravadas, de acordo com o contexto de expropriação do capital sob o trabalho. Dessa forma, a profissão não apenas emerge, participa e se altera na divisão sociotécnica do trabalho, como também intervém cotidianamente na vida de segmentos (cada vez mais pauperizados) da classe trabalhadora.

Cada assistente social é chamado/a a refletir e intervir em uma sociedade em permanente processo de mudança e na gestação de contradições e complexidades no âmbito da vida social, que se constitui em um desafio constante à formação e ao exercício profissional, diante de novas e velhas requisições para sua intervenção em diferentes espaços e objetivos institucionais, dentro e fora do Estado.

O projeto ético-político profissional (PEP) demarca que o desafio dessa atuação perpassa pela compreensão e materialização das dimensões teórico-metodológica, técnico-operativa e ético-política organicamente articuladas, que necessitam de constantes reflexões acerca de sua capacidade de dar respostas às demandas da classe trabalhadora em seu tempo histórico, no âmbito dos tensionamentos da luta de classe na ampliação e/ou restrição impostas pelo capital e suas orientações conservadora e neoliberal,[6] em que a universidade não está isenta de capitulação à adesão de propostas formativas tensionadas por perspectivas mercadológicas, acríticas e pragmáticas.

Isso confronta radicalmente a diretriz de orientação para a formação continuada em Serviço Social descrita no texto *Política de educação permanente do conjunto CFESS-CRESS*[7] de Iglesias *et al.* (2012), afirmam que o PEP se fortalece com a qualidade dos serviços prestados à população e com o constante aprimoramento intelectual, que se expressa na competência profissional e que tem, portanto, uma intencionalidade e um direcionamento político, que respaldem um sujeito político capaz de modificar a realidade em resposta a necessidades humanas reais. Reforça-se que o projeto profissional de formação continuada não se restringe aos interesses do mercado, na medida em que busca contribuir para superar a lógica desumanizadora do capital, no desvelar dos fundamentos da produção da desigualdade e da exploração.

---

6 Barroso (2017, p. 55, grifos do autor) explica que o neoliberalismo pode ser conceituado como *"um programa da economia política neoclássica da era do capitalismo financeirizado"*, que se desenvolve na crise dos anos 1970 e se centra na objetivação de políticas de desregulamentação e liberalização financeiras, privatizações de empresas estatais e públicas e abertura comercial internacional e/ou desnacionalização generalizadas, organizando-se, preferencialmente, para o grande capital financeiro patrocinador do capital fictício, visando ao capital portador de juros.

7 As abreviaturas CFESS e CRESS se referem, respectivamente, a Conselho Federal de Serviço Social e Conselho Regional de Serviço Social.

Borges (2015) explica que, apesar de o termo "formação continuada" fazer parte de um diálogo com a política nacional de educação, principalmente, a partir da Lei n. 9.394/96, mais conhecida como Lei de Diretrizes e Bases da Educação Nacional (LDB), e outras profissões, destaca a relevância de uma formação contínua. No Serviço Social, a questão sobre a formação continuada, segundo a autora, permite o aprofundamento do debate das condições de trabalho e dos rebatimentos da atividade profissional, em respostas e resultados concretos de sua intervenção profissional.

Além disso, Netto (1996, p. 126) alerta que uma importante questão para a formação profissional do Serviço Social, de caráter generalista, em meio a diversas transformações societárias em curso no capitalismo contemporâneo, se refere às demandas novas e/ou reconfiguradas e que, por isso, necessitam de uma constante (re)construção de novas competências sintonizadas com o PEP, não somente em sua dimensão técnico-operativa, mas, sobretudo, "a partir da sua compreensão teórico-crítica, identificando a significação, os limites e as alternativas da ação focalizada".

Dessa maneira, a extensão universitária com base na formação continuada em Serviço Social busca contribuir para a aproximação dos/as profissionais inseridos/as na atividade profissional de conteúdo formativos articulados em sua dimensão teórica e prática, com possibilidade de identificação de mediações para o exercício profissional, o acesso ao conhecimento produzido acerca de temas ligados às demandas concretas da prática interventiva dos/as profissionais e à dimensão ética e política de orientação de seu agir.

Nessa direção, destacam-se as reflexões sobre os objetivos profissionais, as condições objetivas e subjetivas do trabalho, o conhecimento dos sujeitos envolvidos no processo de intervenção em complexas relações de poder, o conhecimento da realidade dos/as usuários/as e as estratégias de desenvolvimento das (novas) atribuições e competências solicitadas.

A formação continuada em Serviço Social realizada por meio da extensão universitária na UFPA visa ao atendimento de demandas da comunidade — nesse caso, de profissionais do Serviço Social — a partir de práticas político-formativas de ensino, pesquisa e extensão, ao mesmo tempo que contribui para o desenvolvimento de docentes e discentes envolvidos, em uma perspectiva de fortalecimento das dimensões que alicerçam o projeto profissional da profissão.

## 4. Experiência extensionista em Serviço Social no Pará: potencialidades e desafios

A experiência de extensão universitária, apresentada neste texto, se inicia no primeiro semestre de 2019, nascida da necessidade de dar respostas a questões surgidas nos resultados da pesquisa já mencionada, desenvolvida no interstício de 2014 a 2017, sistematizados pelo GEPSS/PPGSS/UFPA no ano de 2018, que identificou a necessidade dos/as profissionais pesquisados/as, o aprofundamento e a compreensão das transformações societárias em curso e seus rebatimentos nas expressões da questão social presentes no cotidiano de trabalho, com novas e velhas roupagens, com níveis de agudização maiores e com maior profusão de demandas ao atendimento dos serviços e do Serviço Social.

Com base no perfil dos/as profissionais, o tempo de formação varia entre 19 e 25 anos e, dos/as 478 entrevistados/as, observou-se que 38% (182) se formaram em Instituição Pública, 26,15% (125) ingressaram de Instituição Privada Presencial e 35,77% (171) se formaram na modalidade de Ensino a Distância (PONTES; BRAGA; CARDOSO, 2017).

Dessa análise, emergiu a existência de uma significativa fragilidade de compreensão e de articulação orgânica entre as dimensões teórico-metodológica, técnico-operativa e ético-política na base profissional, com presença ainda forte do discurso de separação entre teoria e prática, expressão da falsa dicotomia que ainda persiste no conjunto profissional, mesmo diante de avanços na consolidação da profissão.

Desta feita, vislumbrou-se como uma estratégia de intervenção nessa situação a formação continuada direcionada aos fundamentos do Serviço Social e às dimensões do exercício profissional.

Nessa direção, foi criado o projeto de extensão no âmbito do GEPSS/PPGSS/UFPA, integrando as suas atividades à realização do minicurso intitulado "Serviço Social, Projeto Ético-Político e Direitos Sociais: aperfeiçoamento de conhecimentos e competências",[8] com carga horária de 40 horas, ministrado durante cada semestre, uma vez por semana, com turmas compostas de 50 profissionais cada.[9]

O interesse pelo curso causou surpresa, pois as inscrições encerram-se em 15 minutos após a abertura, evidenciando-se a necessidade e o interesse dos profissionais por processos formativos, com ênfase nos aspectos teórico-prático do cotidiano de trabalho, com pouca oferta na região.

O critério participação e elegibilidade definido pautou-se na inserção dos/das profissionais em espaços sócio-ocupacionais das diferentes políticas públicas com pelo menos um ano de vínculo trabalhista, tendo em vista que o processo formativo favorece a qualidade dos serviços prestados e, consequentemente, contribui para a qualificação das políticas sociais materializadas nos vários serviços, projetos e programas.

Os conteúdos abordados no processo formativo foram trabalhados a partir das principais dificuldades evidenciadas no âmbito da pesquisa realizada, sendo distribuídos em cinco módulos, articulando o debate conjuntural das políticas sociais e os conhecimentos, habilidades e competências da profissão. São eles: 1) *Desafios do Serviço Social no contexto da ofensiva neoconservadora*; 2) *A unidade teoria-prática no trabalho do/da Assistente Social*; 3) *A dimensão ético-política e técnico-operativa no*

8 Projeto de Extensão submetido e aprovado no Edital 01/2019 – PIBEX/PROEX. Cabe ressaltar que o único apoio monetário ao projeto disponibilizado pela universidade foi a concessão de uma bolsa do Programa Institucional de Bolsas de Extensão (PIBEX).

9 As inscrições se deram via formulário eletrônico, divulgado nos meios de comunicações do GEPSS.

*trabalho do/da Assistente Social*; 4) *A dimensão político-organizativa do/da Assistente Social e o Estágio Supervisionado*; 5) *Reflexões sobre formação e trabalho profissional na contemporaneidade*. Na segunda turma de 2019, houve a necessidade de incorporar o sexto módulo: 6) *A Concepção de Direitos e o Serviço Social*, a partir das sugestões obtidas pelos/as participantes da primeira turma.

O perfil de profissionais inscritos/as na primeira turma caracteriza-se como majoritariamente feminino, com idade entre 24 e 56 anos, dos quais 93% são formados em universidade e faculdades presenciais (pública e privada) e 7% em instituições de Ensino a Distância (EaD), com período de formação profissional compreendido nos anos de 1990 a 2018.

Os campos majoritários de inserção profissional em destaque foram: a Assistência Social com 43,3%, seguido de saúde com 31,7% e educação com 11,7%. O tempo de trabalho efetivo nesses espaços variou de 4 meses a 23 anos.

Já a segunda turma caracterizou-se como majoritariamente feminina, sendo 87,67% formados/as em universidade e faculdades presenciais (pública e privada) e 12,32% em instituições de Ensino a Distância (EaD), no período que compreende os anos de 1981 a 2019. As áreas sócio-ocupacionais que mais se destacam são: a Assistência Social com 57,53%, seguido de saúde com 15,06% e educação com 10,95%, trabalhando na Região Metropolitana de Belém (RMB) e interiores do estado do Pará.[10] O tempo de trabalho nesses espaços dos/as profissionais varia de 4 meses a 31 anos.

As turmas contavam com a participação de profissionais não somente da Região Metropolitana de Belém, mas também advindos/as de municípios do interior do estado do Pará, tais como São Miguel do Guamá, Castanhal, Barcarena, Moju, Abaetetuba, Acará, entre

---

10 Nessa turma, em especial, houve a participação de uma caravana com oito assistentes sociais, inclusive a coordenadora, que trabalham na política de assistência social no município do Acará a 107,5 km da capital Belém.

outros, oportunizando um espaço rico de discussões sob as múltiplas realidades no estado.

O corpo docente do curso foi constituído exclusivamente de professores/as e alunos/as dos cursos de mestrado e doutorado integrantes do grupo de pesquisa, favorecendo o intercâmbio da pós-graduação com a extensão e com os/as trabalhadores/as. Toda a logística, organização e estruturação do processo de formação continuada tiveram o envolvimento e o apoio dos/as bolsistas de extensão e iniciação científica, proporcionando assim o compartilhamento de vivências e aprendizagem entre docentes e discentes de diferentes níveis com os/as profissionais que estão nos campos profissionais, possibilitando ganhos tanto para a comunidade acadêmica, no que concerne à formação profissional, quanto para os/as assistentes sociais no aprofundamento de conteúdos da formação e no desenvolvimento de competências para o exercício profissional.

O minicurso caracterizou-se como uma ação educativa com foco na prática cotidiana dos/as profissionais, no sentido de fomentar a reflexão acerca dos processos de trabalhos em sua des/articulação com os fundamentos do Serviço Social, com tentativa de superação de uma prática utilitarista e a "distinção entre o mundo da aparência e o mundo da realidade" (KOSIK, 1980, p. 15).

Nesse sentido, problematizou-se o trabalho profissional em meio a funcionalidades, requisições e contradições da sociedade capitalista, em suas metamorfoses e processos de captura e alienação do trabalho e do/a trabalhador/a, com projeção de estratégias de fortalecimento do projeto profissional no cotidiano do exercício profissional. Também se buscou contribuir para a superação da pretensa dicotomia entre a relação teoria e prática, com a incipiente e problemática apreensão do método crítico-dialético no âmbito da profissão (PRATES; CARRARO, 2017).

O trabalho profissional esbarra nas contradições da sociedade capitalista e nas suas metamorfoses que o tornam alienado e alienante, conforme é evidenciado nas seguintes falas dos/as participantes da primeira turma:

> **Participante 2:** O minicurso contribuiu para uma reflexão sobre a minha prática profissional.
>
> **Participante 3:** O minicurso foi uma forma de me aproximar da academia e de fazer análise da prática.
>
> **Participante 10:** O curso acrescenta no processo de reflexão sobre a teoria-prática.
>
> **Participante 12:** Me fez repensar a forma de como estou atendendo no espaço ocupacional.
>
> **Participante 13:** O minicurso me proporcionou reflexão acerca dos processos de trabalho.

Inferimos das falas anteriores a relevância dos espaços de problematização do trabalho profissional, que possibilitem pensar os processos sociais e as ações profissionais e políticas sociais. Tendo em vista que a precarização do trabalho, materializada pela alta demanda de atendimento, a exigência institucional por uma produtividade quantitativa, a redução das equipes de trabalho, entre outras determinantes, dificultam a reflexão crítica e, assim, potencializam os processos de alienação.

As falas produzidas pelos/as profissionais no contexto da realização do processo formativo expressaram a potência dele para a problematização do discurso que "na prática a teoria é outra", com ênfase no que evidencia Iamamoto (2015), que enfatiza sobre a articulação de um conjunto de conhecimentos e habilidades ao trabalho profissional, de conhecimentos estruturados no decorrer do processo de formação em suas diferentes dimensões da práxis profissional e sobre a explicitação da intrínseca relação entre elas na composição dos núcleos temáticos da formação profissional e da realidade que se apresenta nos espaços de trabalho.

> **Participante 5**: O curso foi de fundamental importância, pois através dele houve o retorno do profissional para a academia, sendo muito enriquecedor, pois o profissional traz suas experiências profissionais, dificuldades, discussões e pode compartilhar com profissionais e professores.

Essa fala do/a participante da primeira turma reitera a importância de pensar projetos de extensão, elaborados e executados com o apoio das universidades/faculdades, que desenvolvam ações de qualificação de assistentes sociais inseridos/as nos diversos espaços sócio-ocupacionais em parceria com as entidades representativas da profissão, com as instituições empregadoras e os grupos e núcleos de pesquisa, configurada como estratégia de extensão para responder à demanda de formação continuada da categoria profissional. Os/as profissionais envolvidos/as no processo formativo dos projetos de extensão enfrentaram desafios que vão desde a dificuldade de se deslocar, às vezes com trechos de barcos e outros de transporte urbano para chegar ao local da formação, percorrendo grandes extensões, com presença de rios, rotina esta que dificulta o deslocamento dos/as profissionais para o evento de capacitação, até ter de lidar com o aumento de sua jornada, estendendo para o horário noturno para participação no processo formativo, o que indica a necessidade de reconhecimento por gestores/as e empregadores/as da importância desse processo, não somente para os profissionais, mas também para os serviços, com processos de liberação para as atividades.

Essa extensão de jornada traz reflexão para o corpo docente de habilidade e criatividade para desenvolver estratégicas educativas mais estimulantes e criativas, que promovam a reflexão/aquisição de conteúdo, mas com mais interação e ludicidade.

## Considerações finais

Refletimos a respeito da importância e do significado dos projetos de extensão universitária e seu impacto na sociedade. Especificamente, em se tratando do projeto exposto, a formação continuada em Serviço Social faz com que o/a profissional, através da reflexão e questionamento constante de sua atuação profissional, identifique as contradições existentes em seu cotidiano de trabalho para não cair nas armadilhas neoliberais burocratizantes das instituições burguesas.

Corroboramos com Iamamoto (2009), quando ela afirma que é muito comum entre os/as profissionais na contemporaneidade se deixar levar pelo "discurso da competência" como se fosse a aceitação e defesa do que a instituição deseja, subsumido às ilusões da eficiência e eficácia. Reafirma que a competência do/a assistente social é a competência crítica. Ele/ela tem que ser "[...] capaz de desvendar os fundamentos conservantistas e burocráticos do discurso da competência burocrática. [...] vai à raiz e desvenda a trama submersa dos conhecimentos que explica a ação [...]" (IAMAMOTO, 2009, p. 2). Isso não significa simplesmente negar, mas sim compreender para ultrapassar.

Portanto, em qualquer espaço profissional onde atue, o/a assistente social terá como base o código de ética, o projeto ético-político e as diretrizes curriculares. O neoliberalismo, em contrapartida, atinge os espaços sócio-ocupacionais, em que os/as profissionais trabalham, buscando segmentar os/as usuários/as.

Mas a leitura do/a profissional deve ser baseada na totalidade. Isso somente é possível com a utilização de sua capacidade teleológica, que muitas vezes é subsumida ao cotidiano do trabalho. Por isso, a necessidade e compromisso ético-político de repensar as práticas profissionais, por meio dos mais diversos espaços formativos e críticos, como o projeto de extensão aqui apresentado.

Nesse sentido, com base nas discussões, aponta-se a necessidade de continuidade desses espaços formativos, sobretudo aqueles que abordem os fundamentos da profissão, tendo em vista a necessária articulação das competências e habilidade socioprofissionais, no bojo do avanço da precarização da Formação e do Trabalho Profissional, mediadas pela ofensiva neoconservadora e neoliberal no conjunto das Políticas Sociais. Eventos e espaços que possibilitem a atualização permanente, potencializando um rigoroso trato crítico-analítico e possibilitando a compreensão da realidade social em sua totalidade, desvelando as mediações postas no cotidiano socioinstitucional e subsidiando respostas profissionais sólidas, à luz do projeto profissional.

Essa experiência, a partir da articulação dos resultados da pesquisa e da extensão, fomenta a presente reflexão, impulsionando ações na direção de uma exigente e constante necessidade de qualificação teórico-metodológica, ético-política e técnico-operativa, a qual se concretize em uma leitura e intervenção profissional mais qualificadas, com exigência de sua consolidação e ampliação, assim como o envolvimento de outros/as sujeitos/as da ação profissional, como os/as usuários/as e gestores/as dos serviços.

## Referências

BARROSO, A. S. Tendências do capitalismo contemporâneo. *In*: RABELO, Renato; MONTEIRO, Adalberto (org.). *Governos Lula e Dilma*: o ciclo golpeado, contexto internacional, realizações, lições e perspectivas. São Paulo: Anita Garibaldi, 2017. p. 55-80.

BORGES, M. A. P. Formação continuada e Serviço Social. *In*: SEMINÁRIO NACIONAL DE SERVIÇO SOCIAL, TRABALHO E POLÍTICA SOCIAL, 2015, Florianópolis. *Anais* [...]. Florianópolis: UFSC, 2015. p. 1-6.

BRASIL. *Código de ética do/a assistente social*: Lei 8.662/93 de regulamentação da profissão. 10. ed. rev. e atual. Brasília, DF: Conselho Federal de Serviço Social, 2012.

BRASIL. *Lei n. 5.540, de 28 de novembro de 1968*. Fixa normas de organização e funcionamento do ensino superior e sua articulação com a escola média, e dá outras providências. Brasília, DF, 1968.

CARTAXO, A. M. B.; MANFROI, V. M.; SANTOS, M. T. Formação continuada: implicações e possibilidades no exercício profissional do assistente social. *Katálysis*, v. 15, p. 239-253, 2012.

FORPROEX. *Encontro de pró-reitores de extensão das universidades públicas brasileiras*. Brasília, DF, 1987. Disponível em: https://www.ufmg.br/proex/renex/images/documentos/1987-I-Encontro-Nacional-do-FORPROEX.pdf. Acesso em: 30 dez. 2019.

FORPROEX (coord.). *Extensão universitária*: organização e sistematização. Fórum de Pró-Reitores de Extensão Universitária. Organização de Edison José Corrêa. Belo Horizonte: Coopmed, 2007. Disponível em: https://www.ufmg.br/proex/renex/images/documentos/Organizacao-e-Sistematizacao.pdf. Acesso em: 30 dez. 2019.

FORPROEX. Fórum de Pró-Reitores de Extensão Universitária. *Política Nacional de Extensão Universitária*. Manaus: MEC/SeSu, 2012. Disponível em: https://proex.ufsc.br/files/2016/04/Pol%C3%ADtica-Nacional-de-Extens%C3%A3o-Universit%C3%A1ria-e-book.pdf. Acesso em: 30 dez. 2019.

GATTI, B. A. Análise das políticas públicas para formação continuada no Brasil, na última década. *Revista Brasileira de Educação*, v. 13, n. 37, p. 57-70, 2008.

IAMAMOTO, M. V. *O Serviço Social na contemporaneidade*: trabalho e formação profissional. 26. ed. São Paulo: Cortez, 2015.

IAMAMOTO, M. V. O Serviço Social na cena contemporânea. *In*: CFESS. *Serviço Social*: direitos sociais e competências profissionais. Brasília, DF: UNB/CFESS, 2009.

IGLESIAS, J. *et al*. *Política de educação permanente do conjunto CFESS-CRESS*. Brasília, DF: CFESS, 2012.

KOSIK, K. *Dialética do concreto*. 2. ed. Rio de Janeiro: Paz e Terra, 1980.

NASCIMENTO, C. C. S.; OLIVEIRA, C. M. Educação permanente e Serviço Social: apontamentos sobre a formação profissional. *Temporalis*, v. 16, n. 31, p. 133-166, 2016.

NETTO, J. P. Transformações societárias e Serviço Social: notas para uma análise prospectiva da profissão no Brasil. *Serviço Social & Sociedade*, v. 17, n. 50, p. 87-130, abr. 1996.

NOGUEIRA, M. D. P. Extensão universitária no Brasil: uma revisão conceitual. *In*: FARIA, D. S. (org.). *Construção conceitual da extensão universitária na América Latina*. Brasília, DF: Editora UnB, 2001. p. 57-72.

PONTES, R. N.; BRAGA, C. S. C.; CARDOSO, W. Formação profissional em Serviço Social na região metropolitana de Belém (PA): estudo da implantação das Diretrizes Curriculares de 2002 e seus impactos na qualidade da formação do assistente social. *Relatório de Pesquisa*, Belém, 2017.

PRATES, J. C.; CARRARO, G. "Na prática a teoria é outra" ou separar é armadilha do capitalismo? *Argumentum*, v. 9, n. 2, p. 161-171, 2017.

SALLES, F. C. A formação continuada em serviço. *Revista Iberoamericana de Educación*, v. 34, n. 2, p. 1-8, 2004.

SILVA, V. *Ensino, pesquisa e extensão*: uma análise das atividades desenvolvidas no GPAM e suas contribuições para a formação acadêmica. Vitória, nov. 2011. Disponível em: https://docplayer.com.br/74229431-Ensino-pesquisa-e-extensao-uma-analise-das-atividades-desenvolvidas-no-gpam-e-suas-contribuicoes-para-a-formacao-academica.html. Acesso em: 30 dez. 2019.

# 9 Serviço Social e povos tradicionais: desafios à formação e atuação dos/as profissionais

Solange Maria Gayoso da Costa
Marcel Theodoor Hazeu
Mylena dos Santos Santana

## 1. Introdução

O Serviço Social tem sido interpelado para atuar em diferentes áreas — ambiental, sociojurídica, assistência, movimentos sociais, saúde, educação, entre outras — voltadas ao atendimento dos direitos de povos tradicionais, seja na intervenção profissional, seja na realização de pesquisas. As situações enfrentadas por diferentes povos tradicionais, expressas na luta pelo território, pelo reconhecimento de suas identidades étnico-racial, pela segurança alimentar, pela educação, saúde e assistência social diferenciadas, constituem-se em campo desafiante de atuação e intervenção do/a assistente social.

O/a assistente social, entre essa diversidade de situações enfrentadas por povos tradicionais, é desafiado/a para que sua intervenção se volte, sobretudo, para o reconhecimento da identidade étnico-racial, do modo de vida e, por consequência, das demandas diferenciadas e próprias desses grupos sociais. Isso tem se tornado um campo de questionamentos e reflexão, tanto para formação quanto para atuação profissional.

Partindo do pressuposto de que as Diretrizes Curriculares da Associação Brasileira de Ensino e Pesquisa em Serviço Social (ABEPSS) tem a teoria crítica marxiana como base, exige-se a apreensão dos diversos conteúdos em uma perspectiva da totalidade da realidade social e, portanto, entende-se que a análise das particularidades das situações afetas aos povos tradicionais se coloca como imprescindível à formação do/a assistente social. Contudo, observa-se uma dificuldade na apropriação desse conteúdo, tendo em vista a perspectiva "urbanocêntrica"[1] e colonial na produção do conhecimento e na estrutura dos projetos pedagógicos. Os projetos pedagógicos apresentam a materialização das diretrizes curriculares em que, no núcleo de fundamentos da formação sócio-histórica da sociedade brasileira, se menciona o foco no desenvolvimento urbano e rural. No contexto amazônico o "rural" pede uma tradução, pois se refere à realidade de agricultura e de urbanização no contexto europeu e à ideia de dominação da natureza para produção e para o mercado, o que não corresponde a muitas realidades de extrativistas, ribeirinhos, indígenas e quilombolas, por exemplo. Para exemplificar essa questão, examinaram-se os projetos pedagógicos dos cursos de Serviço Social da UFPA, UFES, UFMA, UFBA e UFPE (uma análise sistemática não

1 Para este capítulo, parte-se da reflexão proposta por Faleiro e Farias (2020) que consideram o urbanocentrismo como "intrínseco à construção da colonialidade/modernidade, tendo em vista que o ideal moderno e civilizatório para se constituir o homem moderno estavam vinculados com os modos de vida (cultura, comportamentos) e produção (capitalista – industrial) urbanos. As inserções dos espaços rurais no processo de civilização se dão apenas por vias que deslegitimam e desqualificam os modos de existência e expressão cultural desses, ou na exploração da natureza – como o agronegócio (p. 5) [...] a partir do urbanocentrismo a cidade é tomada como lócus de enunciação legítimo e o campo é subalternizado à vida citadina, por meio da inferiorização cultural, social, epistemológica, racial/étnica e econômica" (FALEIROS; FARIAS, 2020, p. 6).

foi o objeto deste capítulo), identificando a ausência de referências bibliográficas sobre o tema povos da floresta,[2] uma predominância de referências sobre a realidade, lutas e desenvolvimento urbano em relação ao "rural",[3] com exceção da UFMA, que tem uma disciplina específica sobre a questão rural.

No campo de atuação, os/as profissionais são cotidianamente desafiados/as a assegurar o atendimento via políticas sociais nos espaços institucionais gerenciados pelo Estado, pelas empresas capitalistas, pelas organizações não governamentais (ONGs), pelos movimentos sociais e pelas instituições de ensino superior. Em geral, trata-se de intervenção em campo interdisciplinar, em que se evidenciam os efeitos dos processos de expropriação territorial a que esses povos são submetidos. A exemplo, os processos vivenciados por indígenas, qui-

---

2 Termos de busca usados: indígena, quilombola, tradicional/tradicionais, povo(s).

3 No levantamento realizado em alguns dos projetos pedagógicos dos cursos de Serviço Social nas instituições mencionadas, a título de exemplos das questões citadas, verificamos que: i) no Curso SS/UFPA (2010), na disciplina sobre movimentos sociais, constam 18 referências bibliográficas, das quais sete mencionam explicitamente as lutas urbanas e nenhuma faz referência a lutas do campesinato; na disciplina Formação Econômica, Social e Política do Brasil e da Amazônia há uma referência em relação à questão agrária, mas nada específico sobre a questão do campo/floresta e a Amazônia; na disciplina teorias sociológicas se foca Durkheim, Weber e Marx, e nenhum sociólogo latino-americano, como Quijano, Mignolo, Ianni, Fernandes, Mariátegui, Clóvis Moura que dialogam com a realidade brasileira ou referências de pensadores indígenas ou quilombolas como Antônio Bispo, Ailton Krenak, Davi Kopenawa; ii) Curso SS/UFPR (2010): no desenho curricular do curso não há abordagens específicas sobre o urbano, rural ou em relação à presença de comunidades e povos tradicionais. Apenas há uma menção em uma referência complementar às comunidades agrárias e uma menção da presença de povos indígenas no início da colonização; iii) Curso SS/UFPE (2013): no desenho curricular registra-se o título e uma pequena ementa por disciplina. Identificaram-se duas disciplinas eletivas – o mundo rural e o Serviço Social e outra sobre habitação urbana; iv) Curso SS/UFBA (2015): nas disciplinas do curso não há abordagem da questão rural, indígena, do campo, agrário, ou povos tradicionais, mas algumas referências em relação à questão urbana; v) Curso SS/UFMA (2016): no projeto pedagógico do curso a questão agrária é tratada na disciplina Serviço Social e Questão Social II – 60 horas, com foco explícito na questão rural, com oito referências específicas, incluindo abordagens em relação à questão da raça e às lutas camponeses. Não se identificou nenhuma abordagem específica em relação à questão indígena; vi) Curso SS/UFES (2006): no projeto pedagógico identificaram-se no conjunto das referências bibliográficas dez textos referentes à questão urbana, quatro textos sobre a questão agrária, mas nenhum texto sobre a questão indígena, quilombola ou povos tradicionais – é possível verificar os *sites* consultados nas referências.

lombolas, pescadores/as, ribeirinhos/as, extrativistas, beiradeiros/as, entre outros/as, com a implantação de grandes projetos e também do agronegócio como as monoculturas da soja, dendê, cana-de-açúcar em regiões que apresentam a existência de *terras tradicionalmente ocupadas* por povos tradicionais;[4] têm gerado intensos conflitos e lutas em defesa do território.

Souza e Costa (2018, p. 242) alertam sobre a atuação de assistentes sociais junto a comunidades tradicionais que:

> [...] ao imprimir em seu exercício profissional, posições baseadas no pensar da sociedade envolvente, desconsiderando a construção social e étnica do público demandatário, há possibilidades iminentes da incidência em atividades eurocentradas e neocolonialistas, correndo um sério risco de se travestirem em ações jesuíticas e colonizadoras de outrora.

Neste capítulo, ensaia-se uma reflexão sobre a relação entre Serviço Social e as lutas dos povos tradicionais, em uma perspectiva crítica, reconhecendo a luta histórica desses povos em defesa de seus territórios, modos de vida e formas específicas de organização desde os tempos antes da colonização até os dias atuais, diante do avanço das políticas reacionários, conservadoras e neoliberais.

Apresenta-se um exercício reflexivo sobre algumas experiências vivenciadas pelos/as autores/as em suas atividades profissionais de docentes do ensino superior e como assistentes sociais atuando com povos indígenas. Para isso, tomam-se como referência as experiências de extensão universitária juntos aos povos indígenas da região do Baixo Tapajós e às comunidades tradicionais do município de Barcarena,

---

4 Adota-se neste capítulo a proposta de Little (2004, p. 33-34) sobre povos tradicionais como "um mecanismo analítico capaz de juntar fatores como a existência de regimes de propriedade comum, o sentido de pertencimento a um lugar, a procura de autonomia cultural e práticas adaptativas sustentáveis que os variados grupos sociais aqui analisados mostram na atualidade. O conceito de povos tradicionais procura encontrar semelhanças importantes na diversidade fundiária do país, ao mesmo tempo que se insere no campo das lutas territoriais atuais presentes em todo Brasil".

ambos no estado do Pará, vivenciadas no âmbito do Programa de Extensão "Meio Ambiente, Povos e Comunidades Tradicionais"[5] e que nos permitiram observar as demandas, dificuldades e desafios impostos ao Serviço Social na articulação das dimensões teórico-metodológica, ético-política e técnico-operativa na realidade de povos tradicionais na Amazônia. Pode-se inferir que o reconhecimento de suas identidades e a proteção do território — o lugar da vida, da natureza, do imagético, da ancestralidade — ganham centralidade no cotidiano dos povos tradicionais.

As atividades de extensão vinculadas a resistência e mobilização dos Povos Indígenas Tapajós Arapiuns nos municípios de Santarém, Belterra e Aveiro/Pará foram desenvolvidas no período de 2012 a 2016 e se constituíram em: reuniões preparatórias, oficinas de produção da cartografia social, trabalho de campo para registro fotográfico, georreferenciamento de coordenadas geográficas de pontos a serem sinalizados nos mapas, realização de entrevistas, elaboração de fascículo/boletim informativo com registros e sistematização de dados que comprovassem a territorialidade específica do grupo.

Com relação aos povos tradicionais de Barcarena, as atividades de extensão visam fortalecer a mobilização em defesa do reconhecimento da (re)existência das comunidades tradicionais de Acuí, Arienga, Bairro Industrial, Canaã, Curuperé, Dom Manoel, Estrada Nova, Ilha São João, Maricá, Pramajó/Peteca, Tauá, Torre, Vila do Conde. Essa relação de extensão iniciou-se nos anos 1990 como "Assessoria às Organizações Sindicais e Comunitárias Rurais no Município de Barcarena/Pará" (NASCIMENTO; MALATO, 2013) e foi retomada nos anos 2010 pelo Grupo de pesquisa Sociedade Território e Resistência

5 A Faculdade de Serviço Social da Universidade Federal do Pará (UFPA) tem uma longa e importante história de experiências de extensão através de assessoria junto a movimentos sociais do campo e da cidade, em uma estreita relação com as atividades de ensino e pesquisa. Este programa de extensão, aprovado na FASS em 2016, se localiza dentro desta história e tradição, dando continuidade e adaptando-se à conjuntura atual e às novas demandas que a realidade social apresenta por meio dos movimentos sociais.

na Amazônia (Gesterra) através de apoio a planejamento, realização de cartografias sociais, elaboração de pareceres técnicos, oficinas para construção de protocolos de consulta e inserção de representantes desse movimento e comunidades como referências para as aulas na Universidade (COSTA *et al.*, 2019).

O capítulo está organizado em duas seções complementares. Na primeira, apresentam-se concepções sobre a Amazônia e comunidades tradicionais, com contextualização dos campos de extensão que compõem a base de referências para trazer as particularidades da tradicionalidade, relevantes para a formação e atuação de assistentes sociais. E, na segunda, dialoga-se com as ideias que surgiram das reflexões do campo e da teoria em relação à realidade de povos e comunidades tradicionais e a formação e atuação de assistentes sociais.

## 2. A luta pela garantia dos direitos dos povos tradicionais na Amazônia

A Amazônia brasileira pode ser definida como uma região particular devido a seu sistema e diversidade socioecológica, como foco de planejamento e intervenção estatal, e pelo caráter de fronteira, no sentido de conflitos presentes entre modos de vida, grupos de interesse, lógicas e epistemologias contraditórias, de colonial e capitalista *versus* tradicional e comunitário (comuns) (TRINDADE JR., 2006). A formação social da Amazônia no contexto do sistema mundo capitalista, descrito por Immanuel Wallerstein (1990-1994), tem seguido a lógica da divisão internacional do trabalho que inseriu a região como provedora dependente de recursos minerais e naturais via extração predatória e como base logística para exportação de *commodities*, sob regimes de superexploração do trabalho e expropriação de territórios e expulsão dos povos originários. A formação social da Amazônia pode ser caracterizada pela acumulação por espoliação (HARVEY, 2014; BOSCHETTI, 2018) e pelas resistências anticapitalistas e decoloniais a essa invasão pelos povos tradicionais (ALMEIDA, 2004a, 2004b; CRUZ, 2014).

Desde muito antes da colonização da Amazônia, numerosos povos tradicionais vivem na região, construindo suas culturas e formas de viver em uma relação direta com a natureza, produzindo o espaço e suas identidades, como evidenciaram pesquisas arqueológicas e históricas (ROOSEVELT, 1999; SCHAAN; MARTINS, 2010; MAGALHÃES, 2005, 2006; SOUZA, 2015). Não existia em nenhum momento o falado "espaço vazio" nem uma ocupação por povos primitivos formados por caçadores, coletores e pescadores. Trata-se de uma região com sofisticadas e complexas culturas e organizações sociais tradicionais, violentamente reprimidas, atacadas e perseguidas. A negação e invisibilização da sua existência e a definição como inferiores e primitivas fazem parte desse processo.

A colonização, além de genocídios, desestruturações, devastações, formas de dominação e resistência dos povos indígenas, introduziu outros povos tradicionais, oriundos do continente "africano",[6] como trabalhadores/as escravizados/as. Eles trouxeram fortes raízes culturais e, quando fugiram e se rebelaram contra os poderes coloniais, criaram na Amazônia territórios de resistência (mocambos, quilombos), articulados com os povos indígenas da Amazônia, baseados nas relações tradicionais "africanas" e amazônicas, enriquecendo o panorama dos territórios e povos tradicionais na região (SALLES, 2004; MOURA, 2014).

Na atualidade, vivem cerca de 240 povos indígenas na Amazônia (PORTO-GONÇALVES, 2018), de acordo com o Censo 2010 do IBGE, eles somam quase 306 mil indígenas (ISA, 2019). Pesquisas ainda falam de 107 povos indígenas isolados na Pan-Amazônia, que evitam

---

6 Usa-se o nome "africano" entre aspas, por ser uma denominação colonial, como Valentin Mudimbe (2013) explica nas suas obras *A invenção da África* e *A ideia da África*, e Anibal Quijano (2005) na *Colonialidade do poder, eurocentrismo e América Latina*, pois não representa a realidade e diversidade de origem das pessoas forçadamente trazidas, criando uma falsa ideia de origem em comum e de uma raça africana, negra.

e não tem contato com o mundo da "modernidade", vivendo suas formas sociais, nas quais a fuga, o não contato, obrigatoriamente, fazem parte (ÉPOCA, 2018). Segundo Franciele Schramm (2019), há no Brasil 3.212 comunidades quilombolas reconhecidas pela Fundação Cultural Palmares, 1.716 delas com processos de titulação abertos no Incra, somente 44 titulados em 30 anos.

Apesar da permanente presença dos povos tradicionais, é recente o reconhecimento legal de seus direitos. Depois de séculos de luta pelos povos tradicionais no mundo inteiro, ocorreram profundas transformações na ordem jurídica, com as assinaturas de Declarações e Convenções Internacionais que trazem o reconhecimento da diversidade social e cultural. Débora Duprat (2007) debate que esses documentos jurídicos exprimem uma característica central — o princípio da dignidade da pessoa humana —, incluindo a proteção a sua liberdade expressiva, em especial a de dizer, autarquicamente, quem é e quais são as suas convicções de vida.

Embora tenhamos avanços no campo jurídico, isso não quer dizer que tais direitos sejam pacíficos em nossa sociedade. Corroboram para essa afirmação os inúmeros conflitos sociais envolvendo povos tradicionais em luta pela defesa de suas terras tradicionalmente ocupadas — seus territórios (CPT, 2019; TUBINO, 2005; TERRA DOS DIREITOS, 2019; COSTA, *et al.*, 2019) —, como podemos observar com relação aos indígenas do Baixo Tapajós e as comunidades tradicionias do Território do Conde.

O primeiro campo de extensão, a região dos rios Tapajós, Arapiuns e planalto Santareno, localiza-se nos municípios de Santarém, Belterra e parte de Aveiro no estado do Pará. Sua importância decorre da diversidade de uso do território adotado pelos diferentes agentes sociais, com destaque aos indígenas, que ocupam e/ou habitam historicamente esses municípios. Nessa região tem se observado, pelo menos nos últimas 30 anos, um processo crescente de territorialização de povos indígenas, que, por meio de diferentes etnias, se autoafirmam em seus territórios tradicionalmente ocupados. Tais povos indígenas se organizam em associações, conselhos e por territorialidades específicas, segundo seus grupos étnicos e os territórios reivindicados. São territorialidades próprias, nas quais a identidade constitui elemento mobilizador do próprio grupo, tanto em torno da luta pelo atendimento de suas reivindicações, quanto na relação com outros agentes sociais. Esse processo está inserido em uma dinâmica mais geral dos movimentos sociais no Brasil e, especialmente, na Amazônia, que compreende a multiplicação de novas identidades com base na autoatribuição e organização dos grupos (CRUZ, 2014).

Um crescente movimento de agentes sociais, até então classificados como "caboclos",[7] passou a se autodefinir como indígenas e reivindicar o reconhecimento legal de sua etnia e território. No levantamento realizado em 2015, esse grupo era composto por 64 aldeias/comunidades de 13 etnias (Arara Vermelha-Tupaiu, Munduruku, Arapiun, Jaraqui, Tapajó, Borari, Munduruku-Apiaká, Tupinambá, Munduruku-Cara Preta, Maitapu, Yawaretê, Kumaruara, Tapuia).

As identidades indígenas emergem nas comunidades até então "caboclas" sob a noção de índios/as resistentes em oposição à noção de índios/as ressurgidos/as e à história que nega a existência do indígena misturado e sua permanente presença na região. A noção de índio/a misturado/a é reinterpretada como uma longa experiência de negação da cultura indígena contra a qual resistem e se mobilizam na luta pela visibilidade e defesa de seus territórios. Tal processo é denominado na literatura como etnogênese, que, segundo João Oliveira (1998, p. 53), inclui "tanto a emergência de novas identidades como a reinvenção de etnias já reconhecidas", que acionam como

7 Segundo Vaz (2010, p. 16): "caboclo: população regional vizinha aos indígenas, quase indistinta e com a qual confundidos, até recentemente; conserva, entre seus costumes e valores, muitos elementos das culturas indígenas pré-colombianas, principalmente de raiz Tupi. Os traços físicos dos *caboclos* amazônicos são predominantemente indígenas, ou seja, a população regional ou envolvente apresenta muitos aspectos que podem ser também considerados indígenas. Por isso, na Amazônia, dizer que os povos indígenas emergentes apresentam pouca distintividade frente aos regionais não significa dizer que aqueles apresentem poucos traços indígenas".

instrumento político e jurídico a autodeclaração. Ailton Krenak (2019) reflete sobre esse processo:

> Desde os tempos coloniais, a questão do fazer com a parte da população que sobreviveu aos trágicos primeiros encontros entre os dominadores europeus e os povos que viviam onde hoje chamamos, de maneira muito reduzida, de terras indígenas, levou a uma relação muito equivocada, entre o Estado e essas comunidades (KRENAK, 2019, p. 38).

O processo de mobilização indígena no Baixo Tapajós é expressivo de manifestações sucessivas de construção de uma existência coletiva, que se dá de forma dinâmica e aponta para um crescimento dessas identidades políticas objetivadas em movimentos sociais. Tem-se uma nova configuração étnica na região, em que suas expressões se traduzem pelas unidades de mobilização que evidenciam a consciência de sua identidade indígena. Assim, sua existência coletiva, manifesta em rituais, encontros, reuniões, assembleias, indumentária, reivindicações ao acesso dos direitos indígenas, traduziria essa etnicidade. A etnicidade se expressa pelo modo de representação, de ação, de organização estratégica, na medida em que tais sujeitos sociais utilizam-se de identidades étnicas para se posicionarem frente aos outros. As relações associativas e os territórios, unidades de mobilização, são acionados pelo grupo sempre que for necessário se posicionar frente ao "outro". Para fora, tais unidades de mobilização se apresentam como homogêneas. Para dentro, são heterogêneas e guardam especificidades que lhes são próprias.

O outro campo de extensão é em Barcarena, um município na beira do rio Pará, que faz fronteira com Belém, capital paraense, e está estrategicamente localizado na entrada ou saída da bacia hidrográfica do rio Tocantins e também do próprio rio Amazonas e seus afluentes. A palavra estratégica se refere aos interesses coloniais e capitalistas que, desde o século XVI, pairam sobre a região amazônica. O lugar foi estratégico para o controle sobre povos indígenas e a sua submissão para trabalhos agrícolas, nas plantações de cana e nos engenhos, de coleta na floresta, para militares, construção e transporte em favor dos colonizadores, na cidade de Belém e nas beiras dos rios. Barcarena é hoje um local estratégico para a exportação de minérios beneficiados (caulim e alumínio) e de *commodities* do agronegócio (soja, gado).

A história da resistência indígena e quilombola em Barcarena parte não somente de fugas, vendas de sua produção na margem do isolamento ou das suas estratégias militares, mas também de suas formas de organização interna, social, política, econômica e espiritual, interdependentes, dependentes e independentes do sistema opressor, uma vez que sua existência é tanto uma forma histórica de se organizar na sua relação com a natureza, os membros das comunidades e a relação com outras comunidades, quanto o resultado de suas formas de resistência e defesa.

Muitas famílias, depois de mais de 30 anos de industrialização, modernização, presença do grande capital e do Estado capitalista neoliberal, de (necro)políticas[8] nacionais que negaram a existência de comunidades tradicionais em um dos municípios mais industrializados da Amazônia, ainda se identificam como tradicionais, mantêm identidades coletivas, têm modos de vida e de produção que envolvem conhecimentos e práticas tradicionais. Não se trata, nesse caso, de uma classe trabalhadora desterritorializada urbana, mas sim de famílias que têm sua vida vinculada à terra, à tradição e que negociam a identidade coletiva com colonizadores "brasileiros" e do exterior, ou seja, com empresários e governantes brasileiros (não tradicionais) e representantes de empresas multinacionais.

As comunidades indígenas locais, descendentes diretas dos Gibrié, Mortigura e Aruá, por muito tempo não se reconheciam mais como tal, fruto da repressão violenta a qualquer expressão indígena desde a época Pombal, a pós-Cabanagem, as continuadas políticas de descaracterização e a catequização pela igreja católica e pelas igrejas

8 A esse respeito, cabe destacar que "a expressão máxima de soberania reside, em grande medida, no poder e na capacidade de ditar quem pode viver e quem deve morrer" (MBEMBE, 2018, p. 8).

evangélicas. Mas a relação com os costumes, a natureza, a vivência nas comunidades, seus territórios não deixaram suas identidades desaparecerem, pois os códigos e referências que produzem essas identidades se mantiveram.

> Tem um ou outros que têm vergonha de dizer, nós descendemos dos indígenas, não temos que ter vergonha, e nós podemos dizer nós somos indígenas porque os murtiguras [...] eles são a nossa família, entendeu? Eles são os nossos avós (Roberto Carlos Dias Anjos, Curuperé, *apud* SILVA, 2016, p. 9).

As experiências de extensão e convivência com as comunidades em seus territórios ensinaram alguns aspectos de suas tradicionalidades fundamentais para poder atender às suas demandas sociais e contribuir para as suas lutas, além de perceber que se deve conhecer minimamente a sua história.

Paul Little (2004, p. 283) explica que a opção pela palavra tradicional pode gerar dificuldades, devido "à forte tendência de associá-la com concepções de imobilidade histórica e atraso econômico. A teoria da modernização, por exemplo, prognosticava a inevitável (e desejável) superação da 'sociedade tradicional' [...]". Mas o termo tradicional está vinculado "a realidades fundiárias plenamente modernas [...] do século XXI", considerando ainda que "as tradições culturais se mantêm e se atualizam mediante uma dinâmica de constante transformação" (SAHLINS, 1997, *apud* LITTLE, 2004, p. 283).

Para se aproximar da tradicionalidade, portanto, precisa-se mergulhar na tradicionalidade local, e conhecer como ela se expressa e configura nos territórios específicos. Para exemplificar, podemos citar algumas falas de pessoas tradicionais registradas nos relatórios técnicos e cartografias sociais das duas áreas de intervenção dos programas de extensão:

> Olha, eu sou das pessoas que são das famílias tradicionais. Eu fui nascido aqui, foi criado aqui, a minha mãe me teve neste lugar, o meu

> umbigo está enterrado nesse lugar aqui, entendeu? Então, quando eu me entendi foi aqui no nosso lugar, essa terra eu digo pra todos vocês, que essas terras é nossa, professora, é nossa (Raimundo Amorim Barros, *apud* MARIN, 2013, p. 69).

A tradicionalidade é uma relação íntima, de fazer parte da terra e da natureza. O umbigo enterrado devolve a ligação via terra à árvore, que se torna parte das relações sociais, referência cultural. Quando diz que "essa terra é nossa", expressa que ele é a terra e a terra é ele.

Raphael Silva, antropólogo do MPF sobre o território do Conde, observou que a reprodução das formas tradicionais de apropriação consistia:

> [...] nos 'sítios' estruturados nas margens dos igarapés e no rio, fundamentalmente no que representa o domínio da várzea, que era 'livre' de uso, onde a questão do uso e posse se contrastam com a lógica do estado e do Capital (SILVA, 2016, p. 75).

O "sitio" é um elemento de tradicionalidade dessas comunidades. Para atuar junto e em prol dos seus direitos, deve se entender que o sítio, conforme Rosa Acevedo Marin e Rosana Maia (2015, p. 44):

> [...] representa o local onde a família produz, cada um na sua área de terra, onde abre uma roça, constrói a casa de farinha, fazem a extração de frutas e principalmente compartilham a produção, as estórias de família, as alegrias e as tristezas.

Importante compreender o sentido de comunidade, que, segundo Maria Maia e Edila Moura (1995, p. 236), "se confunde com o de família e de produção econômica", e chegam à conclusão: "para o camponês caboclo o capital não se configura como relação social, mas como relação técnica (por meio das mercadorias que compra e os produtos agrícolas que vende). O capital não penetra no mundo da produção".

No protocolo de consulta do quilombo-indígena Gibrié de São Lourenço (2018), construído com assessoria do programa de extensão, a tradicionalidade é explicada a partir dos seus costumes, o reflexo concreto das relações intrínsecas, das sabedorias e da cosmologia que regem a vida da comunidade:

> Nosso sustento era baseado exclusivamente no cultivo da roça (mandioca, macaxeira, arroz, milho, feijão, gergelim, mandioca, acará), da pesca, da caça, da coleta de frutas, da coleta do látex da seringueira, do óleo de andiroba, da produção de carvão, do plantio de café, de cacau, de abacaxi, de cupuaçu, de manga, de banana, de mamão, do remanejo do açaí, pupunha, patauá e bacaba.
>
> Para atender as necessidades de nossas atividades tecíamos peneiras para coar massa de mandioca, bacaba, patauá e açaí, e produzíamos tipiti, abano e paneiros. Não usávamos papéis de embrulho, ou sacolas plásticas, tudo o que trocávamos, comprávamos ou vendíamos eram embalados em paneiros, em razas, em cestas, em folhas de guarumã ou enfiados em talas. Fazíamos vasilhas de cerâmica (com barro amarelo) como: alguidar, panelas, e puiá dos fornos de fazer farinha.
>
> Dormíamos com portas e janelas abertas sem medo de correr risco de assaltos. O único medo que tínhamos era de visagens, por isso respeitávamos os horários e locais que elas costumavam aparecer.
>
> [...] ao passarmos por dentro dos igarapés nos benzemos e rezamos: "Oh minha mãe e minha avó, de licença de passar ou tomar banho por aqui, não me faça mal nenhum porque não vou mexer nada daqui e sou muito feio". Porque se a gente não respeitar, seremos flechados pelos encantados e temos que chamar os/as curandeiros/as para curar a doença que chamamos batida de bicho, pois os médicos não sabem detectar essas doenças.

Há aqui vários elementos de tradicionalidade que fogem da lógica da racionalidade eurocêntrica das políticas sociais: os sistemas tradicionais de saúde, como apontam Cristina Arêda-Oshai (2017), e

Silvany Silva e Marcel Hazeu (2019) nas suas pesquisas, e os seres encantados da natureza ou a própria natureza como ser vivo, muito enfatizada pelo líder indígena Ailton Krenak (2019) e pelo cacique Yanomami Davi Kopenawa (e Bruce Albert, 2015). Como atuar na garantia do direito à saúde como assistente social junto a comunidades tradicionais, se sua referência é o sistema estatal e formal de saúde que tem uma lógica totalmente diferente? Como pensar assistência às famílias e comunidades sem "consultar e incluir" os seres encantados, a natureza? Mesmo sem poder compreender profundamente as referências e cosmologia tradicionais, pode-se tentar buscar um diálogo com estes saberes e seus interlocutores.

Um dos discursos que acompanham os investidos do capital e do Estado sobre os territórios tradicionalmente ocupados é que os povos e comunidades tradicionais necessitam, para desenvolver ou superar a pobreza, da inserção no mercado do trabalho por meio do emprego formal, além da sua formação profissional. Há uma contradição em si, pois emprego significa no sistema capitalista exploração do/a trabalhador/a, e a ideia se pauta em uma realidade urbana, industrial, moderna e não na realidade de comunidades tradicionais.

> Queremos continuar morando em nosso território em paz, mantendo nossos costumes e tradições, com a garantia de termos nossos direitos reconhecidos e respeitados, por todos/as, sempre. Porque eu quero avisar uma coisa pra todos meus amigos e parentes: sem a terra a gente não vive, é da terra que vem tudo (Sr. Freitas, São Lourenço de Gibrié, *apud* MARIN; MAIA, 2015, p. 19).

A ideia ou promessa de emprego, de ser operário e ingressar na modernidade e no mundo do consumo, perdendo com isso suas bases de modo de vida tradicional, mostrou-se uma armadilha e ajuda a pensar que emprego não é trabalho, que estar empregado em uma empresa capitalista significa perda de autonomia, da segurança alimentar e do território para plantar e viver.

> A instalação do empreendimento provocou a redução de áreas de terra que eram utilizadas para o plantio, com isto a produção agrícola está cada vez mais reduzida e isto inviabiliza que novos membros da família venham a continuar na roça, na extração do açaí, na fabricação do carvão (MARIN; MAIA, 2015, p. 38).

O emprego na indústria os obrigou a trabalhos temporários, com baixa remuneração: "Foi isso, perdeu, consequentemente, é verdade não adianta contar mentira que foi isso que aconteceu, e agora não tem nenhum empregado, não tem nem emprego na empresa e nem agricultura" (Morador, *apud* MARIN; MAIA, 2015, p. 38).

## 3. Demandas e desafios ao Serviço Social: à guisa de conclusão

As competências específicas dos/as assistentes sociais, segundo o CFESS (2012, p. 22), abrangem diversas dimensões interventivas, entre elas, uma "dimensão de intervenção coletiva junto a movimentos sociais, na perspectiva da socialização da informação, mobilização e organização popular", tal perspectiva "tem como fundamento o reconhecimento e fortalecimento da classe trabalhadora como sujeito coletivo na luta pela ampliação dos direitos e responsabilização estatal".

O programa de extensão se inseriu nessa realidade a partir de um trabalho de assessoria, acompanhamento e produção de pesquisa e contrainformação como subsídio à luta pelos direitos dos povos tradicionais. Destacam-se essas duas experiências de assessoria, cuja principal demanda dos grupos com os quais foram desenvolvidas as atividades é a defesa de seus territórios. Com a garantia da permanência no território vem a segurança alimentar, habitacional, proteção a crianças, adolescentes e idosos/as, entre outras necessidades sociais. Nesse sentido, o trabalho de extensão realizado junto aos povos tradicionais da região do Baixo Tapajós e de Barcarena priorizou as ações de defesa do território e de organização comunitárias na reivindicação de seus direitos.

Outro aspecto a considerar está no fato de a extensão universitária ser um lugar privilegiado de formação dos/as futuros/as assistentes sociais para a sensibilização e desenvolvimento de novas habilidades e competências na leitura da realidade e na incorporação de novas demandas à sua atuação, como reforça Kátia Marro (2011) que defende, no seu artigo sobre Serviço Social, movimentos sociais e extensão universitária, que:

> [...] o trabalho profissional articulado aos movimentos sociais deve assumir o desafio da incorporação, na nossa formação universitária e nos diversos âmbitos de atuação profissional, das demandas e reivindicações das classes subalternas nos seus processos de organização, significando a possibilidade de criação de novos espaços de intervenção. Assinalamos que essas estratégias constituem uma possibilidade real de criação de novas bases de legitimidade da profissão junto aos grupos subalternos, afirmando outras relações pedagógicas com os movimentos sociais que possam reforçar sua auto-organização (MARRO, 2011, p. 320).

É no âmbito dessa compreensão que a opção político-pedagógica do programa foca agentes sociais identificados como subalternos no contexto amazônico, reivindicando voz, direitos sociais e existência, como povos e comunidades tradicionais e trabalhadores/as inseridos/as nas fronteiras da acumulação capitalista.

Nas sociedades tradicionais, na história e mesmo na atualidade, as figuras de Estado — políticas públicas, serviços públicos, legislação nacional e até o Serviço Social e a/o assistente social — são estranhas, externas e coloniais. Na sua organização social interna, na lógica da sua formação social, essas instituições e esses agentes não nasceram nem existiam. A violenta inserção dos seus territórios no sistema mundial capitalista e a dominação pelo Estado-Nação passaram pela imposição das dinâmicas do Estado neoliberal moderno e suas políticas. Muito mais do que aplicar e executar qualquer política nacional (inclusive a social), mesmo sendo conquistas da classe trabalhadora, o desafio parte da própria crítica aos elementos coloniais e dominadores que se leva para dentro do conflito entre o capital e as comunidades tradicionais. As políticas sociais são, na sua grande maioria, expressões do Estado capitalista e das conquistas da classe trabalhadora urbana em relação a suas demandas como assalariada/desempregada/empobrecida/explorada.

Nas palavras de três lideranças indígenas, revelam-se as dificuldades de haver políticas sociais que dialoguem e atendam às especificidades dos povos indígenas, o que convida assistentes sociais a contribuir a reformulações, adequações e aplicações novas das políticas:

> Marcivana Sateré-Mawé [...] deu como exemplo os programas de saúde que ignoram sua medicina tradicional. Esses programas devem ser diferenciados quando se trata da população indígena.
>
> Manoel da Silva HuniKuin foi categórico ao tratar do problema das políticas públicas para os povos indígenas. "Para o branco, o importante é o papel. Se é assim, as políticas públicas só vão funcionar quando o próprio índio escrever suas políticas públicas", disse. Ele enfatiza que hoje as ações não são pensadas desde a realidade indígena [...].
>
> Joaquim Belo atentou para o problema da educação indígena que ou é inexistente ou é precária. Além disso, ele alertou para o problema da identidade que advém da preservação da língua e encontra na escola um grande empasse: "Hoje o português está engolindo as línguas indígenas" (PEREIRA, 2019, s/n).

Mais que a um projeto societário a que as políticas sociais estão atreladas, é a postura ética e militante dos/as agentes, que pode construir uma ponte entre as políticas, resistências e perspectivas de superação do sistema capitalista. Ainda que o enfrentamento a essas problemáticas não seja exclusivamente atribuição do Serviço Social, é fato que os desdobramentos dessas relações recaem como demandas para a profissão, na política de assistência social, de saúde, educação, no campo sociojurídico, nas Organizações não Governamentais de assessoramento a comunidades tradicionais, e até nos programas de responsabilidade sociais das empresas capitalistas. Nos mais diversos espaços de trabalho, deparam-se com demandas provenientes dessa realidade, especialmente quando compreendemos o quanto a Amazônia e suas populações são historicamente impactadas pelos processos de acumulação e desenvolvimento do capital, que reconhecem na região um local de exploração dos "recursos" naturais, sem considerar as populações tradicionais e suas demandas.

É importante não perder de vista que as realidades citadas reforçam a necessidade de articulação entre as dimensões constitutivas da profissão, que são as dimensões técnico-operativa, teórico-metodológica e ético-política, construídas a partir do esforço coletivo, ao longo de décadas, de amadurecimento e acúmulo profissional. Uma articulação com outras disciplinas e áreas do conhecimento, como a antropologia, geografia e as ciências ambientais, possibilita ampliar a nossa compreensão diante dessa realidade e, ao mesmo tempo, reconhecer o que compete ao Serviço Social nesse contexto.

Outro elemento é reconhecer a necessidade de ampliar as lentes de análise e de compreensão dos conflitos entre capital, Estado e povos tradicionais na Amazônia, buscando escutar as vozes das comunidades e suas leituras próprias, nascidas e baseadas na sua formação social e histórica, na sua relação com o seu território e sua posição no sistema mundial, uma abordagem decolonial, permitindo uma aliança de resistência de epistomologias e posições que nascem e nasceram em seus contextos específicos.

Nessa direção, pode-se adotar a estratégia de inserir nas diversas disciplinas dos projetos pedagógicos dos cursos de Serviço Social, em seus diferentes núcleos, autores/as do campo decolonial e os/as próprios/as intelectuais dos povos tradicionais que possibilitassem um novo diálogo teórico/metodológico reflexivo sobre a questão social e suas expressões na realidade latino-americana envolvendo povos tradicionais. É uma forma de permitir reflexões sobre os modos de vida, organização social, cosmologias, relações com a natureza e o território. A tradicionalidade como especificidade, não de atraso ou como primitivo, mas como diferente, própria, dinâmica e resistente. Uma classe trabalhadora que vive do seu trabalho, mas não está totalmente submetida ao mercado capitalista. As relações sociais em torno da organização da moradia (aldeias), da posse e do uso da terra, dos sítios, dos quintais, das áreas sagradas, dos rios (bens comuns), o trabalho coletivo (mutirões), as representações sociais e organização política, por exemplo, evidenciando elementos e (re)conhecimentos de aspectos do modo de vida que podem ser referência para as ações interventivas do/a assistente social. No campo do estágio, ampliar a inserção de alunos/as nas assessorias aos povos tradicionais ou nos espaços de execução de políticas e serviços sociais a eles/as destinados/as (como os abrigos para povos indígenas, Centros de Referências de Assistência Social Ribeirinhos, Quilombolas, entre outros).

O Código de Ética da profissão, bem como os demais elementos constitutivos do projeto ético-político, que estão expressos nas Diretrizes Curriculares e na lei de regulamentação da profissão, é referência para o posicionamento profissional de forma crítica diante do avanço neoliberal e dos desmontes nas políticas, independentemente do espaço de trabalho que se ocupe.

No entanto, isso não significa dizer que esse projeto profissional está amplamente consolidado nas bases profissionais, sem contradições ou antagonismos. Existem diversos desafios para sua consolidação, que vão desde a necessidade de fortalecer a formação dos/as profissionais nas instituições de ensino, até a ampliação do debate entre os/as profissionais já formados/as, trazendo à tona as discussões sobre a questão territorial e o direito dos povos tradicionais.

Entender os conflitos territoriais em torno da acumulação por espoliação e elaborar estratégias de atuação para o Serviço Social, especialmente no contexto da defesa dos direitos de povos tradicionais, requerem a dedicação para compreender os processos políticos, econômicos e sociais que estão por trás dessa realidade, e quais seus rebatimentos no cotidiano, tanto dos/as sujeitos/as quanto dos/as profissionais, reconhecendo e resguardando as especificidades que cada povo apresenta, buscando garantir justiça social, equidade e universalidade de acesso aos direitos sociais.

O Serviço Social tem se mostrado ao longo de sua trajetória como uma profissão que constantemente repensa acerca de suas práticas e dos elementos que a subsidiam. Portanto, estar aberto aos debates que surgem e se mostram como necessários ao desenvolvimento da profissão pode ser uma forma de vislumbrar outros caminhos para se chegar ao "horizonte de novos tempos mais humanos, mais justos, mais solidários" (IAMAMOTO, 1998, p. 17). O Serviço Social tem diversas possibilidades de contribuir para o processo de consolidação dos direitos dos povos tradicionais. Essas possibilidades perpassam tanto pelo exercício profissional no cotidiano, quanto pelo olhar atento e pelo direcionamento dos esforços para aprimorar o processo de formação dos/as futuros/as profissionais.

Deve-se evidenciar a formação profissional, na articulação entre ensino, pesquisa e extensão, como espaço privilegiado de fomento ao debate da questão territorial, formando profissionais qualificados/as para intervir nessa realidade.

No compromisso ético do/a assistente social em relação à defesa intransigente de direitos da classe trabalhadora, nasce a possibilidade de compreender os direitos que estão em jogo nas lutas de povos e comunidades tradicionais, como eles expressam suas demandas, onde há pontes com as lutas dos outros grupos da classe trabalhadora, não tradicional ou outros povos tradicionais.

## Referências

ALMEIDA, Alfredo W. B. de. Amazônia: a dimensão política dos "conhecimentos tradicionais" como fator essencial de transição econômica — pontos resumidos para uma discussão. *Somanlu*, ano 4, n. 1, jan./jun. 2004a.

ALMEIDA, Alfredo W. B. de. Terras tradicionalmente ocupadas: processos de territorialização e movimentos sociais. *Revista Brasileira de Estudos Urbanos e Regionais*, Rio de Janeiro: ANPURR, v. 6, n. 1, p. 9-32, maio 2004b. Disponível em: http://rbeur.anpur.org.br/rbeur/article/view/102. Acesso em: 17 ago. 2019.

ARÊDA-OSHAI, Cristina M. *Não é só médico que cura, não é só a medicina que cura*: perspectivas sobre saúde entre coletivos quilombolas no Marajó. Pará/Brasil. 2017. Tese (Doutorado em Antropologia) — Instituto de Filosofia e Ciências Humanas, Universidade Federal do Pará, Belém, 2017.

ASSOCIAÇÃO DA COMUNIDADE QUILOMBOLA GIBRIÉ DE SÃO LOURENÇO. *Protocolo de consulta Quilombolas de Gibrié de São Lourenço*. Barcarena, 2018.

BARCARENA. Secretaria Municipal de Assistência Social (Semas). Disponível em: https://www.barcarena.pa.gov.br/portal/secretaria?id=11&pg=SEMAS. Acesso em: 8 mar. 2023.

BOSCHETTI, Ivanete (org.). *Expropriação e direitos no capitalismo*. São Paulo: Cortez, 2018.

CFESS. *Código de ética do/a assistente social*: Lei n. 8.662/93 de regulamentação da profissão. 10. ed. rev. e atual. Brasília, DF: Conselho Federal de Serviço Social, 2012.

COSTA, Solange M. G. da. Violência, discriminação, racismo e conflitos envolvendo os povos indígenas do Baixo Tapajós. *Temporalis*, Brasília, DF, ano 19, n. 38, p. 87-100, jul./dez. 2019.

COSTA, Solange M. G. da *et al.* Meio ambiente, povos e comunidades tradicionais: experiência de extensão universitária do curso de Serviço Social na Amazônia. *In*: CONGRESSO BRASILEIRO DE ASSISTENTES SOCIAIS, 2019, Brasília. *Anais* [...]. Brasília: CBASS, 2019.

CPT. *Conflitos no campo Brasil 2018*. CEDOC Dom Tomás Balduino — CPT. Goiânia, abr. 2019.

CRUZ, Valter. C. Movimentos sociais, identidades coletivas e lutas pelo direito ao território na Amazônia. *In*: SILVA, O. A.; SANTOS E. M. C.; COELHO NETO A. S. (org.). *Identidade, território e resistência*. Rio de Janeiro: Consequência, 2014. v. 1, p. 37-72.

DUPRAT, Debora. Prefácio. *In*: SHIRAISHI NETO, Joaquim (org.). *Direito dos povos e das comunidades tradicionais no Brasil*: declarações, convenções internacionais e dispositivos jurídicos definidores de uma política nacional. Manaus: Editora UEA, 2007. p. 19-24.

ÉPOCA. Brasil tem 107 povos indígenas isolados na Amazônia. *Época*, 30 nov. 2018. Disponível em: https://epoca.globo.com/brasil-tem-107-povos-indigenas-isolados-na-amazonia-23271065. Acesso em: 8 mar. 2023.

FALEIRO Wender; FARIAS Magno N. Educação dos povos do campo no Brasil: colonialidade/modernidade e urbanocentrismo. *Educação em Revista,* v. 36, n. 1, 2020. Disponível em: https://periodicos.ufmg.br/index.php/edrevista/article/view/37820. Acesso em: 3 abr. 2023.

HARVEY, David. *O novo imperialismo*. São Paulo: Loyola, 2014.

IAMAMOTO, Marilda V. *O Serviço Social na contemporaneidade*: trabalho e formação profissional. 2. ed. São Paulo: Cortez, 1998.

ISA. *Povos indígenas no Brasil*. ISA, 2019. Disponível em: https://pib.socioambiental.org/pt/Quantos_s%C3%A3o%3F. Acesso em: 3 abr. 2023.

KOPENAWA, Davi; ALBERT, Bruce. *A queda do céu*: palavras de um xamã yanomami. São Paulo: Companhia das Letras, 2015.

KRENAK, Ailton. *Ideias para adiar o fim do mundo*. São Paulo: Companhia das Letras, 2019.

LITTLE, Paul E. Territórios sociais e povos tradicionais no Brasil: por uma antropologia da territorialidade. *Anuário Antropológico 2002-2003*. Rio de Janeiro: Tempo Brasileiro, 2004. p. 251-290.

MAGALHÃES, Marcos P. *A physis da origem*: o sentido da história na Amazônia. Belém: Museu Emilio Goeldi, 2005.

MAGALHÃES, Marcos P. Evolução histórica das antigas sociedades amazônicas. *Amazônia: Ciência & Desenvolvimento*, Belém, v. 1, n. 2, jan./jun., p. 97-112, 2006.

MAIA, Maria L. S.; MOURA, Edila F. Da farinha ao alumínio: os caminhos da modernização na Amazônia. *In*: CASTRO, E.; MOURA, E.; MAIA, M. l. S.

*Industrialização e grandes projetos*: desorganização e reorganização do espaço. Belém: Editora da UFPA, 1995. p. 223-260.

MAIA, Rosane O. M. *Territorialidades específicas em Barcarena confrontadas com projetos de desenvolvimento*. 2017. Tese (Doutorado) — Núcleo de Altos Estudos Amazônicos, Programa de Pós-Graduação em Desenvolvimento Sustentável do Trópico Úmido, Universidade Federal do Pará, Belém, 2017.

MARIN, Rosa E. A. *Estudo antropológico Burajuba*. Belém: Editora da UFPA, 2014.

MARIN, Rosa E. A. *Quilombolas de Burajuba*: lutas identitárias e territoriais. Relatório antropológico da comunidade quilombola Burajuba. Belém: Unamaz, UFPA, 2013.

MARIN, Rosa E. A.; MAIA, Rosane O. M. *Terra tradicionalmente ocupada de São Lourenço*: direitos de descendentes de indígenas Gibrié e de Manoel Joaquim dos Santos. Belém: Editora da UFPA, 2015.

MARRO, Katia I. Serviço social e movimentos sociais: reflexões sobre experiências de extensão universitária. *Temporalis*, v. 2, p. 317-342, Brasília, 2011.

MBEMBE, Achille. *Necropolítica*. São Paulo: n-1 edições, 2018.

MOURA, Clovis. *Rebeliões da senzala*: quilombos, insurreições, guerrilhas. São Paulo: Anita Garibaldi, 2014.

MUDIMBE, Valentin. *A ideia de África*. Luanda: Edições Mulemba, 2013.

NASCIMENTO, Nádia F., S.; MALATO, Olinda R. Projeto de extensão assessorial às organizações sindicais e comunitárias rurais no município de Barcarena-PA. *In*: BAÍA, H.; MACHADO E. M. N. S. (org.). *História do Serviço Social no Pará*. Belém: Editora da UFPA, 2013. p. 135-140.

NUNES, Leticia S. *A discussão da ação profissional na questão socioambiental*. Ribeirão Preto: ENPESS, 2016.

OLIVEIRA, João P. Uma etnologia dos "índios misturados"? Situação colonial, territorialização e fluxos culturais. *Mana*, v. 4, n. 1, p. 47-77, 1998. Disponível em: http://www.scielo.br/scielo.php?script=sci_arttext&pid=S0104-93131998000100003&lng=en&nrm=iso. Acesso em: 8 abr. 2022.

PEREIRA, Gilmar. Indígenas precisam de políticas públicas para sobreviver. *Olma*, 2019. Disponível em: https://olma.org.br/2019/10/30/indigenas-precisam-de-politicas-publicas-para-sobreviver/. Acesso em: 20 dez. 2020.

PORTO-GONÇALVES, Walter. *Amazônia*: encruzilhada civilizatória. La Paz: IPDRS, 2018.

QUIJANO, Anibal. *Colonialidade do poder, eurocentrismo e América Latina*. Buenos Aires: Clacso, 2005.

ROOSEVELT, Anna C. O povoamento das Américas: o panorama brasileiro. *In*: TENÓRIO, M. C. (ed.). *Pré-história da Terra Brasilis*. Rio de Janeiro: Editora UFRJ, 1999. p. 35-50.

SALLES, Vicente. *O negro na formação da sociedade paraense*. Belém: Paka-Tatu, 2004.

SCHAAN, Denise P.; MARTINS, Cristiane P. (org.). *Muito além dos campos*: arqueologia e história na Amazônia Marajoara. Belém: Gknoronha, 2010.

SCHRAMM, Franciele P. No atual ritmo, Brasil levará mil anos para titular todas as comunidades quilombolas. *Terra dos Direitos*, 12 fev. 2019. Disponível em: https://terradedireitos.org.br/noticias/noticias/no-atual-ritmo-brasil-levara-mil-anos-para-titular-todas-as-comunidades-quilombolas/23023. Acesso em: 8 mar. 2023.

SILVA, Maria das Graças e. *Capitalismo contemporâneo e "questão ambiental"*: o desenvolvimento sustentável e a ação do Serviço Social. 2008. Tese (Doutorado em Serviço Social) — Universidade Federal de Pernambuco, Recife, 2008.

SILVA, Raphael F. A. M. da. Analista do MPU/Perícia/Antropologia. *Laudo técnico n. 001/2016*. Seap. Santarém: MPF, 2016.

SILVA, Silvany F. da; HAZEU, Marcel T. O complexo industrial-portuário em Barcarena e a saúde de comunidades tradicionais na Amazônia brasileira. *O Social em Questão*, ano XXII, n. 44, p. 171-194, maio/ago. 2019.

SOUSA, V. L.; COSTA, F. G. Política de assistência social e povos indígenas: limites e possibilidades para trabalho social com famílias. *Dialectus*, n. 13, p. 228-244, 2018.

SOUZA, Marcio. *Amazônia indígena*. Rio de Janeiro: Record, 2015.

TERRA DE DIREITOS. *Casos emblemáticos*, 2019. Disponível em: https://terradedireitos.org.br/casos-emblematicos. Acesso em: 2 abr. 2020.

TRINDADE JR., Saint-Clair C. Pensando a concepção de Amazônia. *In*: SILVA, J. B.; LIMA, L. C.; ELIAS, D. (org.). *Panorama da geografia brasileira*. São Paulo: Annablume, 2006.

TUBINO Najar. Belo Monte: modelo para aniquilar os povos tradicionais. *Carta Maior*, 30 jul. 2015.

VAZ FILHO, Florêncio A. *A emergência étnica dos povos indígenas do baixo Rio Tapajós, Amazônia*. 2010. Tese (Doutorado em Ciências Sociais – área de concentração Antropologia), Universidade Federal da Bahia, Salvador, 2010.

WALLERSTEIN, Immanuel. *O sistema mundial moderno*. Porto: Afrontamento, 1990-1994. 2 v.

## *Sites* acessados referentes aos planos pedagógicos consultados (31 jan. 2021):

UFPA — https://drive.google.com/file/d/0BwBxGTKKXMLjZlJpUTk4VDJpeGM/view

UFBA — https://ips.ufba.br/servico-social/ementas-programas

UFPE — https://www.ufpe.br/servico-social-bacharelado-ccsa

UFMA — http://www.ufma.br/portalUFMA/arquivo/ci4HborbVfrktRv.pdf

UFES — https://servicosocial.ufes.br/projeto-pedag%c3%b3gico

# Sobre os/as Autores/as

Aline de Andrade Rodrigues: Assistente social no Hospital Universitário da Universidade Federal de Santa Catarina (UFSC), mestra em Serviço Social pela UFSC. Doutorado sanduíche na Universidade de Valência, Espanha. Doutoranda do Programa de Pós-Graduação em Serviço Social pela UFSC.

*E-mail*: aalinear@gmail.com.

Cilene Sebastiana da Conceição Braga: Assistente social, mestre e doutora em Política Social pela Universidade de Brasília e pós-doutora em Política Social pelo Instituto Universitário de Lisboa (ISCTE/Portugal). É docente adjunta do curso de graduação da Faculdade de Serviço Social (FASS) e do Programa de Pós-Graduação em Serviço Social (PPGSS), da Universidade Federal do Pará. Integrante do Grupo de Estudos e Pesquisas: Trabalho, Direitos Humanos e Seguridade Social (TRADHUSS).

*E-mail*: cilenelins@yahoo.com.br.

Cirlene Aparecida Hilário da Silva Oliveira: Assistente social, mestre em Serviço Social (PUC-SP), doutora em Serviço Social (Unesp-Franca) e pós-doutora em Serviço Social pela UERJ. Docente do Programa de Pós-Graduação em Serviço Social da Unesp/Franca e do Programa de Pós-Graduação em Políticas Públicas da UFPI/Teresina. Líder do Grupo de Estudos e Pesquisa sobre Formação Profissional em Serviço Social (GEFORMSS/Unesp) e pesquisadora do Grupo de Estudos e

Pesquisa Formação, Trabalho, Desigualdade Social e Políticas Públicas (FTDESPP/UFPI).

*E-mail*: cirlene.oliveira@unesp.br.

David William Queiroz Paixão: Graduado em Serviço Social (UFPA). Especialista em Saúde e Oncologia pelo Programa de Residência Multiprofissional em Saúde da UFPA. Pesquisador do Grupo de Estudos, Pesquisas e Extensão em Serviço Social e Política Social na Amazônia — GEPSS/PPGSS/UFPA, atuando em projetos de pesquisa e extensão. Atualmente é assistente social residente do Hospital Universitário João de Barros Barreto/UFPA.

*E-mail*: dav.dequeiroz@gmail.com.

Denison Martins dos Santos: Assistente social no Banco do Estado do Pará — Banpará S.A., mestre em Serviço Social pela Universidade Federal do Pará (UFPA), doutorando em Serviço Social pelo PPGSS/UFPA e membro do Grupo de Estudos e Pesquisas: Trabalho, Estado e Sociedade na Amazônia — Gep_Tesa/PPGSS-UFPA.

*E-mail*: denison_222@hotmail.com.

Ediane Moura Jorge: Assistente social, mestra e doutoranda em Serviço Social pelo Programa de Pós-Graduação em Serviço Social da Universidade Federal do Pará. É pesquisadora do Grupo de Estudos, Pesquisa e Extensão em Serviço Social e Política Social na Amazônia (GEPSS/PPGSS/UFPA). Foi conselheira do CRESS 1ª Região (2014, 2015, 2017).

*E-mail*: edianemj@gmail.com.

Erica Bomfim Bordin: Assistente social, mestra e doutora em Serviço Social pela PUC-RS. Realiza pós-doutorado no PPGSS/PUC-RS como bolsista PNPD. Professora colaboradora do PPGSS/PUC-RS, pesquisadora do Núcleo de Estudos em Políticas e Economia Social (Nepes) e integrante do Grupo de Estudos sobre Teoria Marxiana, Ensino e Políticas Públicas (GTEMPP).

*E-mail*: ebordin@pucrs.br.

Francisco dos Santos Neto: Professor e coordenador do curso de Serviço Social da Faculdade Estácio do Pará. Assistente social da Secretaria de Estado de Administração Penitenciária do Estado do Pará (SEAP). Graduado pela Faculdade de Serviço Social da Universidade Federal do Pará (UFPA). Especialista em Serviço Social, Seguridade e Políticas Públicas. Mestre em Serviço Social pelo Programa de Pós-Graduação em Serviço Social (PPGSS/UFPA). Pesquisador do Grupo de Estudo, Pesquisa e Extensão em Serviço Social e Política Social na Amazônia (GEPSS/PPGSS/UFPA), atuando em projetos de pesquisa e extensão.

*E-mail*: francisco.neto2013@hotmail.com.

Hamida Assunção Pinheiro: Professora da Graduação em Serviço Social e do Programa de Pós-Graduação em Serviço Social e Sustentabilidade na Amazônia da Universidade Federal do Amazonas (Ufam). Doutora em Ciências do Ambiente e Sustentabilidade na Amazônia pela Ufam. É pós-doutora em Serviço Social pela Pontifícia Universidade Católica do Rio Grande do Sul (PUC-RS). Líder do Grupo de Pesquisa: Estudos de Sustentabilidade, Trabalho e Direitos na Amazônia (Estradas). É membro da Coordenação Nacional do Grupo Temático de Pesquisa (GTP) Serviço Social: fundamentos, formação e trabalho profissional, da Associação Brasileira de Ensino e Pesquisa em Serviço Social (ABEPSS), biênio 2021-2022. É membro da Rede de Pesquisa sobre Trabalho do Assistente Social (Retas). É Bolsista de Produtividade em Pesquisa (PQ2) pelo Conselho Nacional de Desenvolvimento Científico e Tecnológico (CNPq).

*E-mail*: hamida.assuncao@gmail.com; hamida@ufam.edu.br.

Helder Boska de Moraes Sarmento: Graduado em Serviço Social pela Faculdade de Ciências Humanas e Sociais de Curitiba (1986), mestre em Serviço Social pela Pontifícia Universidade Católica de São Paulo (1994), mestre em Filosofia pela Pontifícia Universidade Católica de Campinas (1995) e doutor em Serviço Social pela Pontifícia Universidade Católica de São Paulo (2000). É professor Associado IV da Universidade Federal de Santa Catarina (UFSC) e foi editor científico da revista *Katálysis* entre 2008 a 2012. Em pesquisa, desenvolve estudos principalmente nas seguintes áreas: Serviço Social, exercício e formação profissional, ética, bioética e políticas públicas. Coordena o grupo de pesquisa GEPSS da UFSC.

*E-mail*: hboska@yahoo.com.br.

Helen Silva Ferreira: Graduação em Serviço Social pela Universidade Federal do Pará, foi bolsista Pibex e PIBIC no Grupo de Estudos, Pesquisa e Extensão em Serviço Social e Política Social na Amazônia (GEPSS/ /UFPA), vinculado à Universidade Federal do Pará. Foi estagiária no Programa Infância e Adolescência (PIA) da mesma universidade.

*E-mail*: sferreirahelen20@gmail.com.

Jandira Miranda da Silva: Mestra e doutoranda Serviço Social no Programa de Pós-Graduação em Serviço Social (PPGSS) da Universidade Federal do Pará (UFPA). Membro do Grupo de Estudos, Pesquisa e Extensão em Serviço Social e Política Social na Amazônia (GEPSS). Assistente social do Ministério Público do Pará e da Secretaria de Saúde Pública do Estado. Membro da Comissão Permanente de Ética do Conselho Regional de Serviço Social-CRESS 1ª Região.

*E-mail*: jandiradasilva2006@yahoo.com.br.

Jane Cruz Prates: Assistente social, mestra e doutora em Serviço Social pela PUC-RS e pós-doutora em Serviço Social pela PUC-SP. Coordenadora e professora do PPGSS/PUC-RS, coordenadora do Núcleo de Estudos em Políticas e Economia Social (NEPES) e líder do Grupo de Estudos sobre Teoria Marxiana, Ensino e Políticas Públicas (GTEMPP), pesquisadora produtividade do CNPq e editora da *Textos & Contextos* (Porto Alegre).

*E-mail*: jprates@pucrs.br.

Jheninffer Priscila Matos de Figueiredo: Bacharel em Serviço Social pela Universidade Federal do Pará (UFPA). Mestranda do Programa de Pós-Graduação em Serviço Social (PPGSS/UFPA), pesquisadora no

Grupo de Estudo, Pesquisa e Extensão em Serviço Social e Política Social na Amazônia (GEPSS). Foi bolsista de Iniciação Científica (PIBIC) no período de 2019-2020 e de Extensão (PIBEX) no período de 2020-2021.

*E-mail*: jheninfferufpa@gmail.com.

Maicow Lucas Santos Walhers: Discente da Universidade Estadual Paulista (Unesp), no curso de Doutorado (2019-atual) do Programa de Pós-Graduação em Serviço Social da Faculdade de Ciências Humanas e Sociais (FCHS) e bolsista Capes/DS. Mestre (2014-2016) e graduado (2007-2010) em Serviço Social pela Faculdade de Ciências Humanas e Sociais (FCHS), da Universidade Estadual Paulista (Unesp). Membro do Grupo de Estudos e Pesquisa sobre Formação Profissional em Serviço Social (GEFORMSS) e do Grupo de Estudos e Pesquisa sobre a Dimensão Educativa no Trabalho Social (Geducas).

*E-mail*: maicow.walhers@unesp.br.

Marcel Theodoor Hazeu: Cientista socioambiental, mestre em Engenharia Ambiental (LUW, Holanda), mestre e doutor em Ciências Socioambientais (UFPA) e docente da Faculdade de Serviço Social e do Programa de Pós-Graduação em Serviço Social da Universidade Federal do Pará/UFPA. Vice-líder do Grupo de Pesquisa Sociedade, Território e Resistência na Amazônia (GESTERRA/ICSA/UFPA) e membro do Grupo de Pesquisa Estado, Território, Trabalho e Mercados Globalizados (GETTAM/NAEA/UFPA).

*E-mail*: celzeu@gmail.com.

Mylena dos Santos Santana: Assistente social formada pela Universidade Federal do Pará (2017). Foi bolsista de Extensão (Pibex) entre 2015 e 2017. Membro do Grupo de Pesquisa Sociedade, Território e Resistência na Amazônia (UFPA). Atua nas áreas de Assistência Social, Direitos Humanos, Povos e Comunidades Tradicionais.

*E-mail*: mylenasantana88@gmail.com.

Nalá Ayalén Sánchez Caravaca: Possui graduação de Bacharel em Serviço Social pela Universidad de Buenos Aires, Argentina (2013). Mestre em Serviço Social pela Universidade Federal de Santa Catarina. Doutoranda do Programa de Pós-Graduação em Serviço Social da Universidade Federal de Santa Catarina (PPGSS-UFSC), e membro do Núcleo de Estudos e Pesquisas: Estado, Sociedade Civil e Políticas Públicas e Serviço Social (NESPP), e do Núcleo de Estudos e Pesquisas: Trabalho, Questão Social e América Latina, da Universidade Federal de Santa Catarina.

*E-mail*: nalaayalen@gmail.com.

Olga Myrla Tabaranã Silva: Assistente social graduada pela Universidade da Amazônia (2008-2011). Especialista em Família e Políticas Públicas pela Universidade da Amazônia (2012). Mestre em Serviço Social pela Universidade Federal do Pará (2013-2015). Doutora em Serviço Social (UFPA). Membro do Grupo de Estudos, Pesquisas e Extensão em Serviço Social e Política Social na Amazônia (GEPSS/UFPA). Trabalha na Secretaria Municipal de Saúde de Belém e na Fundação Papa João XXIII. Professora da Emancipa Formação em Direitos Sociais. Conselheira Presidenta do Conselho Regional de Serviço Social 1ª Região no triênio 2020-2023.

*E-mail*: olgamyrlass@gmail.com.

Reinaldo Nobre Pontes: Assistente social, mestre em Serviço Social (PUC-SP), doutor em Sociologia (UCM — Espanha), professor associado 2 da Faculdade de Serviço Social e do Programa de Pós-Graduação em Serviço Social da Universidade Federal do Pará (UFPA). Coordenador do Grupo de Estudos e Pesquisas e Extensão em Serviço Social, Política Social e Formação Profissional (GEPSS/UFPA). Também é membro da Rede de Pesquisa sobre Trabalho do Assistente Social (Retas). Professor visitante sênior Capes no Instituto Superior Miguel Torga (Portugal). Presidente da ABEPSS (1997-1998).

*E-mail*: rnobrepontes@gmail.com.

Roberta Ferreira Coelho de Andrade: Doutora e mestra em Sociedade e Cultura na Amazônia pela Universidade Federal do Amazonas (Ufam), com graduação em Serviço Social pela mesma universidade. Pós-doutora em Serviço Social pela Pontifícia Universidade Católica do Rio Grande do Sul (PUC-RS). Professora associada do Departamento de Serviço Social e do Programa de Pós-Graduação em Serviço Social e Sustentabilidade na Amazônia da Universidade Federal do Amazonas. Fellow 2014 do Programa de Desenvolvimento Docente do Instituto Regional FAIMER Brasil. Líder do Grupo de Pesquisa Estudos de Sustentabilidade, Trabalho e Direitos na Amazônia (Estradas). Pesquisadora colaboradora no Grupo de Estudos sobre Teoria Marxiana, Ensino e Políticas Públicas (GTEMPP) e do Núcleo de Estudos em Políticas e Economia Social (Nepes), da Pontifícia Universidade Católica do Rio Grande do Sul (PUC-RS). Membro da Rede de Pesquisa sobre o Trabalho do Assistente Social (Retas).

*E-mail*: roberta_ufam@yohoo.com.br.

Rodrigo dos Santos Nunes: Assistente social, mestre e doutor em Serviço Social pela PUC-RS. Realiza pós-doutorado no PPGSS/PUC-RS como bolsista PNPD. Pesquisador do Núcleo de Estudos em Políticas e Economia Social (Nepes), e integrante do Grupo de Estudos sobre Teoria Marxiana, Ensino e Políticas Públicas (GTEMPP). Editor assistente da *Textos & Contextos* (Porto Alegre).

*E-mail*: rodrigo.nunes@pucrs.br, rnunes@pucrs.br.

Solange Maria Gayoso da Costa: Doutora em Ciências Socioambientais pela UFPA. Professora associada I da Faculdade de Serviço Social da UFPA e do Programa de Pós-Graduação em Serviço Social. Pesquisadora produtividade CNPq. Coordenadora do Grupo de Pesquisa Sociedade, Território e Resistência na Amazônia (Gesterra) ICSA/UFPA.

*E-mail*: solgayoso@ufpa.br; gayososol@yahoo.com.br.

Tereza Raquel Negreiros do Nascimento Costa: Mestra em Serviço Social e Sustentabilidade na Amazônia pela Universidade Federal do

Amazonas (2020), especialista em Políticas Públicas em Atenção à Família pela Faculdade Salesiana Dom Bosco (2018), bacharela em Serviço Social pela Universidade Federal do Amazonas (2017). Doutoranda do Programa de Pós-Graduação em Serviço Social da Universidade Federal do Pará, membro do Grupo de Estudos e Pesquisa em Serviço Social (GEPPSS/UFPA) e do Grupo de Estudos de Serviço Social, Trabalho e Direitos na Amazônia (Estradas/Ufam).

*E-mail*: raquelcosta83@hotmail.com.

Vania Maria Manfroi: Graduada em Serviço Social pela Universidade Federal de Santa Catarina (1985), mestre (1992) e doutora (2000) em Serviço Social pela Pontifícia Universidade Católica de São Paulo. Atualmente é professora titular aposentada da Universidade Federal de Santa Catarina.

*E-mail*: vaniamanfroi@gmail.com.

Vera Lúcia Batista Gomes: Graduada em Serviço Social pela Universidade Federal do Pará (1978), mestre em Serviço Social pela Universidade Federal do Pará (1999) e doutora em Sociologia do Trabalho — Université de Picardie Jules Vernes (2005). Atualmente é professora associada IV da Universidade Federal do Pará. Fez pós-doutorado em Serviço Social no PPGSS-UFPE e em Sociologia no Instituto de Sociologia — Universidade de Letras — Porto/Portugal. Obteve Bolsa Produtividade em Pesquisa CNPq. Coordena o grupo de pesquisa GEP-TESA — Grupo de estudos e pesquisa em trabalho, Estado e sociedade na Amazônia.

*E-mail*: veragomesbelem@hotmail.com.

LEIA TAMBÉM

## MEDIAÇÃO E SERVIÇO SOCIAL

Reinaldo Nobre Pontes

216 páginas
16 x 23 cm
ISBN 978-85-249-2450-7

Nessa obra, já um clássico da área de Serviço Social, Reinaldo Nobre Pontes discute a categoria de "mediação", de grande importância para a dialética marxista, especialmente na tradição lukacsiana. O conceito, aqui, não se resume à capacidade de aprender o real, mas de transformá-lo, revelando as infindáveis relações presentes no movimento contraditório da história.

O estudo compõe-se de capítulos bem articulados, com reflexões cativantes a respeito de textos, depoimentos e obras, em um perfeito equilíbrio da exposição teórica com o exame de outros textos. É esclarecida teórica e até didaticamente a mediação com bibliografia bastante especializada, adequadamente distribuída no livro sem excessos.

É inegável a contribuição dessa obra para as investigações no Serviço Social e áreas relacionadas, tornando a pesquisa de suas práticas mais complexa e as suas discussões muito mais esmeradas.

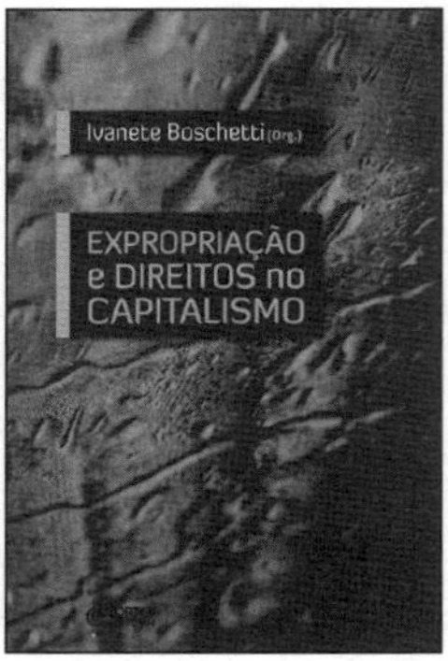


## EXPROPRIAÇÃO E DIREITOS NO CAPITALISMO

Ivanete Boschetti (Org.)

368 páginas
16 x 23 cm
ISBN 978-85-249-2709-6

Uma obra que debate sobre as expropriações no processo contemporâneo de acumulação do capital diante de um Estado Social transmutado na sua condução das políticas sociais, que são reduzidas e privatizadas, enfraquecendo o acesso da classe trabalhadora ao fundo público e submetendo-a às mais perversas condições de exploração.

## LEIA TAMBÉM

### SUPERVISÃO DE ESTÁGIO EM SERVIÇO SOCIAL

**desafios para a formação e o exercício profissional**

Alzira Maria Baptista Lewgoy

232 páginas
16 x 23 cm
ISBN 978-85-249-1492-8

A obra estrutura-se em quatro capítulos. O primeiro introduz as exigências e os desafios contemporâneos que se impõem na formação em Serviço Social. O segundo destaca os discursos produzidos sobre o tema no Serviço Social e aponta o desafio contemporâneo que se impõe aos cursos à distância. O terceiro estuda as categorias espaço de mediações entre formação e exercício profissional e espaço afirmativo de formação. No quarto reflete sobre o processo de supervisão.

**GRÁFICA PAYM**
Tel. [11] 4392-3344
paym@graficapaym.com.br